中國學術思想 研究輯刊

二五編

林慶彰 主編

第7冊

虛無之理與有物之境
——孔穎達《周易正義》道論研究

何函栴 著

花木蘭文化出版社

國家圖書館出版品預行編目資料

虛無之理與有物之境——孔穎達《周易正義》道論研究／何函栴
著 — 初版 — 新北市：花木蘭文化出版社，2017〔民106〕
目 2+208 面；19×26 公分
（中國學術思想研究輯刊 二五編：第 7 冊）
ISBN 978-986-404-918-9（精裝）
1.（唐）孔穎達 2. 易經 3. 研究考訂
030.8   106000984

ISBN-978-986-404-918-9

中國學術思想研究輯刊
二五編 第七冊   ISBN：978-986-404-918-9

虛無之理與有物之境
——孔穎達《周易正義》道論研究

作　　者　何函栴
主　　編　林慶彰
總 編 輯　杜潔祥
副總編輯　楊嘉樂
編　　輯　許郁翎、王筑　美術編輯　陳逸婷
出　　版　花木蘭文化出版社
社　　長　高小娟
聯絡地址　235 新北市中和區中安街七二號十三樓
　　　　　電話：02-2923-1455／傳眞：02-2923-1452
網　　址　http://www.huamulan.tw 信箱 hml 810518@gmail.com
印　　刷　普羅文化出版廣告事業
封面設計　劉開工作室
初　　版　2017 年 3 月
全書字數　186044 字
定　　價　二五編 20 冊（精裝）新台幣 38,000 元

虛無之理與有物之境
——孔穎達《周易正義》道論研究

何函栴　著

作者簡介

何函栴，台灣台南人。主要的研究領域集中在王弼與孔穎達的易學上，兼研翻譯寫作。著有
《《周易》圖式的黑與白——從來氏易圖探討其時間觀內涵〉、〈「士不遇」的內涵——從陶淵明
〈感士不遇賦〉看陶、屈「不遇」之眞意〉、〈《詩經》休閑思想發微〉等學術論文。

提　要

　　以經典注疏的方式進行哲學概念或者哲學體系的建構，在王弼（公元 226 年～ 249 年）之
時已然開啟，他在「以無為本」的核心思想下，詮解《周易》時，明顯地提出「執一統眾」、「得
意忘象」、「卦主」、「復本」等說來建立他個人的哲學體系，使人能藉由他的思想體系而對其所
注解的《周易》得到整體的理解與把握。孔穎達（公元 574 年～ 648 年）宗本王弼，身為王注
的詮釋者，他到底提出甚麼樣的理論，才能從疏不破注的框架中，開展出屬於自己的易學概念
與哲學思維呢？

　　從對《周易正義》的詮解精神與思想特質來看，要把握孔疏最具代表性的議題，本論文以
為「道論」是全書的支點，所有的虛無之理與有物之境、無心的非對性，聖人的無心而有跡以
及對後世的影響，幾乎都是依循這個致思的理路而來。《周易正義》最核心的思想是「易理備包
有無」，亦即道本身包含兩個面向，一個是對本體、本源的探尋，一個是對現實生活世界的關切。
孔疏主張「虛無之理，必因於有物之境」，認為宇宙間不存在著空理，凡所有的理都同時具存
於「實象」當中，此實象並不是意指具體的實物，而是指一切可以感知的事物。

　　因此，強調虛無之理是在有物之境的情況下才得以展開，於是，在「兼賅有無」的道論中，
孔疏更堅持易理唯在於「有」，作《易》者是為了垂教而來，處處在仁功的顯發中豁開道體的
實存，表明「道」是「有之道」，「器」是「有之器」，與王弼一樣出入儒、道，也主張體不離
用，但孔疏重視的不是攝用歸體；反之，道體皆是為了人倫政教的合理化而存在，故在借自然
之象以明人事之理的路徑下，《周易正義》邁往了儒家的倫理向度，表達極為深切的人文關懷。

ABSTRACT

　　The most representative part of *Zhouyi Zhengyi* is its theory of Tao, which is the main concern of
this thesis. The core concept of its theory of Tao is that the Yi-principle contains both substance and
principium. Tao takes on two dimensions: the pursuit of the principium, and the concern for real life.
In Kong's belief, the principle of the void is derived from the physical world; it is not empty modality.
Every principle exists in concrete symbols, whereas the concrete symbols do not merely refer to objects,
but all perceptible things.

　　Therefore, Kong Yingda stresses that the Yi-principle relies on substances. He elucidates that *The
Book of Changes* was composed for the purpose of moral instruction, which indicates that Tao fully
manifests itself in its this-worldly function. This demonstrates Kong's belief in essence-function unity,
a conviction Wang Bi adheres to likewise. However, Kong does not strongly emphasize essence as the
source of function as Wang Bi does, but to affirm the importance that Tao exists for moral education.
Consequently, by means of understanding human affairs through natural images, *Zhouyi Zhengyi*
expresses its humanistic concern through Confucianism ethics.

　　Focusing on Taoism, this thesis is divided into six chapters. The first chapter introduces the purport
of this research, literature review, and research methodology. The second chapter expounds

謝　辭

You smiled and talked to me of nothing and I felt that for this I had been waiting long.

——Rabindranath Tagore

生命就像一趟奇幻之旅，在一片朦朧的未知當中，閃爍著美麗的星光。研讀碩士期間，猶如走入一個更大的世界，看見更遼遠的宇宙圖景，使我對生命與知識有了新的體會；如果說這一切的探索如同在黑夜裡行走，那麼身邊的良師益友就是那美麗的星光！

感謝我的指導教授林麗眞老師，在生活與學術上，給了我許多啓發，尤其老師崇尚自然的生活哲學，遊心於天地之間，享受著田園的趣味，那種藝術生命的至高境界著實令我敬佩。另外，在修習清談與玄學課時，老師的講授引領我進入中國思想的幽微之境；爾後，在王弼《易》學課程上，探研了《易》學的精華，於是，在老師的認可下，選定了孔穎達《周易正義》作爲研究對象，開始了這本論文的撰寫歷程，從論文的構思、體系的建立，文章的布局、脈絡的邏輯、用語的斟酌，到標題的統整底定，老師都予以悉心指導，大力幫忙，讓我點滴在心頭。

感謝賀廣如、賴貴三兩位口試教授十分仔細地閱讀我的論文，並給我許多寶貴的意見。賀廣如老師在論述順序與方式上給予精闢的建議，使本文可以減少訛誤，趨於周密。賴貴三老師給我莫大的鼓勵與肯定，同時也提出一些建議，如篇章結構、文獻考證、學術源流、字體格式，乃至英文翻譯的拼音選用問題，均一一宣誨斧正，使我受益良多。

感謝中文所這個溫馨的大家庭，在這樣和暖舒暢的氛圍中學習，是相當

值得慶幸的事。這些年來，我要感謝何澤恆老師、夏長樸老師、徐聖心老師、黃沛榮老師，與張素卿老師的教導，能在幾位老師的課堂上一窺思想之堂奧，啓開我學海的明燈，浩瀚的師恩，實難一一言謝。

另外，特別感謝外文系翁家傑老師，在親切的溝通中，讓人感到學識淵博，氣度恢弘，老師總是不吝於傳授我有關英文翻譯的技巧，弭補我爲學的不足，並在我完成碩論時，協助我修改英文摘要，若我在雙語的路途中能有一絲的進步，皆是來自於老師無私的奉獻。而胡錦媛老師不僅教導我許多英美文學的知識，她對我的關心、鼓勵與幫助，如一位慈祥的母親，感佩之情，常駐我心。

還要感謝唐翼明老師雖然返回故里武漢定居，但於我修習碩論的過程中，寄來《時代與命運》一書，一幕幕時代的顛沛流離，透過扉頁，引發我對生命與研究的另一番體悟；而張思齊老師雖也遠在武漢，然透過華翰給我很多的勉勵，對此，後輩實銘感於心。再感謝陳睿宏老師與江建俊老師皆如父親般地多方關照，時時捎來滿滿的慈愛與溫暖，讓我深深感動。

求學期間，也承蒙學長姊們的諸多照顧，感謝師兄俊榮學長一路的照顧，感謝聖堡學長給予論文寫作的建議，感謝俊億學長，俐君學姊與莞苓學姊與我分享做研究的經驗與心得，這些難得的緣分，使我更有前行的勇氣！

除此之外，同學的相伴則是碩士生涯中最美麗的風景。感謝叡宸在各類事務上無私的幫助，感謝景彥時常一同研討課業，感謝政強、雯婷、喬慈、德方、雅淳、涵珺、觀智、蘭祺、先敏和佳鴻等總是一起分享生活樂趣，因爲和你們同行，我的生命變得豐富而精彩。

然而，生命仍時有跌宕起伏，在許多重要的時刻，親友們便是最溫暖的陪伴，感謝親朋好友則銘、炯朝、博竣、佳倫、千瑜、翰生、雅護，雖然我們都各自走在不同的道路，然一路走來，相互扶持，相互提攜，眞是再幸運不過！感謝瑋婷，在人生不同的階段，彼此砥礪，始終如一，實在彌足珍貴；感謝純安在英文方面不吝給予我修訂的建議；感謝詩雯不斷地給我加油打氣，不經意地寄來饒富哲理的明信片，閃耀著文字的光芒；感謝宜蓁，可愛爽朗的性格就像太陽，往往帶來光明與歡笑，掃卻所有的霾霧，讓我更有動力地迎接每一個新的日子。

最後，要誠摯地感謝我的家人，有您們的善良與開闊，讓我小小的世界永遠馳騁著希望與美麗。

目
次

第一章　緒　論

第一節　研究旨趣

孔穎達（公元 574 年～648 年）設立一個「虛無之理」在「有物之境」當中，彰顯現象世界於穆不已的氣機以及合乎禮儀秩序的人事，來說明道所涵攝的「體用一融」性，故直接連「體用」為一詞來說明道是實存於現象的道，〔註 1〕置道（體用）於「有」的境域當中，藉跡象以顯義理，表現無窮無盡的生生大旨，此即孔穎達的儒家人倫關懷，也是本論文提出道論的意義所在。

本論文通過對道論的研究提出虛無之理、有物之境、無心之非對性、聖人之心與跡等議題，並從四個問題意識來談談研究旨趣。

一、「道論」在《周易正義》中是否足以構成一個體系？

「道論」是個哲學議題，這是無庸置疑的；然而，《周易正義》的經典詮釋中，孔穎達的「道論」是否能夠成為一個哲學命題，亦即是否能夠形成一個系統，才是問題所在。體系的認定見仁見知，筆者根據劉笑敢在〈經典詮

〔註 1〕 〈乾・卦辭〉疏：「天者定體之名，乾者體用之稱」，〈繫辭上〉疏：「夫子還自釋易之體，用之狀，言易能開通萬物之志，成就天下之務，有覆冒天下之道。斯，此也，易之體用如此而已」，〈繫辭下〉疏：「明《易》之體用，辭理遠大，可以濟民之行，以明失得之報也。」又〈繫辭下〉疏：「明《易》書體用也。」又疏：「明《易》辭體用，尋其辭則吉凶可以知也。」見魏・王弼、韓康伯注、唐・孔穎達疏：《周易正義》（臺北：藝文印書館，1989 年 1 月 11版）。以下引文均據該本，不再一一作註。

釋與體系建構：中國哲學詮釋傳統的成熟與特點芻議〉一文所提的四個面向來檢視：〔註2〕

（一）必須以討論哲學問題為主。道論涉及本體思維與萬物生成的內涵自然屬於哲學的問題。

（二）有豐富多側面的思想，不能只是單一的思想。《周易正義》道的內涵包含體用、有無、神道、變易、太極元氣、無心，以及聖人與道之間的關係，因此孔穎達提出「易象唯在於有」、「無陰無陽」、「體用」、「無心」〔註3〕、「非對」、「無心有跡」、「經營之憂」等諸多概念，皆不外於道的範圍，由此，可知道論具有豐富多側面的思想。

（三）多側面的思想之間有內在的統一性、連貫性。檢視《周易正義》，會發現孔穎達所提出的這些概念彼此之間都是統一連貫的──如兼賅有無的道，既不被形名所限制卻又實存於「有」當中，是個體用一如的概念。至於「有」，宇宙間陰陽和合，變化不已，這是有形的現象，但一切的現象恆用虛無之理擬待之，是故道雖無於陰陽卻不離陰陽。除此之外，這個虛無之理因具備不知所以然，玄應神妙的特性，又謂之神道，是以聖人體道，即以此道境為其心，故能以心的非對性涵融主客、有無、人我、天人等一切的對立，

〔註2〕 劉笑敢說：「一是他的思想必須以討論哲學問題為主，這一點應該是不言而喻的。二是有豐富的多側面的思想內容。思想單一，只講一個問題當然稱不上體系。三是多側面的思想之間有內在的統一性、連貫性，雖可能有內在矛盾和緊張，但必須大體圓通，不能支離破碎。最後，這些討論應該是有相當的獨特性、創造性的，完全綜合別人已有的思想就很難稱作思想體系。」見劉笑敢〈經典詮釋與體系建構：中國哲學詮釋傳統的成熟與特點芻議〉一文，收錄於李明輝：《儒家經典詮釋方法》（臺北：財團法人喜瑪拉雅研究發展基金會，2003年7月），頁43～44。

〔註3〕 郭象已提出過「無心」一詞，在《莊子·序》中說道：「夫莊子者，可謂知本矣，故未始藏其狂言，言雖會而獨應者也。夫應而非會，則雖當無用；言非物事，則雖高不行；與夫寂然不動，不得已而後起者，固有間矣，斯可謂知無心者也。夫心無為，則隨感而應，應隨其時，言惟謹爾。故與化為體。流萬代而冥物，豈曾設對獨遘而游談乎方外哉！此其所以不經而為百家之冠也。」見郭慶藩：《莊子集釋》（臺北：鼎淵文化事業有限公司，2005年1月初版），頁3。但郭象的「無心」是在其「自生自爾」的本體義下論「無為順成」的情狀，亦即萬物之生非由乎道，乃欻然自生，根本不需道作為生物之本源，所以他的無心是形容萬物自生的狀態；而孔疏的自生，是以道作為萬物生生的依據與本根，所以「無心」講的是道生物的一種狀態義，也就是說道生物之時是「自然如此」，無心而成，不言而化的；那麼聖人體道，也是以無心與道同流，方能成就廓然大公之業。故二人之無心，仍有不同的內涵。

使我與天地同流，因無心而順成萬物之開通。然而，聖人不能做到全無以爲體，猶有經營之憂，故以賢人爲跡，以人倫日用爲務，使得普天之下皆在此道的「體用」中自然自爾、各正性命。從這個脈絡看來，所有的命題都是互相連貫且統一的。

（四）有相當的獨特性、創造性。從孔穎達用「備包有無」來取代「崇本舉末」，並主張以「無心的非對性」來形容「道」的狀態義和作用義，以及提出聖人的「無心而有跡」等理念來看，這些議題雖也有綜合前人之見的地方，但他卻從中開出自己的理路，亦具備獨一無二的創造性。

如上所論，顯然的，孔穎達在詮釋《周易正義》時已先設一個道體的思維，提出了「虛無之理」與「有物之境」的概念作爲「道論」重要的內容，並據此導引出更多的課題及方向，實有待於深入開發。

二、同樣主張儒道兼融、體用一如的王注與孔疏，在詮《易》的視角與走向有何不同？爲何宗本王弼的孔疏會有這種思路的轉折？

自古以來，哲學家對道的理解始終沒有離開天人合一的思想脈絡，然而，直到王弼（公元 226 年～249 年）才將體與用廓清得十分明晰，基於此，孔穎達讚王弼《周易注》爲「獨冠古今」（《周易正義・序》）之本，並有所繼承。對於道論，孔疏與王弼都主張以無爲本，以有爲用，也都在體用一如的狀態下理解道；但是二人在詮《易》的方法與思路上卻開展出不同的路徑，王弼主要採用取義說，孔穎達則取象、取義兼重，甚至主張「物无不可象」（《周易正義・序・第一論易之三名》）；王弼以「太極」爲「不用之一」，孔穎達則賦予「太極」以「元氣」之論。孔穎達在王《注》的基礎上，於易理的闡發中加強了「象」的內涵，並在道論中強調了「氣」的意蘊，直言理不在象之上，而在象之中，一切的象數都是自然而生，可見他以「有」（即象、氣）來充實「太虛」所開展的場域的特色。

進而言之，孔疏的「體」對於「用」而言並沒有優先性，他的「用」雖以「體」爲根據，但這樣的「根據」，並不是單向度的還原返本，也並非是強化形而上學的走向，而是就現象事物本身來做「體用一融」的檢視。也就是說，孔穎達強調「道論」不能只是學者的學理思辨，「體用」也不能只是邏輯知性的「體用」，因爲，脫離了自身存在的意義，一切的理論就有可能落入玄虛之辭、浮誕之義的陷阱。因此，相對於王弼著重在形上學的思辨，討論

《易》之體用論，以及政教哲學等原理與概念，並關心著如何在這紛繁的萬象中，統宗會元，歸於一本，孔穎達則是向著倫理的向度走去，主張從知識理論的現象轉向人倫日用的實用，強調在「器有」的實質層面論道，這種關注的視角與思路的轉折究竟與王弼注有何不同？對於儒家道德形上學的建立是否有所幫助？又是否影響著後世儒學易的發展？這些都是本論文想要梳理的議題。

三、「無心」如何開展出「非對」之境？甚麼是「非對」，爲何不說「無對」呢？

在中國思想中，追求超越心的理境，自古即有，譬如《莊子·逍遙遊》所闡論的「自然」、「無待」，郭象注《莊》所提到的「無心」與「無對」，都是希望能超越有無、物我、主客對立，達到齊美惡、齊生死、齊物我的大道之境。到了孔穎達也以此爲目標，在《周易正義》中提出「無心」的概念，成爲其「道論」中重要的一環，也使「道論」的理論系統更爲完善。

當王弼提出「靜非對動」、「語非對默」的議題時，他並未說明其中原委，而是直接以「寂然至无是其本」來總結「非對」之義。孔穎達不同，他主張「非對動而生靜」、「非是對語有默」，以「動靜語默，而无別體」來說明「非對」之義。〔註4〕「動靜」、「語默」與「體用」、「有無」一樣，都是渾然的整體義，豈能二分再合一呢？因此孔穎達認爲不必設立一個超越的本體來渾成兩分的對立，直接讓人心與天地之心自然交融在一起，使「有」之顯發當下即是「無」之境，那麼在「無心」的作用下，現象與本體自然合一。於是，他進一步提出「非對」之說，〔註5〕不用「無對」，乃當時佛教已有無對義、有對義、無對相、有對相等說，且孔疏在《周易正義》的序言中已表明反佛立場，不用「能所」、「內外」等對立之論；另一方面，若提出「無對」，表示仍有個「有對」與之對顯，難免產生「相對性」的疑慮，仍屬有執的層面。

〔註4〕 王弼與孔疏的動靜語默之說，皆分見〈復·象〉的注與疏。
〔註5〕 見孔疏：「若其有境，則彼此相形，有二有三，不得爲一。故在陰之時，而不見爲陰之功：在陽之時，而不見爲陽之力，自然而有陰陽，自然无所營爲，此則道之謂也。」（〈繫辭上〉疏），又在動靜的觀念上，對王弼的復本於靜，以無爲本之說，做了些微的改變，他主張的「靜非對動」，不只意謂絕待的靜是超越對待的動靜，更在對待的二方，以無心的體道之功，當下渾化爲一，此亦「體用」義的内涵。故說，道雖在有境，不離萬象紛紛，然以無心故，自然而然沒有彼我、有無等之對待，此無心談的是道的狀態義。

因此，以「非對」爲說，則能突顯其「無心」並非對待的問題，萬物原本相須而有、相待而生，故「無心」不須對任何對待的兩端作無窮的詮解或消融，而是當下呈現心體的渾成性與自由性，心與物之間本來就沒有所謂的對立，對境都是源自於人心的執取。所以「非對」的提出，正凸顯孔疏「無心」一義在《周易正義》詮解的創造性。然而，無心是一個甚麼樣的心呢？又如何體現其「本然如此」的精神而與天地之心冥合爲一渾淪之境？「無心」是否在消融「有」、「無」的同時又相融著二者而體現「非對」之境呢？這些也是本論文析論的重點。

四、關切儒家垂教的孔疏《易》學，其形而上本體爲何不以「仁」而以「虛無」？又「聖人」是如何從「仁功」去體現「道體」的呢？

孔穎達的「道論」始終落實在人倫政教的深切關懷上，目的在建構具有儒家特色的形上本體哲學，既然如此，爲何他不以統攝眾德的「仁」作爲形而上的本理，而以「虛無之理」爲之？當形而上的本體顯現爲大化流行時，大化流行中的萬事萬物各自發展本體所賦予的本能、本性，因而成就天下之務。可知，道不在萬物之外，人事即道，孔穎達爲了重振儒家經學的形上思想層次，把君臣列位，制禮作樂以及詩書教化等都視爲道的流行與開通，從儒家的人倫器用出發，肯定道體在現象中的眞實存在，肯認一切的倫理垂範都是道的發展與化用。然而，現象界中的萬事萬物日新變化，無有窮盡，這是否表示形而上的道體也是隨著現象而變動不已、生生不息？若是，於穆不已的「仁功」即可等同於「道體」，那麼「仁」即可爲形而上的本體，何必以「虛無之理」呢？孔疏說：「道之爲體，顯見仁功」（〈繫辭上〉疏），很明顯地，說明道雖不離於陰陽，但陰陽並非道，足見他把「仁功」視爲「有物之境」的現象界，「虛無之理」的道體才是「仁功」所賴以爲根據的本體。因此，孔疏稱「仁」爲「用」，不稱「仁」爲「體」。所有的倫理道德皆是「仁功」的彰顯，體仁而擴充之，這些正是「人道」之內涵，屬「有物之境」。「有物之境」的「仁功」仍必貞定於「虛無之理」，故其形而上本體不以「仁」而以「道」，此乃《周易正義》道論之特色，亦即本論文的基調所在。

循著這個思想的軌跡，我們不禁要問，那麼「道體」與「仁功」究竟各自包融著甚麼樣的內涵，二者之間又如何結合在一起？要透過甚麼樣的管道才能把本體具備的萬理與現象所成就的萬德趨赴圓成之境呢？這是否與孔穎

達創造「無心有跡」的聖者有關，而這個聖者，既具儒者精神又本乎道家思想，融合儒道之聖，將如何體道？又若悟得道體，心具眾理而善應萬物，運世之化不為世化所運，像這種與道同功之聖，為何有憂？道乃無心無跡，聖人則心無而跡有，既有形跡，那麼他是人還是神？聖人處於「無境」，那麼「有境」由誰來居處？聖賢又各自象徵著甚麼意涵？「聖人」既是道體的承載與實踐者，自不能闕而弗論。

　　凡此，皆順緣「道論」之脈絡而來，乃本論文所欲推闡者。

第二節　文獻探討

　　《周易正義》是唐代經學的官方定本，〔註6〕處於經學大一統的時代，《周易正義》對唐前易學做了大總結，在經學與易學發展史上有著關鍵的地位。以王弼易學為基礎，《周易正義》開出新的易學詮釋路向。一直以來學者對這部經典的討論，已有幾個關注的議題，本論文約略分為五個面向：

一、《周易正義》成書的學術背景

　　（一）探究學術背景主要是考察唐代經學的局面，以及當時學派的爭鳴與互融，對《周易正義》的編纂有所幫助。目前學者對這方面的探討已相當全面，如 1.申屠盧明的《孔穎達‧顏師古評傳》是具代表性的專書，述評孔穎達的生平、時代、編纂背景，及其《五經正義》的思想特徵。〔註7〕2.程方平《隋唐五代的儒學——前理學教育思想研究》一書則說明隋唐五代重要學者的思想內涵及儒學發展的情形，其中包括孔穎達五經思想的介紹，清楚地

〔註6〕關於孔穎達《五經正義》的研究，參見張寶三：《《五經正義》研究》（國立臺灣大學中國文學研究所博士論文，張以仁先生指導，1992 年 6 月）；及王貞：〈孔穎達與《五經正義》研究述略〉，《中國史研究動態》第 1 期（2012 年），頁 31～38。

〔註7〕見申屠盧明：《孔穎達‧顏師古評傳》（南京：南京大學出版，2006 年 8 月第 1 次印刷）。然而，若欲了解孔穎達的生平系譜，則可參考陳冠明：〈孔穎達世系及入唐前行實考〉，《陰山學刊》第 5 期（2003 年），頁 63～66；與張立兵：〈孔穎達世系考略——兼《元和姓纂》與《宋史》所載孔子世系訂誤〉，《齊魯文化研究》總第六輯（2007 年），頁 205～207。至於《五經正義》的編撰過程與版本問題，參見潘忠偉：〈《周易正義》成書考〉，《商丘師範學院學報》第 30 卷第 1 期（2014 年 1 月），頁 39～43；及其《周易正義》唐宋傳本略考及阮元本之問題〉，《成都大學學報（社科版）》第 4 期（2011 年），頁 21～31。

交待唐朝儒學的背景及其精髓。〔註8〕3.牟鐘鑒〈隋與唐初經學〉一文，認爲經學從南北朝的分立走向隋與唐初的大一統局面，這與政治的統一、帝王的提倡、科舉的推行有關，當然，經學自身發展的形勢也促成了經學的統一，《五經正義》正是唐朝經學統一的代表作。〔註9〕4.陳磊〈試析隋及唐初的儒學統一〉一文，則梳理南北朝到唐朝經學的淵源流變，解釋唐朝經學統一的現象，並且觀察出《五經正義》兼用南學北學的特色。〔註10〕5.潘忠偉〈《五經正義》與北朝經學傳統〉一文，則深入探討《五經正義》對南北朝學術的傳承與轉化的情形。〔註11〕

　　以上所說，大都是從經學分立，師法紛遝，跨越南北學的界限等面向來說明《五經正義》統一經學的事實及特色。

　　（二）對於唐代經學的大一統，有學者提出批判性思考。如1.金生楊《漢唐巴蜀易學研究》持反思態度，書中第四章〈隋唐巴蜀易學〉「隋唐經學與易學」的部分，點出經學大一統的弊端，認爲經學的大一統導致學術生命力的窒息，《五經正義》定本一出，天下皆尊，唯此是從，反而遏止了經學的創造力。〔註12〕2.董坤玉〈從國子祭酒的選任變化看唐代統治者對待儒學態度的轉變〉一文也持相同意見。〔註13〕

　　（三）唐代經學有三教鼎立的特色，這個特色影響著《周易正義》的用

〔註 8〕　程方平：《隋唐五代的儒學——前理學教育思想研究》（昆明：雲南教育出版社出版，1991 年 12 月第 1 次印刷）。

〔註 9〕　牟鐘鑒：〈隋與唐初經學〉，《孔子研究》第 3 期（1988 年），頁 41～48。

〔註 10〕陳磊：〈試析隋及唐初的儒學統一〉，《孔子研究》第 6 期（2001 年），頁 24～31。

〔註 11〕潘忠偉：〈《五經正義》與北朝經學傳統〉，《哲學研究》第 5 期（2008 年），頁 66～72。

〔註 12〕此書以巴蜀易學爲主體，主要考察從西漢到唐末五代巴蜀易學的成就。見金生楊：《漢唐巴蜀易學研究》（成都：巴蜀書社，2007 年 8 月初版）。

〔註 13〕董坤玉說：「《五經正義》的頒行標誌著南北經學的統一，這無疑有助於當時人們客觀準確地了解和把握典籍的基本內容，但由於統治者過分強調經典注疏在科舉取士中的作用，使其成爲考試的評判標準，……考試範疇的固定化與答案的逐步統一大大限制了儒家學說的發展，箝制了思想的改造與更新，使儒家文化失去了進取精神而變成僵化的教條和空疏無用之學……《五經正義》自從頒布以後，就使儒家思想逐步處於死氣沉沉的狀態，與儒家經世治用的思想相背離，這樣就使統治者不得不從佛道中尋求經世致用的思想。由於儒學自身不能滿足統治者需要，導致統治者對待儒學的態度發生了很大變化。」見董坤玉：〈從國子祭酒的選任變化看唐代統治者對待儒學態度的轉變〉，《青島大學師範學院學報》第 23 卷第 1 期（2006 年 3 月），頁 62。

字與思想,從而表現出儒玄兼綜,隱采佛義的特徵。關於這個議題,1.盧鐘鋒〈唐代的儒學復興與學術史的研究〉一文,認爲編撰《五經正義》是唐初爲了振興儒學所採取的政策,也是在三教鼎立之中有鑑於前代「興佛佞佛」的經驗而採用的措施,這個措施「對魏晉南北朝以來盛行的佛教和道教起了一種制衡的作用」。〔註14〕2.美國學者包弼德(Peter Bol)曾藉由探討唐代三教在社會上的地位來說明儒家士人所扮演的角色,其中述及官方對三教採取兼容態度,使得三教皆能得到發展,故而儒家士人之學也有自己的發展理路,不會受到佛、道的影響〔註15〕,而《五經正義》就是在這樣的時代背景下產生的。3.劉新華〈隋唐三教關係與唐代儒學的興起〉一文,說明唐代皇室對三教採兼容並包的政策,而三教的互相融涉與會通,不僅促使道教吸收佛學的心性之論與儒家的倫理道德之說,儒家在佛道之間更是於絕處求生。在這相互交融與衝擊的過程中,唐代國家政權遂設下崇儒的目標,同時學者致力於儒學的復興,從自身的資源重新挖掘出體用論與心性論,對中國的經典詮釋做了轉進與創新的工作。〔註16〕4.劉立夫〈唐代宮廷的三教論議〉一文,則是探討整個唐代三教論議的發展,從高宗朝的排位問題、高宗朝的名理之辯,到中唐以後的誕日論衡,作者則從史學與宗教學的角度作考察。〔註17〕5.龔鵬程《唐代思潮》一書認爲《周易正義》已受到佛學影響,有隱采佛義的傾向。作者指出《正義》是以老莊、玄學爲中介來排擊佛法的經疏,明斥佛學之謬卻又隱採佛義,這一做法開啓了隋唐儒學的新局。〔註18〕除此之外,6.史少博

〔註14〕盧鐘鋒:〈唐代的儒學復興與學術史的研究〉,《廣東社會科學》第4期(1990年),頁45~53。

〔註15〕〔美〕包弼德(Peter Bol)著,劉寧譯:《斯文:唐宋思想的轉型》(*This Culture of Ours: Intellectual Transitions in Tang and Sung China*)(南京:江蘇人民出版社,2001年1月第1版),頁18~24。

〔註16〕劉新華:〈隋唐三教關係與唐代儒學的興起〉,《南京工程學院學報(社會科學版)》第6卷第4期(2006年12月),頁7~11。除了劉新華之見,若要進一步了解三教合一在中國經學史上的發展歷程,如郭熹微〈三教合一思潮──理學的先聲〉與焦桂美〈論南北朝時期佛教與經學的相互滲透〉都對三教的異同、調合的過程,及各教地位的變化,均有精彩的論述。見郭熹微:〈三教合一思潮──理學的先聲〉,《江海學刊》第6期(1996年),頁107~112。焦桂美:〈論南北朝時期佛教與經學的相互滲透〉,《北方論叢》第3期(2007年),頁107~111。

〔註17〕劉立夫:〈唐代宮廷的三教論議〉,《宗教研究》第1期(2010年),頁148~154。

〔註18〕《唐代思潮》第二章探討「《周易正義》與佛教」,先論佛學入於中國後的發

〈孔穎達儒學思想的異質性考論〉一文，作者從《五經正義》觀察，發現孔穎達以儒說爲宗，在《易》說要斷天地，理人倫，在《詩》說詩乃救世之針藥，在《禮》說禮者，履也，順之則宗祐固，社稷寧。然而，在其儒家思想的闡論中，孔穎達「兼融道玄，遺有佛音」，如引用道家學說來論《周易》的〈復〉、〈咸〉等卦；還受到佛學影響，從注經體裁到體用觀，甚至是卦義的解釋（如〈觀〉卦之疏），都有受佛學影響的跡象。可見孔穎達雖試圖建立自外於佛、道、玄的儒家義理之學，最終仍無法成功，《五經正義》仍呈現出儒、玄、釋兼融的特色。〔註19〕

　　（四）《周易正義》「正義」的體裁與「義疏」之學的問題，也是學者注目的焦點。「正義」的體裁可推溯到六朝的「義疏」之學，而「義疏」又是受佛教影響所產生的注經體式。〔註20〕學者對「義疏」的研究十分豐富，專書如 1.戴君仁《梅園論學續集》中〈經疏的衍成〉〔註21〕、2.牟潤孫《注史齋叢稿》〔註22〕，又如 3.申屠爐明〈南北朝儒家經學義疏三論〉，〔註23〕對「義疏」的緣起都有諸多蠡測，參考價值甚高，對研究孔穎達的注經方式也有幫助。在這些探討中，學者意見或相類，或分歧，若從相似的方面看，他們的共性在於都指向了「義疏」受佛教講經影響的歷史動因，這也爲《周易正義》之所以存有佛學的影子，甚至隱採佛義又排斥佛家等現象，做了一部分的說明。另外，4.日本學者戶田豐三郎在其《易經注釋史綱》〈講疏の成立〉一節，〔註24〕說明易學的詮釋到了魏晉有新的發展，當時皇帝喜召集諸儒於廷殿講《周易》，在那樣的風氣下，從口頭的講疏發展到書面的易論，義疏的注

展，闡明佛學逐漸中國化，而儒學也在魏晉玄學的影響下逐漸參取佛學義諦的過程，以及三教講論的盛況，再進入孔疏與佛學的論題。見龔鵬程：《唐代思潮》（北京：商務印書館，2007年9月第1版）。

〔註19〕史少博：〈孔穎達儒學思想的異質性考論〉，《學術月刊》第39卷6月號（2007年6月），頁72～77。

〔註20〕雖然眾說紛紜，在此無法斷然確定義疏就是受佛教的牽引而出現的解經方式，然而兩者之間的關聯確實匪淺，是故學者在談論「義疏」時，也兼探討它與三教之間的影響結構，如牟潤孫、梁啓超等人均有相關論述。

〔註21〕戴君仁：《梅園論學續集》（臺北：藝文印書館，1973年11月初版），頁93～117。

〔註22〕牟潤孫：《注史齋叢考》（臺北：臺灣商務印書館，1990年6月初版）。

〔註23〕申屠爐明：〈南北朝儒家經學義疏三論〉，《江蘇社會科學》的《歷史學研究》第4期（2001年），頁77～82。

〔註24〕〔日〕戶田豐三郎：《易經注釋史綱》（東京：株式會社風間書房，昭和43年12月10日印刷），頁390～391。

釋方法自然應運而生。

　　（五）分梳「義疏」與「正義」的不同。1.張國剛〈略論唐代學術史的時代特徵〉一文，指出「正義」異於「義疏」之處，在於「義疏」家大都發揮個人對經義的看法，而「正義」家要遵行疏不破注的原則，依循經注進行詮釋，最後還要採納諸說變成類似集注的著作，《周易正義》正是如此。〔註25〕2.徐芹庭在《易經源流》一書則指出，「義疏」與「講疏」是《周易正義》的濫觴，與張國剛之見大致相同。〔註26〕值得注意的是，3.童嶺〈六朝後期江南義疏體《易》學識論──以日藏漢籍舊鈔本《講周易疏論家義記》殘卷為中心〉發現從六朝義疏到孔穎達《正義》之間，有個發展的歷程，其中《講周易疏論家義記》一書是此「義疏」體演進的關鍵。童嶺以圖表顯示這個歷程，並提出在《周易正義》成立前，江南學界可能存在一個「後剃刀時代」的說法，〔註27〕為孔穎達所批評的「辭尚虛玄，義多浮誕」提供了解釋，此研究補足了前人對《周易正義》之前「義疏」體發展的認識，是有關易學之「義疏」的重要資料。〔註28〕攸關這類的學術文獻，是研究《周易正義》不可或缺的環節，它們能幫助研究者了解《正義》的體裁與產生的原因，對本

〔註25〕 張國剛：〈略論唐代學術史的時代特徵〉，《史學月刊》第 6 期（2003 年），頁80～87。實則《周易正義》在尊崇王弼《注》時，並未全然遵守「疏不破注」，而會在疏解處時時提出自己的意見。

〔註26〕 「正義」是在「義疏」的基礎上發展而成的注疏體裁，可見兩者關係密切。但「正義」與「義疏」本質仍屬不同。徐芹庭於《易經源流》「南北朝易學」章曾說義疏與講疏是《周易正義》的濫觴，與此文作者意見一致。見徐芹庭：《易經源流》上冊（北京：中國書店，2008 年 4 月）。

〔註27〕 童嶺：〈六朝後期江南義疏體《易》學識論──以日藏漢籍舊鈔本《講周易疏論家義記》殘卷為中心〉，《中央研究院歷史語言研究所集刊》第八十一本第二分（2010 年 6 月），頁 411～465。

〔註28〕 童嶺所取資《講周易疏論家義記》的這本書，其研究已有相當久遠的歷史，自一九三五年《京都帝國大學文學部景印舊鈔本》問世，日本學者狩野直喜於書中為此文本解說，陸續有學者發覺此書的價值，並作文章討論之。除了狩野直喜與童嶺的研究外，主要文獻尚有：藤原高男：〈講周易疏論家義記における易學の性格〉，《漢魏文化》創刊號收藏，一九六○年六月、〈江南義疏家の二派に關する一考察〉，《日本中國學會報》第十二集收載，一九六○年十月。馮錦榮：〈「格義」與六朝《周易》義疏學──以日本奈良興福寺藏《講周易疏論家義記殘卷》為中心〉，《新亞學報》第 21 卷（2001 年 11 月），頁113～136。谷繼明：〈從江南義疏到《周易正義》──隋唐《周易》義疏學中的儒佛之爭〉，《哲學門》第 14 卷第 2 冊（總第 28 輯）（2013 年 12 月），頁121～138，以及專書黃華珍：《日本奈良興福寺藏兩種古鈔本研究》（北京：中華書局，2011 年 4 月）等。

論文撰寫《周易正義》的詮《易》路向也有很大的助益。

　　凡以上所述，分別指出孔穎達的注疏立場、思想傾向與體裁特色等，對本論文研究《周易正義》的詮釋思維，提供了指導作用。

二、《周易正義》對象數與義理的兼取

　　孔穎達提出「易理備包有無」的理念成爲其詮《易》的主要思想，這個思路使《周易正義》一書致力於兼重象數與義理的解《易》路線，成爲義理易中並融象數的重要《易》學著作。學者對此也表達不少看法，是本論文重要的參考文獻來源。

　　（一）廖名春、康學偉、梁韋弦《周易研究史》認爲孔穎達提出「易理備包有無」、「易象唯在於有」的易學觀念，乃上承漢易的卦氣說而來，主張由器用認識道，因爲天地萬物皆由陰陽二氣之絪縕和合而來，二氣運行的原理非形而下的形體，而是「道」，這是對「有」、「無」以及「象數」與「義理」二派的調合，改變以往「有」、「無」對立的觀念，將「有」、「無」渾化於太一虛無之中，故亦可視爲對「無」的新詮釋。書中更指出，孔穎達如此調合象、義乃是對王弼貴無的修正，也因此開啓宋代易學以「理」談《易》的思路。〔註29〕

　　（二）劉玉建《《周易正義》導讀》〔註30〕一書觸及多個面向，其中對《周易正義》的詮釋方法探討頗爲詳細，他認爲象數與義理兼重的易學觀，是起自魏晉時期象數與義理兩系的互相開展與傾軋，當時發生數次論爭，如《易無互體》的詰難，《大衍義》的問題，《易象妙於見形論》的辯論，孫盛堅持漢象數易，反對以玄解《易》的方式；東晉干寶痛斥王弼易學入於虛誕，傷政害民；又有范寧對玄學與王弼易深惡痛絕，說王弼、何晏「二人之罪，深於桀紂」等等，突出象數與義理均有各自的特點。易學史上也有兼容象數與義理者，如陸績、向秀等人，在無數的辯難與對話過後，使得兩派逐漸轉化與會通。到了南北朝晚期，二派走向融合，這也是《周易正義》融會二系之說的先聲。孔穎達則採取象數與義理兼重的方式，並表現在幾個面向，如立象以盡意、隨義而取象、易含萬象、易理備包有無而易象唯在於有，以及《易》

〔註29〕見《周易研究史》中〈魏晉隋唐易學〉的部分，廖名春、康學偉、梁韋弦：《周易研究史》（長沙：湖南出版社，1991 年 7 月第 1 版），頁 189～194。

〔註30〕劉玉建：《《周易正義》導讀》（濟南：齊魯書社出版，2005 年 12 月第 1 次印刷）。

之義理在於垂範作則等等，皆從取象的方法及內容探繹易道的形上義理。

（三）趙榮波博論《《周易正義》思想研究》一書，[註31] 從論述《周易正義》象數體例與義理詮釋的易例，說明孔穎達兼取象數、融通義理的疏解方式，如其時位思想與主爻說，都兼採象數與義理二方面疏之。

（四）季英波碩論《孔穎達易學解經體例探析》一書，[註32] 從探討孔疏的取象與取義說，觀察出《周易正義》建立了有別於以往象數派及義理派的新說法、新派別，可稱之爲「象數與義理統一派」。

（五）林國兵碩論《試論孔穎達的易學理論與美學智慧》一書，[註33] 在說明《周易正義》的大旨時，提出孔穎達試圖在王弼易學與漢易中取得平衡的努力，譬如在「太極說」的詮釋上，孔穎達不但採取王弼本無論，主張太極是無，同時亦採漢易的氣論，認爲太極是元氣未分的渾然狀態，在這個易學思想的基礎上，孔穎達提出了「易理備包有無」的新觀點，融通了玄學本體論和漢易的宇宙論，使有限的萬象與無限的宇宙相互觀照，無有阻隔。

（六）陳克明〈唐代《易》學的比較研究〉一文，[註34] 論及孔穎達的詮《易》，當取象則取象，當取義則取義，並在疏解「近取諸身，遠取諸物」時評論韓康伯直取卦名，先名後實，取名而不取象，如此重名不重象，並非孔穎達所認同者，足見《周易正義》兼重取義與取象的思想。

（七）史少博〈孔穎達《周易正義》對王弼的超越〉一文，[註35] 提及孔穎達對王弼的超越與改造，爲了糾正王弼重義輕象的偏見，無論是取象原則、取象方法，或是對象數義的根本看法，都試圖調合取象與取義，不偏廢一端。

（八）劉玉建〈孔穎達易學詮釋學原則及意義〉一文，[註36] 則專以孔

〔註31〕趙榮波：《《周易正義》思想研究》（山東大學博士學位論文，劉大鈞先生指導，2006 年 4 月）。

〔註32〕季英波：《孔穎達易學解經體例探析》（首都師範大學碩士學位論文，陳鵬先生指導，2009 年 4 月）。

〔註33〕林國兵：《試論孔穎達的易學理論與美學智慧》（安徽師範大學碩士學位論文，汪裕雄先生指導，2004 年 5 月）。

〔註34〕陳克明：〈唐代《易》學的比較研究〉，《中國哲學史》第 1 期（1993 年），頁 5～14。

〔註35〕史少博：〈孔穎達《周易正義》對王弼的超越〉，《青島科技大學學報（社會科學版）》第 19 卷第 3 期（2003 年 9 月），頁 9～13。

〔註36〕劉玉建：〈孔穎達易學詮釋學原則及意義〉，《管子學刊》第 1 期（2004 年），頁 59～62。

穎達調合象數與義理方面探討其詮《易》原則，孔穎達的原則即在堅持象數體例的同時，也堅持義理體例，兩者並行，既不落入漢易爲了以象數體例解《易》而造成繁瑣的弊端，也不採取王弼玄學易蔑棄象數的路向，提倡兼重義理與象數的易學觀，推進了易學的發展。

三、《周易正義》的易學詮釋體例

作爲唐代易學注疏的代表作，《周易正義》的易學詮釋體例，向來是備受關注的主題，學者或從其詮釋經典的原則切入體例的探索，或系統性地歸結出《周易正義》的注疏體例。

（一）趙榮波《《周易正義》思想研究》一書，〔註37〕詳細地談論《正義》的詮釋原則及象數用法，在第一章「《周易正義》的易象、卦氣和易數思想」的第一節就談到《正義》的反對之象、方位之象、互體之象等體例；第二節「卦氣說」論及四正四維、十二消息、六日七分說等易例；第三節「易數觀」則提到著數與五行數，這都是對《正義》象數體例的探討，頗具參考價值。

（二）龔鵬程《孔穎達《周易正義》研究》一書，〔註38〕在第四章談《周易正義》的象數學，介紹了十二消息卦、乾坤當十二月、卦氣說、六日七分說，以及大衍之數、七八九六之數和初上無位等說。

（三）劉玉建《《周易正義》導讀》一書，〔註39〕對《周易正義》的易學詮釋做了全方面的介紹，主要著重在其詮釋的原則及釋《易》的基本體例，尤其認爲「不可一例求之，不可一類取之」是《周易正義》體例最大的特色。

（四）季英波《孔穎達易學解經體例探析》一書，〔註40〕特別以《周易正義》的注疏體例爲其研究課題，將孔穎達的解經體例分爲二大項，一爲取象，二爲取義。取象包括易象、卦氣與易數三個部分，取義則包括隨義而取象、以「位」解《易》、以「時」解《易》、以「德」解《易》四個部分，詳細探討孔穎達注經從象數到義理兩方面所建立的易學詮釋法。

〔註37〕趙榮波：《《周易正義》思想研究》，同本章註31。
〔註38〕龔鵬程：《孔穎達《周易正義》研究》，是臺灣最早專論《周易正義》的碩士論文，於2008年9月由花木蘭出版社重新印刷，收入《中國學術思想研究輯刊》初編第三冊。見龔鵬程：《孔穎達《周易正義》研究》（臺北：花木蘭出版社，2008年9月）。
〔註39〕劉玉建：《《周易正義》導讀》，同本章註30。
〔註40〕季英波：《孔穎達易學解經體例探析》，同本章註32。

　　（五）倪淑娟的《孔穎達易學研究》一書，〔註41〕第三章專門介紹孔穎達的注疏體例，然而，此博論採取的研究進路較為特殊，將孔穎達的詮《易》思想與注《易》體例分開，將詮《易》思想歸入易學觀念的闡釋；〔註42〕而注經體例則從《周易正義》釋《易》的凡例歸納出特定的規律，考察孔穎達注經的方式，從六十四卦的經文到〈繫辭〉、〈說卦〉、〈序卦〉、〈雜卦〉等都是先列出王、韓注，其次標出疏，或以「《正義》曰」終之。至於體例方面，則特別介紹《周易正義》四正四維、十二辟卦、六日七分等卦氣的易例。

　　（六）劉玉平〈孔穎達的易學詮釋學〉一文，把《周易正義》詮釋的思想分為四個部分加以分析，〔註43〕對於體例的部分，認為「不可一例求之」以及「剛柔往來」是構成易象最重要的體例及原則。另外，他將孔穎達疏與王弼注作了對比，說明王注以得意忘象為本，而孔穎達疏則大量吸取漢易，漢象數易主張以承乘據應、卦氣、宮卦、爻辰、納甲、納支、互體、旁通、卦變、逸象等體例解《易》，體系十分龐大，是易學體例的代表，劉玉平認為孔穎達疏所論象數的作用也超出王學家法，這是值得重視並思考的說法。

四、《周易正義》的道器思想

　　從虛無之理與有物之境論道，從此展開《周易正義》易理體系的梳理與建構，是《周易正義》義理思想最重要的部分。學者對此討論熱烈，資料也頗為豐富，也提供給本論文不少的參考方針與面向。

　　（一）鄧國光《經學義理》的研究途徑特殊，〔註44〕有別於其他專籍，此書以主題研究法考察經學的思想，第十一章「孔穎達《五經正義》『體用』義研究——經學義理營構的思想史考察」以「體用論」為主題，審視孔穎達如何藉由「理、名、跡」創造出新的義理場域與體系。首先，鄧國光認為孔

〔註41〕倪淑娟：《孔穎達易學研究》（華梵大學東方人文思想研究所博士學位論文，張永儁與伍至學先生指導，2012 年 7 月）。

〔註42〕如論述孔穎達的「義理思想」是從卦爻之德位說明，談論其「象數觀」則是從卦氣、卦象、取象法與易數說等角度說明。出處同上註。

〔註43〕劉玉平把《周易正義》詮釋的思想分為四個部分加以分析一、易者無物不可象，主張不可一例求之。二、「剛柔往來」是易象構成的根本的體例。三、易象與易理的體與用。四、易理備包有無等四個方面。見劉玉平：〈孔穎達的易學詮釋學〉，《周易研究》第 3 期（總第五十三期）（2002 年），頁 10～17。

〔註44〕鄧國光：《經學義理》（上海：上海古籍出版社，2011 年 6 月第 1 次印刷），頁 319～359。

穎達義疏的特點在於標出「理」字，特別在《易》、《禮》、《詩》三經凸顯「理」的觀念，試圖用「理」來形塑儒家體用一如的形而上學，從道家、佛教已然定勢的本體論中奪回儒家話語權，故讚孔穎達義疏是經學史上的創舉。其次，藉用《尚書正義》的法與理，《春秋左傳正義》的五例、五情和五體，《毛詩正義》的詩理和詩跡，《禮記正義》的禮理、禮事和禮名，來對「體用義」的一詞連用做進一步的發闡，與易學「體用義」中的有與無、道與器、理與跡等說法互相發明。最後，證明孔穎達的體用義，並非只是形上理論的創造，更蘊含對現象世界的人文關懷。因此，《五經正義》「體用論」的義理營構，發揮了儒家的淑世精神，是孔穎達義疏的核心理念，其中以「仁功」爲發用的終極體現，彰顯出大唐氣象的強大生命力，爲經學的研究邁進一大步。像這樣以「體用論」爲主題的研究路徑，具有很高的啓發性，頗值得參考。

（二）郭勝坡《二十世紀易學本體論的兩條基本路向研究》一書，〔註45〕有別於前述的論文，雖然不是以《周易正義》爲主要研究對象，但它以「易學本體論」爲主題，對歷代的易學本體論的發展皆有清晰的爬梳，尤其對於《周易正義》本體論的研究，頗具參考意義。這本博論對易學本體論的路向觀察頗爲透徹，將二十世紀易學本體論分爲「以體攝用」與「以用顯體」兩條路線。作者認爲隋唐時期對體用觀反映在「有、無」問題的整合中，孔穎達《周易正義》的表現最爲突出。從整合有無、梳理陰陽、闡述易理三個方面來說明《周易正義》本體論思想，指出五大重點：一、《正義》在對魏晉玄學的反思中，在貴無、崇有、獨化三派裡選擇王弼貴無派。二、雖然選擇貴無派作爲注疏之本，但其基本學術立場是「存無以教有」，以垂教爲目的。三、孔疏秉持「有無並包」的思想，在貴無論基礎上整合崇有論，調和二者，有以無爲本，論「無」是就事物的所以然而說，談「有」是就事物的基本結構而說，兩者沒有衝突。四、孔疏將王弼的「無」推進一層，成爲「虛無」，再用「造化虛無」統合「有與無」，一切都是自然而然，不知其所以然而然。五、孔疏在調和貴無與崇有說的基礎上進而發展陰陽之說，陰陽與道不同，道是虛無，陰陽是萬有，道是陰陽的根本及規律，陰陽由道自然生成；陰陽本身有兩個層次，一爲本源之氣，一爲陰陽之氣。總而言之，作者認爲《正義》

〔註45〕郭勝坡：《二十世紀易學本體論的兩條基本路向研究》（南開大學博士學位論文，李翔海先生指導，2010年5月）。

同時包含「以體攝用」及「以用顯體」的兩個路向。

（三）梅強《周易正義法律思想研究》，[註46] 主張人事的一切法律即禮法制度皆以天道為依據，故特立〈周易正義本體論〉一章，從道論、氣論、有無論、化生論、變易論來討論道器的本體思維。

（四）劉澤華、張分田〈孔穎達的道論與治道〉一文，[註47] 作者橫跨《五經正義》討論孔穎達天道思想，理路清晰明確，文章從四個要點來談道的本體及運用層面：一、自然本體和倫理本位為相結合的道論。二、以禮、仁的德目為中心的治國之道。三、君德論。四、弘揚道論與繼往開來。其中第一點說明道的本體論、宇宙論，對道的性質做出義界，指出孔穎達的道就是本原、本體，也是萬物的規律、原則、道理的總合。在孔穎達道論的體系裡，道的本體論與生成論二者互相疊合，使道本身同時兼具本體性與根源性。第二點從倫理的角度談起，將天地、倫理、仁義與禮教均納入道的內涵當中，揭示道就是天道觀與倫理觀相結合。第三點從治道來體現道的化用，道是宇宙間最根本的理則，是人事義理的形而上依據，故天道與治道就在君王施政的政治場域上融為一體，成為皇權至上的豁顯。第四點則期待將天道與人道結合的理念發揚在繼往開來的廣大事業上。這些都是道論的重要特點，可說是對孔穎達道論在治道上的專題研究，引領學者注意道論在倫理上與政治上的落實。

（五）胡士穎〈《周易正義》道器思想述論〉一文，[註48] 先論道，後論器，再論器的衍生過程，最後論道器關係，條理分明。道器關係從一、道無器有。二、形上形下。三、道體器用三方面談道器之間的差異與聯繫。由於道器關係內涵豐富，故於此不再贅述。總而言之，這篇文章對孔穎達的道器觀有整體性的呈現，對道論的研究有啟發的作用。

（六）趙榮波〈《周易正義》的宇宙觀〉一文，[註49] 指出《周易正義》力圖從王弼的玄學易走出新局面，由序言「先以輔嗣為本」、「必以仲尼為宗」

〔註46〕梅強：《周易正義法律思想研究》（山東大學博士學位論文，林忠軍先生指導，2012 年 10 月）。

〔註47〕劉澤華、張分田：〈孔穎達的道論與治道〉，《孔子研究》第 3 期（1991 年），頁 76～86。

〔註48〕胡士穎：〈《周易正義》道器思想述論〉，《紅河學院學報》第 8 卷第 3 期（2010 年 6 月），頁 42～47。

〔註49〕趙榮波：〈《周易正義》的宇宙觀〉，《文史哲》第 4 期（總第 307 期）（2008 年），頁 56～62。

的主張看來，孔穎達道論的特色已表現出融匯儒道「貴無不賤有」的學術傾向，所以認爲《周易正義》在宇宙觀方面的傾向是其立論的一個重要哲學基礎。

（七）三位學者 Yu Weidong, Xu Jin and Zhang Lin, "Morality and Nature: The Essential Difference between the Dao of Chinese Philosophy and Metaphysics in Western Philosophy"（「道德與自然：中國思想與西方形上哲學『道論』的本質差異」）一文〔註50〕，論及《周易正義》的道器觀，文中引用孔疏解釋「形而上謂之道」的段落，指出道是有與無的統一，從超越形態（transcendent form）的角度說，道是「無」；從功能性與生成義的方向看，道是「有」。對於孔疏道器說的解釋，清晰扼要，有助於筆者研究與了解。

以上所述，與筆者所要探討的太一虛無的本體義的主題相關性較高，所以也是本論文重要的參考文獻。

五、《周易正義》在中國思想史上的地位

（一）申屠爐明《孔穎達・顏師古評傳》一書，〔註51〕認爲《五經正義》的價值就是將道家的本體論納入儒家的道論之中，並因此而啓發了宋學。

（二）朱伯崑《易學哲學史》，〔註52〕對於《周易正義》的分析相當深入，從易學源流、疏《易》體例、象數思想，到易學哲學問題，都做深入的探析。書中談論易理備包有無，言象意辨，乾坤二元，無陰無陽，自然無爲等問題，在討論的過程中，論及有與無、道與器、象與數、取義與取象、陰陽二氣、變易、太極說，特別指出孔穎達的無心，認爲以自然無心解釋王弼的道、無，是對王弼的貴無論作了改造，同時讚嘆他以道器解釋有無，以道體爲無，以器用爲有，是一個以體用範疇詮解易理的新見解。並且強調孔穎達的無心說與無陰無陽等說法，在易學史與思想史上均有重要意義。除此之外，《周易正義》所開展的幾個主題，如太極說，元氣說，也都在學術史上起

〔註50〕Yu Weidong, Xu Jin and Zhang Lin, "Morality and Nature: The Essential Difference between the Dao of Chinese Philosophy and Metaphysics in Western Philosophy"（「道德與自然：中國思想與西方形上哲學『道論』的本質差異」）*Frontiers of Philosophy in China*, Vol. 4, No. 3 (Sep., 2009), pp. 360~369. 篇名爲筆者自譯。

〔註51〕申屠爐明：《孔穎達・顏師古評傳》，同本章註7，頁171。

〔註52〕朱伯崑：《易學哲學史》（臺北：藍燈文化事業，1981年9月初版），頁409～437。以下凡引朱伯崑之說者，皆出自此版本，故不再作註，僅標以頁數。

了重大的波瀾，有開啓後代學說之功。

（三）劉玉建〈魏晉至唐初易學演變與發展的特徵〉一文，〔註53〕指出孔穎達雖然繼承王弼易學，卻一再強調研究易理之目的在於認識並把握人們生命的意義，主張不可偏重義理而忽略象數，也不可脫離「有」的世界純在學理上空談易理，若無法兼顧象數與義理，都難以真實關注到《易》之經世致用，也難以準備把握聖人垂教之本意，故認爲《周易正義》真正實現了二者融一、體用兼並的宏旨，在易學史的發展上是有其意義的。

（四）史少博〈孔穎達《周易正義》對王弼的超越〉一文，〔註54〕認爲孔穎達在本體論方面雖承王弼之說，卻在大衍義與乾坤二元的觀點上，多了氣化與器有的內涵，補正王弼略象之偏，強調《周易正義》的調和取象與取義是對王弼易學的超越，既重視義理，又不輕忽象數，使「象數」、「義理」至宋代出現合流、互補趨勢，故而給予後世很大的影響。

（五）劉玉建〈漢魏易學發展的理論結晶《周易正義》——學術及政治視野下的創作動因審視〉一文，〔註55〕認爲《周易正義》是對漢魏以來象數易學與義理易學的承繼、超越與創新，從學術與政治走向統一的歷史必然產物，是立足王注，宣導義理的時代必然選擇，以及博取眾家、熔於一爐的學術必然歸宿等方面向來讚嘆《周易正義》在易學及易學哲學史上具有劃時代意義。

（六）張善文〈略論孔穎達對《周易》義理學的拓展〉一文，〔註56〕指出《周易正義》的宗旨重在發明王弼學說，詮釋《周易》經傳的「義理」，從引申王、韓未盡之餘義、詳補舊注析義之缺略、抒發自己獨到之見解及闡明辭象卦爻之義例等四個面向肯定孔穎達之貢獻，並且認爲孔穎達進一步拓展王弼《易注》哲理的作法是爲宋代義理學的全面興起打下至爲重要的基礎。

（七）史少博〈《周易正義》：「無本論」向「氣本論」轉化的橋樑〉一

〔註53〕劉玉建：〈魏晉至唐初易學演變與發展的特徵〉，《周易研究》第 4 期（總第六十期）（2003 年），頁 11～12。

〔註54〕史少博〈孔穎達《周易正義》對王弼的超越〉，同本章註 35，頁 9～13。

〔註55〕劉玉建：〈漢魏易學發展的理論結晶《周易正義》——學術及政治視野下的創作動因審視〉，《周易研究》第 5 期（總第七十九期）（2006 年），頁 60～64。

〔註56〕張善文：〈略論孔穎達對《周易》義理學的拓展〉，《福建師範大學學報（哲學社會科學版）》第 1 期（1994 年），頁 39～43。

文，〔註57〕指出孔穎達用「太虛」闡述世界的本原不是虛無而是實有的陰陽二氣，並且認為卦爻象的變化以及整個世界的變化發展都體現了陰陽二氣的法則，基於這樣的闡釋，認定《周易正義》是王弼「無本論」向張載「氣本論」轉化的橋樑與環節，也是促進了漢易向宋易轉關的重要關鍵。

筆者從以上的文獻探討中，選擇與《周易正義》經典本身較具相關性，且與本論文主題連結性較強的作品予以討論。關於《周易正義》的研究，學者大多集中在以上幾個面向，尤其是兼重義理與象數的部分是大家側重的焦點，本文擬就一個「備包有無」的道論來做全面性的發揮，對於天道觀、宇宙觀、道器觀等以小題大作的方式進一步詳盡探討，並以「無心」與「聖人」兩個關鍵的議題來落實道論的開通與實踐意義，希冀能進一步釐清這些問題，發掘《周易正義》更深層的義理內涵與詮釋特色，呈現更多的面向以及更完整的研究光譜。

第三節　研究方法

本論文以道論為主題，故方法的採用則圍繞在此易學議題上展開，在詮釋的進路中，不免同時運用到各種方法如演繹法、比較法、歷史發展法等，但為了更妥切地表達道論這個命題，本論文則主要集中以下三個研究方法，論述如下：

一、概念詮釋法

思想領域，本身就是由諸多概念發展而成的學問，易學也是如此。因此「概念」的探討，便是易學思想研究的核心。尤其當研究的對象並非當代文獻，中間必須橫跨歷史長河的時候，對文本中特殊概念的理解與詮釋就成了關鍵的課題。筆者在碩論研究之初就發現孔穎達撰寫《周易正義》並非為了注疏而注疏，他內心已有特定的寫作目的，這個目的即是致力於易學觀念的創新與改變，所以易學概念的探研，成了本論文主要的觀照內容。

因此，筆者透過「概念詮釋法」去剖析《正義》的易學觀念，並希望能拓展思想研究的縱深層面。然而，由於《正義》是經學類文本，與哲理類文

〔註57〕史少博：〈《周易正義》：「無本論」向「氣本論」轉化的橋樑〉，《周易研究》第 5 期（總第 61 期）（2003 年），頁 23～27。

本有性質上的差異，對經學義理的概念詮釋，自然要有另類的進路。首先，《周易正義》是對經典的詮釋與再詮釋，在這個前提下，他所面對的是經典的理解問題，對前人注疏的依違問題，以及自身詮釋的創新問題，幾番折衝過後所呈現的面貌，就成為今日所見《周易正義》的文本。因此文本當中的各種表述，文辭用語，以及易學的體例，都是易學觀念的表達。經學的義理，與諸子百家的思想研究不一樣的地方就在這裡，所以探析《正義》，必須從經典詮釋的各個面向出發。

再者，仔細閱讀《正義》的內容，會發現孔穎達是有意識地在建構一套義理體系，因此，探尋出其中的「主題意識」，是不可或缺的要務，這也是筆者將碩論重心聚焦在「虛無」與「有境」論點之上的主要原因。綜觀《正義》，貫徹全書的幾個課題，最鮮明的莫過於「虛無」、「無心」，其他如體用論、道器說、乾坤觀、陰陽觀、備包有無的易學觀、變易觀、聖人大人觀、無心的非對性，都是在前代易學的基礎上，提出自己的創造性觀點，不只建構出自己的易理體系，也將易學的思想推進一步。

最後，本論文在探討這些易學概念時，除了討論每個概念的義理內容，嘗試為概念作義界以外，主要仍側重在孔穎達觀念中的個別殊異性（singularity），以及觀念與觀念之間的邏輯關係。第一，先從概念的哲理內涵著手，分析孔穎達所提出的概念的理論特徵，譬如他的「虛無」是什麼？「無心」是什麼？而「心」又是什麼，涉及意識、情感，甚或靈覺？第二，從這些概念，找出他試圖建立的義理體系，由單一到整體，由個別到全面，將貫串《周易正義》，甚至是《五經正義》的觀念理論，作論文式的呈現，譬如研討孔疏的虛無說、道器觀、聖人垂教以濟民的思想，都是由個別概念整體匯聚而成的系統理論，於此同時也會論及概念與概念之間的邏輯關係。第三，在幫《正義》重新梳理與架構之後，更須強調的就是孔穎達概念的個別殊異性（singularity），所謂殊異性，代表這個觀念有它獨一無二、無可取代，異於他者的特質，《正義》之所以能夠創新，關鍵就在這個別殊異性（singularity），因此這是在論述脈絡中，必要強調的特點，譬如歷代易學家或思想家都會談到「有」與「無」的問題，孔穎達是如何處理這個問題？他對「有」、「無」的觀念又是什麼？這都是本碩論運用觀念詮釋法的理由與方式，期能待藉由這個方法，在《周易正義》的近現代研究成果中，開闢出一條新的道路，作出嶄新的研究，也為《周易正義》那些未曾受到明顯重視的主題，作一番探

討，讓大家關注到這些層面。

二、多重視域分析法

　　思想的變化與創造，往往與各種視域的切入、交錯及融會有關，無論是學派的形成，哲理的辯論，觀念的轉變，或是思想派別之間的論爭，由於不同的視域便有不同的看法。因此，本碩論以「多重視域分析法」研究《周易正義》的思想內蘊，以便提出豐富多面的研究成果。然而，筆者所用的「多重視域分析法」是個什麼樣的方法？爲什麼需要用到「多重視域分析法」？

　　首先，多重視域法是用不同的視角去檢視一個文本以及作者寫作的動機。不同的視角就像光線從不同的角度，在萬花筒裡產生反射，即使是同樣的材料，也會反射出不同的圖案。其次，針對同一個主題，以多元視角觀照，則能探索出多方面的意義，甚至發現《周易正義》的立場與價值。譬如對於詮《易》理路，一個易學詮釋學就包含多種面向，「詮《易》」可以是經學的背景問題，可以是儒道思想交融的問題，也可以視爲是象數義理的取向問題，筆者選擇孔穎達較具特殊性的主題來論述，如第四章的「無心」，可以從「有無」問題入手，也可以從「動靜」的命題著手，更可從學者鮮少研究的「語默」議題鑽研，發掘出孔疏「無心」的全幅內蘊，這些都有賴於多重視域分析法的實踐。

　　另外，多重視域法也體現在不同思想的視域交會上，探析這些不同的理念，將對《周易正義》的易學主張有更深一層的理解。由於《正義》綜合各家思想，故本身即含藏漢魏以來多家思想的內涵，如對儒家及道家的兼容並蓄，以及對王弼、郭象、張湛等人觀念的吸收，因此，再現《周易正義》的視域交融，才能深入孔穎達道論的多重涵義，也才能掌握《周易正義》眞正的疏《易》思想。

三、歷時性分析法〔註58〕

　　研究單一文本，不能不顧慮到它的時代脈絡，從寫作動機，學術立場，到語言用詞，都受到歷時性（diachronic）脈絡的影響，所以這個方法也是研究本文重要的方法。

〔註58〕歷時性（diachronic）研究，本來是一個語言學的理論方法，著重在探究語言的歷史演變，考察語言的歷史發展、積澱與變化。

歷時性脈絡，就是把一個概念、詞彙或者文字，從過去到當時尋找出歷史發展的軌跡，進一步去看這個概念、詞彙、文字在當時呈現何種意義，又爲何與過去不同？中間的轉向與脈絡如何？這些都是歷時性分析法要探討的重點。如「道」的概念，孔穎達是如何看待過去以來對「道」的詮釋，他又是如何體現「道」的內涵？又這個道又如何從孔穎達的儒道兼融之思而轉向爲宋代理學家的儒理？易言之，歷時性的分析法注重的是時代的流變，對於《周易正義》而言，孔穎達爲了讓儒學的形而上思維能達到與道、佛齊侔的哲學層次，試圖在儒學的基礎上架構一個「道」的本體概念，在宗儒的前提下，孔疏博採歷來學者的說法，鎔鑄成爲《周易正義》自己特色的道論。

因此，這個方法在於能揭示作者的概念在整個歷史流變中的特殊性，也能標誌它在易學史上的創新，甚至作爲整部易學思想重要理念的表徵，這就是歷時性分析法的優點。當然，本論文也配合共時性（synchronic）分析法，觀照《周易正義》編撰之時的整體學術環境，甚至是當代學者的動態結構，探研孔穎達與其他宗徒或學者的互動關係，以便明白爲何孔穎達注疏五經之時會融合儒、道？又爲何要排斥佛教？把共時性分析法融入歷時性分析法中，共同運用的結果，不僅能使文本呈顯特定時期的思想風貌，還能夠體現它在易學史流變中的獨特性，以便進一步呈顯《周易正義》道論在歷代與當代的思想意義。

綜上所述，孔穎達把經典的詮釋賦予哲學的義疏，藉由「虛無之理就在有物之境」的道論，展現了「有無兼賅」、「體用渾成」的整體義，其實已把《周易正義》之所以爲《周易正義》的本體思維凸顯出來，孔穎達這一系列命題的提出，涉及思想的創造與體系的再建構，既博採眾說又能開創自己的新方向，這種詮釋經典的影響與作用，能使文本得到更寬廣、更深入的闡發，豐富視野，拓展領域，對宋以後的學者不能說全無意義，如張載的「兼體而無累」、「一物兩體」、「氣化」形上思維，不能說與孔穎達「備包有無」毫無關係，宋儒以道家爲忌，普遍對他以儒學解《易》的詮釋活動當中又夾雜道家的虛無之思有所訾議與批判，正因爲如此，更可以肯定孔穎達解《易》提供了由玄理易到儒理易轉關的契機，對往後的儒理易的確產生某些影響和省思。〔註59〕

〔註59〕劉玉平〈孔穎達的易學詮釋學〉：「孔疏詮《易》，無論從易學史、哲學史，以

　　雖然這些概念與議題都是前人就已經有的問題，但是藉由孔穎達的再義
疏、再詮釋，提出新的內涵，並創造出新的理念及術語，這在易學詮釋的歷
史洪流中，就具備了「發展」的意味。〔註60〕

　　至經學史角度看，都具有獨特的地位、深遠的歷史影響。就易學史看，孔疏
　　通過對各派思想，尤其是以象數派爲主流的漢代易學和以義理派爲主流的魏
　　晉易學的吸收與消化，形成了具有綜合性特色的易學觀，是南北朝時期兩派
　　易學相互吸收學風的進一步發展，體現了唐代易學兩派合流的基本特徵，對
　　唐宋時期易學發展産生了深刻的影響。爲漢易向宋易過渡起了仲介作用。從
　　哲學史上看，孔疏綜合諸派而有創新，繼承先賢而有發展，通過對《周易》
　　義理的闡發，形成了一套自己的哲學思想體系，爲魏晉玄學向宋明理學轉化
　　作了準備。」同本章註43，頁17。
〔註60〕牟宗三說：「表面上看來，西方哲學家似乎喜於建造新系統，好像並不是敍述
　　古人；其實那些問題都是原有的，只是再提出新的解答或解釋，這就是發展，
　　因此那些系統也不是憑空建造的。……康德以邏輯的方式、問題的方式講，
　　而不是以考據、文獻的方式講，因此看起來好像完全是新的一套哲學；事實
　　上由問題來看，他也是對以前的問題提出新的解釋、新的解答，這就是發展。
　　中國哲學亦復如此。」見牟宗三：《中國哲學十九講》（臺北：臺灣學生書局，
　　1983年1月），頁225～226。

第二章　從「太虛」論《周易正義》的
　　　　　詮《易》路向

　　在佛教、道教盛行的唐代，王弼「以道入儒」的注經方式開展出一套屬於道家式的本體思維，而外來的佛教也已有屬於自己一套完整的體用觀，[註1]身爲儒者的孔穎達面對釋、道的衝擊，如何在注經之時，建構不同於佛教，又異於道家的形而上學就成爲重要的工作。

　　「太虛之道」不是單一的新概念、新議題，而是含有豐富的哲學內涵，此概念的提出與建立便是立足於對《周易》一書的註解與義疏而來，孔疏[註2]堅持道體不可以離開現象世界，所以主張易理同時包含著「無」與「有」兩個面向，然講「無」恐落入與「有」相待的困境，所以提出「太虛」之論，「太虛」者，「虛無」之謂也，認爲唯有「至虛」方能妙「眾有」，因此在詮《易》路數則展現了兩個特點，一是向「器有」的體現，在注疏的方法上稱之爲取象法。另一個是虛靈神妙的「變易」精神，在詮《易》的思路則稱爲「不可定爲一體」的無體之體。因爲「不可定爲一體」，所以包容萬法；因爲「器有」，所以雖「實」而「不滯」，在詮《易》精神的活脫不滯，正印證孔疏道論虛靈無礙且包含萬有的思想理路，在在都說明孔疏希望建立一個不被

〔註 1〕 如〈大乘起信論〉一心開二門的「心眞如門」，顯示心的本體無對、無差別的一面，「心生滅門」則顯示心生滅現象相對、有差別的一面，在眞如本體的貞定之下，生滅不礙眞如，眞如不礙生滅，現象不離眞如，體現圓融無礙的境界。

〔註 2〕 孔疏意指孔穎達等人所義疏的《周易正義》及五經正義，爲了簡化語詞，以孔疏爲之。以下一再提到此詞，皆從此義，不再作註。

限制卻又能含融萬事萬物的體用論，一方面表現儒者入世的關懷，從五常教化、倫理秩序的經世致用來論證虛無之道的實存特性。另一方面則對王弼以義理爲尚的思維加以修正，從義理、象數的兼重來看待虛無之道，從而建構更具體的解釋系統，這就是孔疏詮《易》策略的轉向。

第一節　從儒家的視域契入虛無之道

孔疏強調人事義理及易象唯在於有，說明宇宙間不存在著空理，因此從現象世界出發，把體用一如的意義直接應證在萬事萬物的理序及儒家人倫禮教上，凸顯與王弼略異的經學形而上思維。王弼雖然主張貴無不賤有，但從他「崇本舉末」與「崇本息末」的整套體系來看，邏輯推理固是體用不離，然而實質上，其「本末」、「無有」、「母子」、「一多」等與「體用」同義的系列語言，往往是對舉而言，在這「全有必本於無」的觀念裡，缺少了一點「並存」、「該貫」、「融一」的感覺。因此，孔疏在宗本王弼之餘，自樹新義，主張「本備於有」，從現實世界的生生不息當下直接體現「有無爲一」的虛無之道。故知，虛無之道就是「兼賅有無」的易理，從「至虛方能妙萬有」的思維出發，發揮《周易》的淑世精神，此即孔疏道論創造性的詮釋。易言之，他取王注的「無」爲體，取儒家的「有」爲用，在「以無爲體，以有爲用」的基礎上進一步發展出「虛無兼體用」的一貫理念。〔註3〕因此，孔疏的道不以仁爲本，而以虛無之道爲本，虛無者，不離器用也，此孔疏比王弼更重視「虛無」之理在「器有」當中的作用與落實，所以他在儒家倫理秩序的本源處，處處彰顯隱藏在「有」當中的形而上之「理」，使其道論多了入世的情懷與儒家濟世的本意，這就是孔疏詮解《周易》道論的用心所在。

一、以仲尼爲宗的注疏立場

凡是注疏，都有其「注疏立場」，這一立場代表了詮釋者解讀經典的獨特視域。要忠於文本，依經訓釋，抑或藉由對經典文本的注釋轉爲哲學的義疏，這就是詮釋者的「注疏立場」。作者在注疏之前，會先抉擇自己的注疏立

〔註3〕　參見胡士穎之說：「（孔疏）正是在『以無爲體，以有爲用』和『無兼體用』這兩層涵義的基礎上建立了以『道體器用』爲核心的思想，器的根本固然是立於道之上的，器的產生也正是道的功用的又一體現。」見胡士穎：〈《周易正義》道器思想述論〉，同第一章註48，頁46。

場，然後展開其注疏路數，也就是說學者內心已先有一套思考的方式及內涵，然後藉由詮經以發展其哲學的理念，《周易正義》便是如此。那麼，孔疏在說《易》、解《易》的方向上，既然主張義理可詮，以輔嗣為本，為何還要強調考案其事，以仲尼為宗呢？這種視域的融合究竟隱含了什麼樣的詮釋意義呢？

（一）學術背景

究竟是什麼樣的學術背景，讓孔疏從宗本王弼之餘，轉而更加關注現象世界的林林總總，繼而從這些「有」的彰顯中去實踐「有無相融」的易理。

首先從崇儒的時代背景談起，唐代三教鼎立，受南北朝風氣影響，時常同堂講論三教。高祖之時，朝廷舉辦三教談辯，請各家學者齊聚一堂，共論儒、釋、道之理，《舊唐書・儒學傳上》記載：

> 高祖親臨釋奠，〔註4〕時徐文遠講《孝經》，沙門惠乘講《波若經》，
> 道士劉進喜講《老子》，德明難此三人，各因宗指，隨端立義，眾皆
> 為之屈。高祖善之，賜帛五十匹。〔註5〕

時人或學者大多熟悉三教經典，朝廷亦鼓勵三教講論，時常聚集學者一起講習；而各教因其要旨不同，故隨端立義，各有發揮。然而，帝王舉行三教論辯，不只是鼓勵三教的發展，其實是有其「崇儒」之目的，基於治國的需要，盼能以儒學為尊。面對當時的三教論難，高祖雖以調和的姿態出現，但最終則以儒學為尚。

> 仲春釋奠，朕將親覽所司具為條式以時宣，是月丁巳，帝幸國子學，
> 親臨釋奠，引道士、沙門、有舉業者，與博士雜相駁難，久之乃罷，
> 因下詔曰：自古為政，莫不以學，則仁、義、禮、智、信五者具備，
> 故能為利博深。朕今欲敦本息末，崇尚儒宗，開後生之耳目，行先
> 王之典訓，而三教雖異，善歸一揆，沙門事佛，靈宇相望，朝賢宗
> 儒，辟雍〔註6〕頓廢，公王以下，寧得不慚。〔註7〕

〔註4〕　《禮記・文王世子》中有言：「凡學，春官釋奠於其先師，秋冬亦如是。凡始立學者，必於先聖先師，及行事，必以幣。」釋奠者，設置奠幣、祭品以祀神也。古時，祭祀先聖、先師孔子之禮。尤其是設立學校、視學等必舉行釋奠典禮，以表崇敬之意。

〔註5〕　載於《舊唐書卷一百八十九上・列傳第一百三十九・儒學上》。

〔註6〕　《禮記・王制》：「天子命之教，然後為學。小學在公宮南之左，大學在郊，天子曰辟廱，諸侯曰頖宮。」辟雍，又作辟廱，是古時天子所設立的太學。

唐高祖於武德七年（公元 624 年）二月詔下詔，聚集道士、儒生與沙門一同辯難，論難後高祖認為「三教雖異，善歸一揆」，教別雖然迥異，但對於濟人化俗、勸人為善的功能卻是一致的，以此企圖融合三教。然而，三教當中必當有個主從本末，高祖便以儒家的仁、義、禮、智、信及先王之典訓來說明以儒為主的重要性，因為這些儒家的道德及典訓「為利博深」，弘益於國家社會之治，所以最終決議以儒學為宗。其實，高祖的內心本希望以儒治國，他曾明確地表示：

> 聖人之心主於慈孝，父子君臣之際，長幼仁義之序，與夫周孔之教，
>
> 異轍同歸，棄禮悖德，朕所不取。〔註8〕

儒家的父子君臣、長幼仁義之說正是國家政治與倫理的重要政策，凡有悖於此者，不利於治國，為高祖所不取。

到了貞觀時期，三教論辯仍持續進行，孔穎達也曾參與其中，據《佛祖統紀》卷三十九所載：

> 〔太宗〕詔國子祭酒孔穎達、沙門慧淨、道士蔡晃，入弘文殿談論
>
> 三教。〔註9〕

孔穎達以儒學經師身分，與道士蔡晃、沙門慧淨等相互論難。這次論辯的具體內容於《集古今佛道論衡》卷丙中可見：

> 貞觀十二年，皇太子集諸官臣及三教學士於弘文殿。……晃曰：「野
>
> 干說法〔註10〕何由可聞？」淨曰：「天宮嚴衛，理絕狩蹤，道士魂
>
> 迷，謂人為畜。」有國子祭酒孔穎達者，心存道黨，潛扇斯玷，曰：
>
> 「承聞佛家無諍，法師何以構斯？」淨啟令曰：「如來存日，已有斯
>
> 事，佛破外道，外道不通。反謂佛曰，汝常自言平等，今既以難破

〔註7〕 宋・王欽若、楊億編：《冊府元龜・卷五十・帝王部・崇儒術》子部・類書類（總第九〇三冊，子部第二〇九冊），收錄於文淵閣《四庫全書》（臺北：臺灣商務印書館，1986 年 3 月初版），頁 903～923。

〔註8〕 宋・王溥撰、楊家駱編：《唐會要》中冊，卷四十七〈議釋教上〉（臺北：世界書局，1989 年 4 月 5 版），頁 836。

〔註9〕 宋・釋志磐：《佛祖統記・會要志四》卷三十九，收錄於《四庫全書存目叢書・目錄索引》（臺南：莊嚴文化事業有限公司，1997 年 10 月初版 1 刷），頁 254～322。

〔註10〕 野干為一狐狸類之獸，一日為獅所追，墮入井中，即將餓死，後悔沒將自己布施給獅子吃，絕望之時，突然領悟，凡事當下，不應執著，故懺悔禮佛，感動帝釋天主。見《大正新修大藏經》第 17 冊《未曾有因緣經・卷上・經集部四》，頁 580。

我，即是不平，何謂平乎？佛爲通曰，以我不平，破汝不平：汝
若得平，即我平也。而今亦爾，以淨之諍，破彼之諍，彼得無諍，
即淨無諍也。」于時皇儲語祭酒曰：「君旣剿説，眞爲道黨。」淨
啓：「常聞君子不黨，其知祭酒亦黨乎？」皇儲怡然大笑，合生歡
躍。〔註11〕

儒家的孔穎達與重玄派道士蔡晃一同對佛家學理發難，孔穎達對於慧淨以佛
教法性平等、理絕狩蹤等語來批評道士以人爲畜的說法感到不當，故以「佛
家無諍」來反詰慧淨，慧淨認爲孔穎達的詰問表示其心已經起了分別，才會
有所不平，有所諍，因而說起諍之心者，不在於佛心，而在於問者之心，以
此回覆孔穎達，故說：「彼得無諍，即淨無諍」。此語一出，惹來皇儲之附和，
繼而反問孔穎達說：洒祭酒有分別意識，心存道黨之思，故有此詰？在這個
論辯當中，慧淨滔滔不絕，辯才無礙，顯示佛教的學理思辯已經到達一定的
高度，這對於以儒學爲導向的孔穎達而言，自然是需要努力與反思的。因此，
在三教蓬勃發展的時代現象下，孔穎達等編撰《五經正義》，企圖加強儒學在
三教中的地位，極力發闡儒學的本體思維，於是，建構儒家本身的天人之學，
就成了儒者重要的工作與責任。〔註12〕

　　爲了國家的統一及安定，文化的建設也是一個要項，唐太宗銳意於經籍，
精選天下文儒之士，講論經義，商畧政事，〔註13〕使經義的目的不只在文化
學術的建設，更在國家政事的盛衰與社會風氣的良莠上。風俗教化是政理的
本源，太宗雖不斥道、釋，但對於治理天下家國之事，仍然以儒家爲宗，乃

〔註11〕出自《集古今佛道論衡‧卷丙》，見《大正新修大藏經》第 52 冊（臺北：新
　　　　文豐出版公司，1993 年 2 月修訂版 1 版 2 刷），頁 383.
〔註12〕劉玉建《《周易正義》導讀》：「表面看來，唐代經學之主尊不如漢代經學之獨
　　　　尊，但就本質而言，唐代經學可以在儒、釋、道三教合一的態勢中，不斷吸
　　　　取道教與佛教之豐富營養，從而彌補自身在理論思維及心性修養等方面之缺
　　　　陷，促進經學的完善與發展。從哲學史意義上講，三教合一使唐代經學完成
　　　　了由漢代經學道後來宋明理學過渡之使命。」同第一章註30，頁 6.
〔註13〕《舊唐書‧儒林傳》：「是以學者慕嚮儒教聿興，至三年，太宗討平東夏，海
　　　　內無事，乃銳意經籍，於秦府開文學館，廣引文學之士，下詔以府屬杜如晦
　　　　等十八人爲學士」，又說：「又於正殿之左，置弘文學館，精選天下文儒之士
　　　　虞世南、褚亮、姚思廉等，各以本官兼署學士，令更日宿直。聽朝之暇，引
　　　　入殿内，講論經義，商畧政事，或至夜分乃罷。」出自《舊唐書‧卷一百八
　　　　十九上‧列傳第一百三十九‧儒學上》，見後晉‧劉昫等奉敕撰、清‧沈德潛
　　　　等考證：《舊唐書》（北京：商務印書館，2006 年），頁 271～532.

因儒學修齊治平的古訓影響著國家的存亡興敗,所以太宗認為只有儒家學說才能擔此重任,他說:

> 朕今所好者,惟在堯舜之道,周孔之教,以為如鳥有翼,如魚依水,
> 失之必死,不可暫無耳。〔註14〕

大力提倡儒家教化,認為堯舜之道與周孔之教對於國家治理有如翼之於鳥、水之於魚般地重要,故在三教的權衡下仍以儒學為主。因此意識到《五經》文本之勘定與注疏的進行也十分重要,貞觀四年(公元 630 年),太宗「以經籍去聖久遠,文字訛謬」(《貞觀政要‧崇儒學》),詔顏師古考於祕書省考定《五經》文字;其後,又以「文學多門,章句繁雜」(《貞觀政要‧崇儒學》),令孔穎達主持編撰《五經》注疏定本。在奉敕刪定的情況下,《周易正義》的編定自然不能不以周孔為宗,此乃《周易正義》以儒詮經的注疏立場的成因之一。

其次,江南義疏的浮誕之風也引起孔穎達的省思。在修撰《五經正義》前,南北朝經學已有互相融通、互相影響的現象,〔註15〕到了唐朝初期,南北學的融合仍然持續進行。孔穎達注《周易正義》時,面對眾多注疏版本,他廣擷南北,博通眾家,採取漢以來諸家之說,從京房、荀爽、虞翻、陸績,到馬融、劉表、鄭玄、王肅等人的說法,均見援引,最後在注本的選擇上,終於選定王弼的版本,再融貫己意而後定為一尊。那麼,為何他要如此選定?《周易正義‧序》說:

> 其傳《易》者,西都則有丁、孟、京、田,東都則有荀、劉、馬、
> 鄭,大體更相祖述,非有絕倫。唯魏世王輔嗣之《注》,獨冠古今,
> 所以江左諸儒,並傳其學,河北學者,罕能及之。其江南義疏,十
> 有餘家,皆辭尚虛玄,義多浮誕。〔註16〕

〔註14〕 出自《貞觀政要》卷六〈慎所好〉,見吳兢著、陸費逵總勘:《貞觀政要》,收
錄於《四部備要》(臺北:臺灣中華書局,1981 年 6 月豪華 1 版),頁 11。

〔註15〕 如北學學者二劉,根據《隋書‧儒林傳序》所說,劉炫、劉焯「學通南北,
博極今古」(《隋書卷七十五‧列傳第四十》),且劉炫的《禮》學兼採北朝鄭
玄之學與南朝王肅之學,於《尚書》、《春秋》學亦兼取南北經說。至於《易》
學方面,《北齊書‧儒林傳》載:「河南及青、齊之間,儒生多講王輔嗣所注
《周易》,師訓蓋寡。」(《北齊書卷四十四‧儒林傳序》)河南與青、齊均屬
北方,而在南方通行的王弼《易》學卻在這些北方之地盛行,顯示當時南北
《易》學已經互相交通。

〔註16〕 《周易正義》中所批評的這些義疏,若是有關《易》經者,則其批評對象應

宗本王弼之因，除了漢以來諸家之說大抵更相祖述，沒有超越群倫之處外，最主要的原因是江南義疏之學大多文辭虛玄，內容浮誕不實。孔穎達所以要「正義」，〔註17〕乃爲正前人不實之義疏，將玄奧蹈虛之說端正過來，孔穎達接著說：

> 若論住內住外之空，就能就所之說，斯乃義涉於釋氏，非爲教於孔
>
> 門也。既背其本，又違於注。(《周易正義・序》)

「住內住外」講的是佛教的本體與現象，「就能就所」指的是能知與所知，也是佛教語言，意謂認識之主體與對象，在義疏中運用這些名詞，都是佛教義諦，並非儒學實義。然而，究竟孔疏所指六朝義疏辭尚虛玄，且參以佛義的內容爲何？這些義疏又是如何說解，乃至引起孔疏的批評呢？關乎此，童嶺〈六朝後期江南義疏體《易》學識論——以日藏漢籍舊鈔本《講周易疏論家義記》殘卷爲中心〉一文有重要發現，他在一本關鍵性的書《講周易疏論家義記》中找到了線索，認爲這本書能幫助學者重建從王弼到孔疏之間義疏的發展歷程，並以圖式表示：

即《隋志》所錄的，如宋明帝等講述之《周易義疏》十九卷、梁武帝《周易講疏》三十五卷、褚仲都《周易講疏》十六卷、蕭子政《周易義疏》十四卷、蕭子政《周易繫辭義疏》三卷、張譏《周易講疏》三十卷、周弘正《周易義疏》十六卷、何妥《周易講疏》十三卷、劉瓛《周易繫辭義疏》二卷、梁武帝《周易繫辭義疏》一卷等。這當中，除了何妥以外，餘皆江南之士，這些應即孔疏提及的「江南義疏十有餘家」。見唐・長孫無忌等撰：《隋書經籍志》卷一（上海：商務印書館，1957年7月第2次印刷），頁8～9。

〔註17〕關於義疏之學的來源，眾說紛紜，一派學者認爲義疏之學是受佛教講經影響而有，如牟潤孫說：「撰疏一事，非僅爲詁經之書創闢新體例，即在我國學術史上思想史上亦爲大事因緣，影響極爲深遠。至於其中關鍵所繫，厥爲儒家講經之採用釋氏儀式一端。僧徒之義疏或爲講經之紀錄，或爲預撰之講義，儒生既采彼教之儀式，因亦仿之有紀錄有講義，乃製而爲疏。講經其因，義疏則其果也。」(《注史齋叢稿》，同第一章註22，頁240)；一派學者認爲義疏之學起於佛、儒二家互相影響，如梁啓超說：「隋唐義疏之學，在經學界有特別價值，此人所共知矣。而此種學問，實與佛典疏鈔之學同時發生」(〈翻譯文學與佛典〉，收錄於《中國佛教研究史》(上海：三聯書店，1988年)，頁130)；另一派學者則認爲義疏之體起於兩漢，如戴君仁則說：「我想漢儒的章句，應是南北朝義疏之祖。」又說：「南北朝的義疏，是由漢代章句衍變而來。」見戴君仁：《梅園論學續集》，同第一章註21，頁98、107。

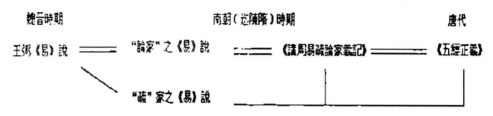

圖註：童嶺所畫從魏晉至隋唐間《易》學流變示意圖，見其文頁 427。

原來在江南義疏中有「論家」與「疏家」兩種義疏體，〔註18〕這兩個義疏的
派別都有引用老莊、佛理詮經的情形，同時講《易》之時也頗多流於繁瑣的
現象。〔註19〕童嶺根據這種現象，稱《周易正義》以前的六朝義疏爲「後剃
刀時期」（post-razor era）：

> 在唐人《五經正義》成書之前的江南義疏家以舊鈔本《講周易疏論
> 家義記》殘卷爲代表，他們在祖述王弼的同時，不知不覺地構建出
> 一個新的牢籠與門戶：「後剃刀時代」。筆者提出的這一學術猜想是
> 否妥當尚有待進一步研究，然而，在這「後剃刀時代」裏面，正如
> 孔穎達《周易正義·序》所謂「皆辭尚虛玄，義多浮誕。」……雖
> 然他們（江南義疏家）以三種型式「祖述王弼」，然而卻沒有領悟王
> 弼的「剃刀」之意，反而重新走上了繁瑣與「複沓」的舊路。〔註20〕

江南義疏家雖祖述王弼，卻沒有領略到王弼簡約（剃刀）的注經方式，相反
的卻在名詞、語彙、思想上做層層的邏輯思辯，反而走向更爲複雜且玄奧的
義疏之路。〔註21〕童嶺此文把從王弼《注》到孔疏《正義》之間整個經典注

〔註18〕 其他學者有對此分類方法存異議者，詳見谷繼明：〈從江南義疏到《周易正義》
　　　　──隋唐《周易》義疏學中的儒佛之爭〉，《哲學門》第 14 卷第 2 冊（總第 28
　　　　輯）（2013 年 12 月），頁 121～138。

〔註19〕 關於繁瑣釋義的現象，譬如《講周易疏論家義記》釋〈解〉卦時會以「第一
　　　　釋名」、「第二釋次第」等方面反覆闡論〈解〉卦名義與由來，與王弼的簡潔
　　　　相去甚遠，從童嶺的流變示意圖，雖可見孔疏受到六朝義疏的影響，但因義
　　　　疏過於繁瑣，故孔疏最後仍宗本於王弼。關於其形式、內容，以及相關論述，
　　　　黃華珍有清楚的研究和介紹，見黃華珍：《日本奈良興福寺藏兩種古鈔本研究》
　　　　（北京：中華書局，2011 年 4 月）。

〔註20〕 童嶺：〈六朝後期江南義疏體《易》學識論──以日藏漢籍舊鈔本《講周易疏
　　　　論家義記》殘卷爲中心〉，同第一章註 27，頁 443。

〔註21〕 童嶺說：「正如……王弼在〈蠱卦〉和〈恆卦〉的注釋，也許王弼認爲這裏已
　　　　經沒有重複訓釋的必要，但《講周易疏論家義記》的編者卻不辭繁瑣地進行
　　　　反覆解釋。」同上註，頁 441。

疏的發展歷程做了清楚的解釋，讓我們明白何以孔疏批評江南義疏繁複而玄虛之因，也理解爲何孔疏要宗本王弼之由。至於參以佛義方面，戴君仁、牟潤孫等人已有專著探討，另如張寶三〈儒家經典詮釋傳統中注與疏之關係〉，〔註22〕以及馮錦榮〈「格義」與六朝《周易》義疏學——以日本奈良興福寺藏《講周易疏論家義記殘卷》爲中心〉均有論述，〔註23〕其中馮錦榮此文對孔疏所指之義疏援用佛典解經方式專立一節書寫，並引《講周易疏論家義記殘卷》之例說明之：

> （孔穎達所說）「住內住外」、「就能就所」都是佛學術語，其義不易明。而「多引外義」是從儒家立場來說佛家，故指佛學爲外義。《講周易疏論家義記殘卷》「〈乾〉卦第五釋《文言》三重／第一釋名／第二釋體／第三釋四番釋《文言》義」中的「第二釋體」先引京房，繼引王弼，末引「劉先生」：

> 第二釋體。……第二釋亨德者，謂「亨者，嘉之會也。」《子夏傳》曰「亨，通也，萬物資始。」自體能通所通之法，亨理相會，故亨者嘉之會也。且無生那得通，無通那得生，能所生，冥會誠嘉之理，故言嘉之會也。……故答陳境智之狀，使會無異之旨耳。

> （1）孔穎達所言「住內住外之空」、「就能就所之說」，可以在《義記》中找到具體的印證……榮按，《義記》說「能生之理」、「能生之功」、「能生之能」、「自生所生」、「能所生」，也許受當時研治大乘中觀學派（Mādhyamika）論典「三論」——《中論》偈頌、《百論》、《十二門論》（此處作者對此三書的介紹暫不著錄）——之佛教學者

〔註22〕如《論語義疏》解經常用科段，明顯受佛教影響，見張寶三：〈儒家經典詮釋傳統中注與疏之關係〉，《「孔學與二十一世紀」國際學術研討會論文集》，政治大學文學院（2001年10月），頁315～338。

〔註23〕見馮錦榮：〈「格義」與六朝《周易》義疏學——以日本奈良興福寺藏《講周易疏論家義記殘卷》爲中心〉，同第一章註28。另外，關於《講周易疏論家義記》殘卷，日本學者狩野直喜與藤原高男皆有進一步的申論。如狩野直喜曾說：「此書釋義分設科段，布置詳整，如網在綱，有條不紊，頗類釋家疏論體，而書中往往用佛經語。……沖遠所謂『非爲教於孔門』者，殆斥此類歟？」見《講周易疏論家義記》（京都：京都大學文學部影印舊鈔本第二集，1935年），頁2。有關此議題，藤原高男也有兩篇專文討論，見藤原高男：〈講周易疏論家義記における易學の性格〉及〈江南義疏家の二派に關する一考察〉，同第一章註28。

的影響。〔註 24〕

如此一來，從六朝義疏《講周易疏論家義記殘卷》釋例可知，孔疏所說的援引佛義現象相當明顯，從「第一釋名」、「第二釋體」這種「科段」體例，到能所、境智等佛學語彙的運用，無不是以佛釋《易》，使得佛義幾乎要蓋過了《易》義而失去解《易》之本旨。由此可見，孔疏之前的義疏確實偏於虛玄，其解《易》不僅參以老、莊，更常「義涉於釋氏」，隨著流風越熾，孔疏決定起而改之。

身爲儒者，孔疏反對前人援佛入儒的風氣，〔註 25〕當然對於參佛義以解儒家經典的作法也無法認同，故而發出「斯乃義涉於釋氏，非爲教於孔門也」的質難。因此，他提倡在思想內容與語言用法上，皆以儒家之說爲義理體系的本源，強調「有而教有」。因此在「獨冠古今」的王弼注本下，進一步強化「體無用有，有無融一」的內涵，賦予注疏更具實的內容，使一切的形上義理皆能落實在開物成務的事功及倫理教化的建立，由乎此，《周易正義》的序文中一開始便表達此書的義疏立場：

> 今既奉敕刪定，考察其事，必以仲尼爲宗。義理可詮，先以輔嗣爲
> 本。去其華而取其實，欲使信而有徵，其文簡，其理約，寡而制眾，
> 變而能通。（《周易正義・序》）

王弼之注「獨冠古今」，加上隋以來，王注盛行，《隋書・經籍志》說：「至隋，王注盛行，鄭學浸微，今殆絕矣。」（《隋書・經籍志・卷一・經籍一》），基於此，孔穎達以王注爲本，故說「義理可詮，以輔嗣爲本」。但是在這裡，別忽略了「考察其事，必以仲尼爲宗」的要義，意即以「事」之「實」來表現儒學實在不浮誕的形而上學，顯發易理備包有無的本體思維，故以「本」言王弼之說，以「事」言仲尼之旨，將儒與道、有與無巧妙地結合起來，把天

〔註 24〕 馮錦榮：〈「格義」與六朝《周易》義疏學——以日本奈良興福寺藏《講周易疏論家義記殘卷》爲中心〉，同上註，頁 11～12。

〔註 25〕 魏晉南北朝時，許多學者對儒學及佛學都十分熟悉，內外典俱通，故有援佛入儒的現象，《顏氏家訓・歸心篇》即記載：「萬行歸空，千門入善，辯才智惠，豈徒七《經》、百氏之博哉？明非堯、舜、周、孔所及也。內外兩教，本爲一體，漸積爲異，深淺不同。內典出門，設五種禁；外典仁義禮智信，皆與之符。仁者，不殺之禁也；義者，不盜之禁也；禮者，不邪之禁也；智者，不酒之禁也；信者，不妄之禁也。」見顏之推撰，王利器集解：《顏氏家訓集解》（北京：中華書局，2002 年 8 月），頁 368。又近人牟潤孫也提及如此情形，他說：「南北朝時，經師兼治玄、釋，注洙、泗之文，自居外典，開卷猶可見其相混之跡」，見牟潤孫：《注史齋叢考》，同第一章註 22，頁 241。

道自然之說納入儒家經典的詮釋當中，使一切的人事之理皆可在虛無之道找到根據或方法，如此一來，道就不純為玄學的道，儒學思想的融入，使玄學之道在不知不覺中轉向為儒家式的實存形而上學，這就是孔穎達所謂的「去其華而取其實」，使「信而有徵」的理路所在，也是《周易正義》注疏由玄轉向儒的關鍵之處。

（二）注疏宗旨與方法

《周易正義‧序》說：「原夫易理難窮，雖復玄之又玄，至於垂範作則，便是有而教有」，於形而上的道而言，易理雖然玄之又玄，但絕不能離乎人世，必敷以教化，垂範作則，方能盡得「有無並賅」的要旨。因此孔穎達在《周易》經典的解釋體系中融合玄學之道，這種視域的融合體現出一個重大的意義，那就是道乃器之道，非玄之道；器亦非玄之有，乃儒之有。易言之，道雖無形無象卻即形以顯道，因此沒有跡象則沒有易理可言，虛無之道在孔穎達的意境中是存乎先設的「有」的境域裡，並於其中表現宇宙萬有的形上本體。因此，想要了解易理，就得在萬物生息變化的現象世界去實踐、體證，因為真正儒者所關懷者，是《周易》生生之大旨，這就是孔疏道論的主要特色。

1. 作《易》以垂教的注疏宗旨

首先，從「垂教」的注疏宗旨來看，孔疏的虛無之道也必然體現在「有」的世界，因此「考察其事」，必以仲尼為宗，乃聖人作《易》，本為垂教而來，所以法象天地、乾坤、陰陽等，其原意在於教化百姓，使君臣、父子、夫婦皆順乎天道而倫理綱常得以端正。他在〈序〉中提出：

> 作《易》所以垂教者，即《乾鑿度》云：「……《易》者，所以斷天
> 地，理人倫，而明王道，是以畫八卦，建五氣，以立五常之行，象
> 法〈乾〉、〈坤〉，順陰陽以正君臣父子夫婦之義。……此其作《易》
> 垂教之本意也。（《周易正義‧序‧第一論易之三名》）

強調易道必落實於人事，才能成全兼賅有無的特質，此所以《周易正義》處處強調作《易》之本意在於垂教之因。教化百姓「順陰陽」，以正君臣、父子、夫婦的倫理秩序，使群生和洽，各安其性，建立並維持一個安定的社會。因此，「斷天地，理人倫」至「立五常之行」都是聖人教化的目標，更是儒家道論體系的最終價值。

「有」在其注疏的詮釋理路中，表現出三個特色：

其一，注疏在論及實事，或古史事件時，多會援引歷史人物，包括古聖先王，及賢臣志士，如龍逢、比干等，都是儒家之聖或賢，〈大過‧上六‧小象〉疏說：

> 處〈大過〉之極，是過越之甚也。……无咎者，所以涉難滅頂，至於凶亡，本欲濟時拯難，意善功惡，无可咎責。此猶龍逢、比干，憂時危亂，不懼誅殺，直言深諫，以忤无道之主，遂至滅亡。其意則善，而功不成，復有何咎責？此亦「過涉滅頂凶无咎」之象，故〈象〉云「不可咎」，言不可害於義理也。(〈大過‧上六‧小象〉疏)

龍逢、比干為了拯救大難之世而身陷危亂，最後雖然勸諫失敗，然以其出發點乃為善意，雖違〈大過〉之時勢，仍不應咎責於他。又如〈明夷‧六五‧小象〉疏說：

> 「箕子之明夷」者，六五最比闇君，似箕子之近殷紂，故曰箕子之明夷也。利貞者，箕子執志不回，闇不能沒，明不可息，正不憂危，故曰利貞。〈象〉曰「箕子之貞，明不可息也」……息，滅也。〈象〉稱「明不可滅」者，明箕子能保其貞，卒以全身，為武王師也。(〈明夷‧六五〉疏)

箕子處於亂世，面對不明理的君主，仍能保有自身的心志與光明，表現出儒家那份雖千萬人吾往矣的精神。

其二，注疏在談論倫理秩序時，多處強調「禮」，以「禮」為其履踐的行為表徵，是值得注意的地方，譬如〈履卦‧大象〉疏說：

> 天尊在上，澤卑處下，君子法此〈履〉卦之象，以分辯上下尊卑，以定正民之志意，使尊卑有序也。……若以二卦上下之象言之，則履，禮也，在下以禮承事於上。(〈履卦‧大象〉疏)

〈履〉卦，天在上，澤在下，天地萬物有其各自的位與德，人文法天文，也應恪守各自的本分與德業，王弼在此卦強調用謙的精神來對應履危之凶，[註26]而孔穎達則通過尊卑上下的原理來安頓人倫秩序，使尊卑有序，倫理

[註26] 王弼注〈履‧九二〉說：「履道尚謙，不喜處盈，務在致誠，惡夫外飾者也。而二以陽處陰，履於謙也。居內履中，隱顯同也。履道之美，於斯為盛。」〈履‧九四〉：「逼近至尊，以陽承陽，處多懼之地，故曰『履虎尾，愬愬』也。然以陽居陰，以謙為本，雖處危懼，終獲其志，故終吉也。」道惡盈，不喜處盈，盈則危。王弼提出尚謙之道，九二爻以陽處陰，居內履中，如同謙卦「自卑而尊人」，對己不矜持、不自誇，對人則謙卑、柔順，是以無害。在履危之

有常，社會之禮秩便得以建立。這種對倫理與尊卑的強調，明顯表現出儒家思想中君君、臣臣、父父、子子的五常觀念。而對禮教的重視，也是出於儒家以禮樂爲尙的傳統，孔子「入太廟，每事問」，就是對禮的敬愼，對社會倫理規範的尊崇。若能完善地實踐「禮」，使物各得其所，各盡其分，則能群生和洽，萬物祥和。〈履卦・上九・小象〉疏說：

> 上九處〈履〉之極，下應〈兌〉說，高而不危，是其不墜於禮，而
> 能旋反行之，〈履〉道大成，故元吉也。（〈履卦・上九・小象〉）

孔疏以爲能盡禮者便能重視謙退之道，故在〈履〉卦時時以禮致意，說明謹守各自的本分，便能不違天道之理序，故能發皆中節而守禮不踰，至於禮道大成，終將獲得吉祥。這種以禮解卦之義也出現在疏解〈觀〉卦的時候，《正義》提出與「觀」有關的古禮體制：「『觀盥而不薦』者，可觀之事，莫過宗廟之祭。盥，其礼〔禮〕盛也。薦者，謂既灌之後，陳薦籩豆之事，故云『觀盥而不薦』也。『有孚顒若』者，孚，信也。但下觀此盛禮，莫不皆化，悉有孚信而顒然……盥礼〔禮〕盛則休而止，是觀其大不觀其細，此是下之效上，因觀而皆化之矣。」（〈觀・卦辭〉疏），凡此皆以禮解卦之證。

其三，《正義》闡發人事之道，十分重視在上者之德，強調君子宜時時反身修德，不悖儒家重德的精神，如〈復・上六〉疏說：

> 「用行師終有大敗」者，所爲既凶，故用之行師，必无克勝，唯終
> 有大敗也。「以其國君凶」者，以，用也。用此迷復於其國內，則反
> 違君道，所以凶也。「至于十年不克征」者，師敗國凶，量斯形勢，
> 雖至十年猶不能征伐。以其迷闇不復，而反違於君道，故〈象〉云
> 「迷復之凶，反君道也」。（〈復・上六〉疏）

出師必須審時度勢，必須合於理義，若情勢不能出兵仍執意出兵，違義傷理，

際，見咥與不見咥在乎其「應」也，謙雖是自牧之德，更是應世之方。以謙釋履，是王弼對〈履〉卦所顯發的主體精神，也是用道家精神解《易》的例證，如他的《老子注・第六十九章》說：「以謙退哀慈，不敢爲物先，用戰猶行無行，攘無臂，執無兵，扔無敵也，言無有與之抗也。」以陽居陰，履謙之道，雖不與爭，而物終與之，如同用兵之法，不進反退，有陣勢卻似無陣勢可擺，要奮臂卻如無臂膀可擧，有兵器卻如無兵器可持，如此應世、應軍，謙退哀慈者，因爲不敢爲物先，故敵無有與之抗也。此王弼以謙代禮詮解之道也。王弼重謙，孔疏重禮，以禮代謙的詮解乃儒家意識提高之證。見樓宇烈校釋：《王弼集校釋》（臺北：華正書局，1992 年 12 月初版）。以下凡引王弼之原文者，皆從此本，故不再做註。

將招致失敗與凶運，勞民傷財，又反違君道，有害於國君，國家也受到傷害。又〈蹇・大象〉疏：

> 蹇難之時，未可以進，惟宜反求諸身，自脩其德，道成德立，方能濟險，故曰君子以反身修德也。陸績曰：「水在山上，失流通之性，故曰『蹇』。」通水流下，今在山上，不得下流，〈蹇〉之象。陸績又曰：「水本應山下，今在山上，終應反下，故曰反身。」處難之世，不可以行，只可反自省察，脩己德用乃除難。君子通達道暢之時，並濟天下，處窮之時則獨善其身也。(〈蹇・大象〉疏)

水在山上，不得流通，正如人面對困難，無法前進，君子處於艱困的狀態之下，則要「反求諸身，自脩其德」，反省自己，等待通達的時機到來，孔疏這一詮解與《詩經・大雅・文王篇》：「無念爾祖，聿修厥德。」及《尚書・蔡仲之命》之「皇天無親，惟德是輔」思想一致，天命無常，有達時，有窮時，唯有以德配天，努力修省，方能恆久。

以上幾點，都是《正義》注疏「以仲尼爲宗」立場所宣揚的理念內容。

2. 引用儒家諸經爲說的注疏方法

另外，在注疏的引文與內容中，孔疏也貫徹了「以仲尼爲宗」的原則。他將其注疏立場，實現在其經解注文裏，多處引用儒家各經如《詩》、《書》、《禮記》、《周禮》、《左傳》等，對儒家的政治及禮制，多有引證，可見其重視程度。孔疏：

> 「三百戶」者，鄭注《禮記》云：「小國下大夫之制。」又鄭注《周禮・小司徒》云：方十里爲成九百夫之地，溝渠、城郭、道路三分去其一，餘六百夫。又以田有不易，有一易，有再易，定受田三百家。即此「三百戶」者，一成之地也。(〈訟・九二・象〉疏)

對古代土地制度詳加考證，是對儒家名物規範的傳承與記載，此乃對《禮記》的引用。又在解釋〈震〉卦卦辭之「匕」時引用《詩・小雅・大東》的內容來詮說。〔註27〕又如疏〈小過・卦辭〉說：

> 遺，失也。鳥之失聲，必是窮迫，未得安處。《論語》曰：「鳥之將

〔註27〕〈震卦〉卦辭：「包震：亨。震來虩虩，笑言啞啞；震驚百里，不喪匕鬯。」孔疏引《詩》說：「《詩》云『有捄棘匕』是也。用棘者，取其赤心之義。祭祀之禮，先烹牢於鑊，既納諸鼎，而加冪焉。將薦乃舉冪，而以匕出之，升于俎上，故曰『匕所以載鼎實』也。鬯者，鄭玄之義，則爲秬黍之酒，其氣調暢，故謂之「鬯」。《詩傳》則爲鬯是香草。」

死，其鳴也哀。」故知遺音即哀聲也。（〈小過‧卦辭〉疏）

飛鳥遺之音，用《論語》「鳥之將死，其鳴也哀。」之文來詮解。又如疏〈說卦〉「立天之道曰陰與陽，立地之道曰柔與剛」則說：

> 「在形而言陰陽」者，即〈坤‧象辭〉云「履霜堅冰，陰始凝」是
> 也。「在氣而言柔剛」者，即《尚書》云「高明柔克」及《左傳》云
> 「天爲剛德」是也。（〈說卦〉疏）

此乃引《尚書》及《左傳》者，除此之外，尚有多處引《子夏傳》等先儒學說來發明《易》道，均顯出孔疏對儒家典籍的重視。〔註28〕

綜上所述，作易垂教與引用儒家諸經並非是本源性的解釋，而是孔疏以儒家的一切教化及典章作爲「有」的內涵，而這一切的「有」都本於虛無之道，無與有兼攝於易理當中，使其「無」能夠具體地內化於現象界的萬事萬物中，從而達致開通濟物之效。

二、以儒家的角度融入道家思維的詮解理路

《周易正義》雖然宗本儒家，但在此原則下，孔疏所強調的卻是「虛無之理」。這是探研《正義》道論必須注意的問題。在《正義》的系統中，「虛無之理」是宇宙的本原，是萬物的形上依據，也是萬物賴以運作的規律，而當此理落實在人事，涉及經驗界的場域，成爲實踐哲學〔註29〕的時候，虛無之理則以「順有」的姿態來處理所有人事的興動施爲、布政教化上。

從虛無之理到經驗界的活動，《周易正義》的詮釋展現了獨特的創造性，此創造性主要表現在兩個方面：其一，孔疏認爲太一虛無之天道，具有神妙之發用力，能夠促使萬物的生成，然而作用過程中則採取「順任」的方式，此「順任」雖自道家，卻也是儒家「由仁義行，非行仁義」〔註30〕的理趣。其二，以道爲體，所有的仁功皆在此道體的順成下顯發，使道體因仁功而彰

〔註28〕 龔鵬程對於《周易正義》引述《尚書》、《詩經》、《子夏傳》等書的情形如下：《尚書》三條，《詩經》四條、《周禮》四條、《小戴禮》三條、《大戴禮》一條、《左傳》九條、《公羊傳》一條、《論語》三條，見《孔穎達《周易正義》研究》，同第一章註38，頁86。

〔註29〕 此處所說的實踐哲學，是以實踐行爲爲核心關懷的哲學。中國思想本身即具備實踐哲學精神，務在身體力行，不只實現於政治教化場域，也在心性之修養上做工夫。

〔註30〕 此語見《孟子‧離婁下》：「人之所以異於禽獸者幾希，庶民去之，君子存之。舜明於庶物，察於人倫；由仁義行，非行仁義也。」

顯，故其所造就的聖人就是帶有哲學特質且兼綜儒道的聖者。

（一）由儒家的仁義道德來詮釋道體

「有爲」很明顯的就是意指儒家所有的人倫五常及政教施爲，「無爲」即道家無心自然的一種方式與境界，而道所體現的自然之理如何轉化爲人們行事的應然，這就是孔穎達想要突破王弼之處。

從有的世界尋繹無之本根以及道器體用合一都是王、孔二人一致的地方，不同的是，王弼重視從現象世界看本源、本然處，而孔穎達則在虛無之道的基礎上，更注重器用的一面，讓百姓日用、君子修德等與道體合一，使器用之思達到非凡之境域；易言之，孔穎達藉由器用的「實踐哲學」來詮釋道體的本眞，使天道就在實踐的方式下自然而然地呈顯其意義，因此可以說這個太一虛無「函有一個存有論」，如牟宗三所說：

> 「無」沒有「存有論」的意味，但當「無」之智慧徹底發展出來時，
> 也可以函有一個存有論，那就不是以西方爲標準的存有論，而是屬
> 於實踐的，叫「實踐的存有論」。〔註31〕

作爲萬物本原的「無」，本身就是萬物存在的依據，這個「無」正是實存的本體，人只有從實踐出發，才能領悟存在的本質，這也是爲什麼孔穎達一直認爲眞正的經學就必須落實在萬物的自身，也就是說把握事物之所以爲事物的根本，人之所以爲人的根本，當下體證即是道。當人們對道有所體認而轉化爲行事的準則時，道所體現的必然之理就轉化爲人生行爲的應然之則、之德，那麼這一個道體本身就函具「無爲」與「有爲」的特質，讓儒家的一切道德實踐都在無心無爲的狀態下自然體現，按照萬物本來的質性，各順其性命而各爲其所應爲，如〈無妄・九五〉爻辭，孔疏說：

> 「无妄之疾」者，凡禍疾所起，由有妄而來。今九五居得尊位，爲
> 〈无妄〉之主，下皆无妄，而偶然有此疾害……。「勿藥有喜」者，
> 若疾自己招，或寒暑飲食所致，當須治療。若其自然之疾，非己所
> 致，疾當自損，勿須藥療而有喜也。此假病象以喻人事，猶若人主
> 而剛正自修，身无虛妄，下亦无虛妄，而遇逢凶禍，若堯、湯之厄，
> 災非己招，但順時修德，勿須治理，必欲除去，不勞煩天下，是有
> 喜也。然堯遭洪水，使鯀、禹治之者，雖知災未可息，必須順民之

〔註31〕牟宗三《中國哲學十九講》，同第一章註60，頁93。

　　心。鯀之不成，以災未息也。禹能治救，災欲盡也，是亦自然之災，

　　勿藥有喜之義也。（〈无妄・九五〉疏）

孔疏說禍疾所起，由有妄而來，可見妄者，失其理序之意，孔疏直接以「虛
妄矯詐，不循正理」稱之，〔註32〕那麼无妄者，動循天理，何來之疾？天地
運行毫無差忒，何以人效法無妄之天道而會有災禍呢？孔疏不直接回答，以
「偶然」表示無妄至極的情狀，重要的是人如何對應，本來无妄，卻致災，
其災來自「妄」之時、位之失，此時，需對症下藥；若自然之疾，身無虛妄，
則順此无妄之理，無所妄動，無悖天道，面對偶然之疾害，不須特別用藥，
順其自然，將能自癒。治病如此，人事之道亦當如此，故說「此假病象以喻
人事」，病象為有，人事亦有，君王遇此無妄之災，「災非己招」只要「剛正
自修」、「順時修德」，不須治理，不須勞煩，自然而然就能化解災害。因為在
〈无妄〉的境域裡，這些虛妄的現象本就不存在，本就無所差忒，人只要依
循天理，不妄動即可，所以強調「順時脩德」，順著災禍疾病之時勢，與天的
无妄之德相侔合，順天之時而為，不助其成，順天之理而動，不改其志，自
然而然地冥契天地之道，那麼此一自然之災即在「順任自然」之下化解於無
形。此處孔疏點明「自然」，說明了兩個要義，一是從現象界的物性來說，萬
物各有其存有的本質，自有其趨向性，毋須外力強加作用於其上。二是論「自
然」之理時，冠上了一個動詞「順」字，把太一虛無的「道」體，在「順」
的作用下，完成萬事萬物的發展。因此只要順任自然，使形上本原的道體與
儒家道修養很自然就結合在一起。

　　在這個順任萬物自性的前提下，孔疏強調道體衣披萬物，所顯發者莫非
仁義之德，將儒家道德哲學的價值義在天地順任自然的方法下直接冥合，
形而上的本體與與儒家的日常發用之間便沒有了距離，此乃孔疏對王弼的
突破處，如〈訟・九四・小象〉說：「復即命渝，安貞不失」，王弼注：「若
能反從本理，變前之命，安貞不犯，不失其道，為仁猶（由）己，故吉從
之。」

　　「安貞不犯」者，謂四安居貞正，不復犯初，故云「安貞不犯」。「為
　　仁由己，故吉從之」者，「為仁由己」，《論語》文。初不犯己，己莫

〔註32〕孔穎達疏〈无妄・彖〉說：「『使有妄之道滅，无妄之道成』者，妄，謂虛妄
　　　　矯詐，不循正理。若无剛中之主，柔弱邪僻，則物皆詐妄，是有妄之道興也。
　　　　今遇剛中之主，威嚴剛正，在下畏威，不敢詐妄，是有妄之道滅，无妄之道
　　　　成。」（〈无妄・彖〉疏）

陵於初，是爲仁義之道，自由於己，故云「爲仁由己」。（〈訟‧九四〉
疏）

「爲仁由己」乃王弼所注，此引《論語》「爲仁由己」者，從己身的特質出發，發揮的是回返於無的本理義，並未特別闡發儒理義；孔疏進一步從爻之時位來加強儒理義的價值。當此九四與初六起爭端，初六體質柔弱，不以爭訟爲目的，只爲對九四表明己意。九四時處剛強之勢，若能「復即命」，返回天地萬物本然之道，就是一種自然由乎萬物之本性，那麼對於人而言，這種人自身存有之特質，就是「仁義」之道。孔疏雖承王弼注的「爲仁由己」，但闡揚的重點並非反從本理，而是在本理的基礎下落實到人事的仁義之道，行此仁義之道就已經實踐了「自由於己」的特性，出自內在（immanent）〔註33〕的「自由」意志，充分顯示人的道德主體性就是人之所以爲人的之本然狀態，仁義沒有一絲一毫的營爲造作與添加，所以仁義即在「由乎己」的「順性原則」下證成了天道。〔註34〕〈恆‧初六‧小象〉疏也說：

浚，深也。最處卦底，故曰深也。深恆者，以深爲恆是也。施之於仁義，即不厭深，施之於正，即求物之情過深，是凶正害德，无施而利，故曰「浚恆貞凶，无攸利」也。（〈恆‧初六〉疏）

恆久之道終則有始，有一定的常規，自然而然，不可刻意也不可強求，求物之情過切、過深、過遽則雖正亦有可能轉爲凶，此失順任之性也。《周易》強調中道而不是正道，中道自含正道，正道未必合乎中道，此〈恆〉卦之情表現在人倫關係時，亦主張恆久不變之德，但須自然而然，中節而行。初六認識之初即求其「深恆」，然此時位實非深恆之求，求之，反而違背自然之道，破壞人與人和諧的關係。若順人的自然之性，循序漸進，終而復始，反能維持恆久之德。孔穎達在此將儒家的仁義視爲人自身存在的本性，只要「由乎己性」，就能成全「由仁義行」而「非行仁義」的自由自然義。

在此，仁義就是道體在現實世界的體現，是人自身的本然、應然，所以順此性而行，便能自然而然體證有無賅貫的虛無之道。孔疏天道的「實踐存

〔註33〕 內在性（immanent）是相對於超在性（transcendental）的概念。內在性（immanent）即指存有物的內在力量，及其所具有的自足性。

〔註34〕 王弼《老子注‧第五章》說：「天地任自然，無爲無造，萬物自相治理，故不仁也。仁者必造立施化，有恩有爲，造立施化則物失其眞」天地自然無爲，不必造立施爲，所以不仁，客觀地應對萬物。而仁者出自有心，所以造立施化，有恩有爲。因此，仁者順應天道，造化施爲沒有一絲人爲的添加作用，自能在「順性原則」下證成天道。

有論」，〔註35〕即是儒家重視實用性格的表現。

（二）從哲學的詮釋重塑聖者的型態與特色

經典詮釋的本意在於回歸原典，孔穎達以解經的方式出現，卻在《周易正義》一書提出一些新的哲學術語與概念，通過這些創造性的詮釋啓開了經典哲學化的理念，其中「聖人」就是一個重要的議題。《周易正義》說：

> 「然則養正以明，失其道」者，言人雖懷聖德，若隱默不言，人則莫測其淺深，不知其大小，所以聖德彌遠而難測矣。若彰顯其德，苟自發明，即人知其所爲，識其淺深。故〈明夷〉注云「明夷蒞眾，顯明於外，巧所避」是也。此卦，〈繫辭〉皆以人事明之。（〈蒙‧卦辭〉疏）

《周易正義》中的聖人，並非典型儒家憂天下之心的聖王，而是懷著聖德，卻「莫測其淺深」、「隱默不言」，而面對民眾時則「冕旒垂目，黈纊塞耳」，顯出「無爲清淨」的神態，且善於藏明於內，用晦得明的聖人，明顯具有道家君王的色彩。〈繫辭上〉疏也說：

> 〈乾〉、〈坤〉相合皆无爲……用使聖人俱行易簡，法无爲之化。（〈繫辭上〉疏）

> 若能行説易簡靜，任物自生，則物得其性矣。故《列子》云：「不生而物自生，不化而物自化。」若不行易簡，法令茲章，則物失其性也。《老子》云：「水至清則無魚，人至察則無徒」。又《莊〔子〕》云：「馬翦剔羈絆，所傷多矣。」是天下之理未得也。（〈繫辭上〉疏）

天何言哉，萬物自然生生不息，這就是孔疏所說「乾坤相合皆無爲」，無爲，即不刻意造爲，順著萬物本性，使他們自然遇合，自然生長。將這個易簡的原則運用在人事上，則成了無爲之治。聖人行無爲之治，所秉持的就是「不生而物自生」的宗旨，讓萬物循著自己本然的規律性去生化。

然而，這個行無爲之治的聖者帶著道家特質是否會因此而妨礙他成爲儒家之聖呢？根據《論語》的記載，舜也是個無爲而治的聖人，但他卻是一個

〔註35〕　牟宗三：「以客觀思辯理解的方式活動固是一型態，然豈不可在當下自我超拔的實踐方式，現在存在主義所說的『存在的』方式下去活動？活動於知識與自然，是不關乎人生的。純以客觀思辯理解的方式去活動，也是不關乎人生的，即存在主義所說的不關心的『非存在的』。以當下自我超拔的實踐方式，『存在的』方式，活動于『生命』，是眞切於人生的。」牟宗三：《中國哲學的特質》（臺北，臺灣學生書局，1963 年），頁 7～8。

道道地地的儒家之聖，在儒家的思想裡，爲政以德，行不言之教，如同天道一般，不曾說話而四時行，百物生，因此，藉由無爲的作用義，仍可達到「恭己正南面」、「居其所，眾星拱之」的結果及境域。〔註 36〕只是這個無爲而治的內涵，孔穎達一方面加上《老子》、《莊子》等道家任物自生的理念，另一方面則主張在儒家人倫的實踐下去把握這個深妙的道理，故又說：

> 著數既生，爻卦又立，《易》道周備，无理不盡。聖人用之，上以和協順成聖人之道德，下以治理斷割人倫之正義。又能窮極萬物深妙之理，究盡生靈所稟之性，物理既窮，生性又盡，至於一期所賦之命，莫不窮其短長，定其吉凶。(〈說卦〉疏)

不管是儒家或道家，要在人事的落實處找到一個依據或者價值義，都不可把人事與天道割裂開來。如此，在人存在的本源作一終極追問時，便會發現人對自然規律的體悟就是人事價值的實現，主體的本然，即是行事的矩度所在，天道無爲自然，人性稟自於天道，亦復如斯，人僅須循性而爲，去掉人爲紛擾、作用、造作、營爲的心，便可自然成善。因此，聖人用之，法無爲之化，所施政垂教的正是究盡生靈所稟之性，使各正性命，各爲所當爲，上「和協順成聖人之道德」，下「治理斷割人倫之正義」，這就是《易》道的精髓。所以孔疏又說：

> 聖人亦當令萬物資始，統領於天位，而「雲行雨施」，布散恩澤，使兆庶眾物，各流布其形。又大明乎盛衰終始之道，使天地四時貴賤高下，各以時而成。又任用羣賢，以奉行聖化，使物各正性命。此聖人所以象〈乾〉而立化。(〈乾·彖〉疏)

聖人統領天下如同天地生物一般，布散恩澤，使萬物各自流行，在無爲簡靜之原則下，由乎仁義之性，順此自然人性之發展，「任用群賢」，使人人各盡其性、各成各務，如此就能和諧與共，成就萬物一體的聖王之治。

這樣的聖人，雖然帶有道家的特質，但所開通者，莫非人事之倫理道德，故最終則以儒家垂教之聖化作結。

總體而言，從注疏到詮釋，《周易正義》雖然標舉「虛無」作爲其思想的最終根源，創出一個「太虛」的本體，但最終選擇儒家作爲其注疏的詮《易》立場，以君臣夫婦之倫等實際事務作爲道體器用的主要內涵，表示孔疏是從

〔註36〕 《論語·衛靈公》：「無爲而治者，其舜也與！夫何爲哉？恭己正南面而已矣。」
《論語·爲政》：「爲政以德，譬如北辰，居其所，而眾星共之。」

儒家淑世關懷的實踐去體證虛無之理，亦即藉由儒家與道家的思想的詮釋，重新塑造其另一種帶有道家特質的儒家之聖，這樣的聖人，以自然無爲的方式，將虛無之道神妙地體現在人倫禮秩當中。

這種以解經方式建構一套融有道家思維的儒家倫理道德形而上學，便是一種哲學性的經典詮釋，唐君毅在《中國文化之精神價值》中說：

> 儒家言虛無之用，唯自一物之自身能涵攝他物，由「致虛以致實」上說。儒家大皆於自然界，見一生機洋溢之「充實而相續之生化歷程」、「宇宙之富有日新中之大業盛德」。〔註37〕

由「致虛以致實」，在生生不已的眞實生命中，儒家之虛無，含攝一個生機洋溢，生生不息的聖德大業，其生命力充實於宇宙之間，無處不迸發；活潑朗然。由此，與其說《周易正義》是唐朝大一統政策下以儒家爲尊的疏文，不如說是從儒家視域透顯虛無之理的創造性詮釋。

第二節　從兼重象數體證虛無之道的存有特性

一直以來，《周易》的詮釋，總出現以象數解《易》及以義理解《易》的兩種路向。這兩種路向並非互不相涉，主要的差別在於他們的側重點不同，故而發展出象數易學與義理易學兩大派別。

王弼之所以大力責斥象數易學，乃因漢易在取象上過度作工夫，導致穿鑿附會、僞說滋漫的亂象，故主張忘象乃能見《易》之義：

> 案文責卦，有馬无乾，則僞說滋漫，難可紀矣。互體不足，遂及卦變；變又不足，推致五行。一失其原，巧愈彌甚。從復或値，而義無所取。蓋存象忘意之由也。忘象以求其意，義斯見矣。（《周易略例・明象》）

漢代象數易學家爲了替卦爻象找出理論依據，除了從《易傳》本身找尋，更有自創象數體例者，如虞翻的卦變、半象、逸象等，將卦爻的形象過度比附，造成象外生象，數外生數，龐雜奇巧，流於牽強晦澀，僞說蔓生，幾乎失去了卦爻原本的宗旨。王弼認爲這樣的取象方式已經到了存象忘意的地步，於是主張廓清象數，掃除其案文責卦，支離繁複的弊端。林忠軍在《象數易學

〔註37〕唐君毅雖非專文寫《周易正義》，然此處所說儒家運用虛無之用，與孔穎達的思想實乃相互貫通。見唐君毅：《中國文化之精神價值》（臺北：正中書局，1981年4月臺修訂3版），頁117。

發展史》中說：

> 虞氏於易專治象數，而且象外生象，數外生數，將《周易》象數發
> 展到了頂端，以此注《易》牽強附會，矛盾百出，從而否定了本
> 身。……《周易》之辭晦澀難懂，而虞氏又以龐雜的象數注之，更
> 令人望而生畏，故問津者鮮矣！在這種情況下，魏晉王弼脫穎而出，
> 以《老》、《莊》注《易》，清淡高雅，耳目一新，很快就取代了象數
> 易學。〔註38〕

象數之說日益繁瑣，甚至穿鑿附會，無所不取，造成牽合繁的弊病，〔註39〕
甚至扭曲了卦爻之義，使《周易》的詮解難再有新意，故王弼提出「得意忘
象」的取義方法論，以「象生於意」為宗旨，認為聖人之意雖不能脫離言與
象，但在得意之後，要能「忘象」，不滯留於象的層次，方可把握易理的宗旨。
〔註40〕在這個觀念的倡導下，王弼作《周易注》，以玄理解《易》，啟開易學
史上義理學派的發展。〔註41〕

〔註38〕林忠軍：《象數易學發展史》（第一冊）（濟南：齊魯書社，1994 年 7 月第 1
版），頁 249。

〔註39〕顧炎武批評漢象數易：「荀爽、虞翻之徒，穿鑿附會，象外生象。以同聲相應
為震巽，同氣相求為艮兌，水流濕、火就燥為坎離，雲從龍則曰乾為龍，風
從虎則曰坤為虎。十翼之中，無語不求象，而易之大指（旨）荒矣！」見顧
炎武撰、黃汝成集釋《日知錄集釋‧卷一》（臺北：中華書局，1968 年 10 月
臺 2 版），頁 6。王夫之也說：「漢儒泥象，多取附會，流及於虞翻，而約象互
體，半象變爻，曲以象物者，繁雜瑣屈，不可勝記。」見王夫之：《船山易學‧
周易外傳‧卷六》（臺北：廣文書局，1981 年 2 月 3 版），頁 976。

〔註40〕王弼《周易略例》說：「夫象者，出意者也。言者，明象者也。盡意莫若象，
盡象莫若言。言生於象，故可尋言以觀象；象生於意，故可尋象以觀意。意
以象盡，象以言著。故言者所以明象，得象而忘言；象者，所以存意，得意
而忘象。猶蹄者所以在兔，得兔而忘蹄；筌者所以在魚，得魚而忘筌也。然
則，言者，象之蹄也；象者，意之筌也。是故，存言者，非得象者也；存象
者，非得意者也。象生於意而存象焉，則所存者乃非其象也；言生於象而存
言焉，則所存者乃非其言也。然則，忘象者，乃得意者也；忘言者，乃得象
者也。得意在忘象，得象在忘言。故立象以盡意，而象可忘也；重畫以盡情，
而畫可忘也。」見樓宇烈校釋：《王弼集校釋》，同本章註26，頁 609。

〔註41〕余敦康對漢易象數學與王弼義理易學的流變曾作一整體性的說明：「漢易致命
的缺陷在于看不到形式與內容的差別，片面地強調形式與內容的統一，認為
形式就是內容，因而傾注全力研究象數，以為聖人之意盡在此象數之中。漢
魏之際許多有識之士都立足于破，力求破除漢易象數學的藩籬，比如鍾會的
『《易》無互體』說就是如此。荀粲更是直接針對著〈繫辭〉言盡意的觀點
提出了大膽的懷疑。他說：『蓋理之微者，非物象之所舉也。今稱立象以盡

面對前代象數易與義理易的眾說紛紜，《周易正義》不再偏執任何一端，以開放的態度廣納諸家之說，匯聚各家意見，極力調合王弼的義理易和漢魏以來的象數易，並以易象的「有」來論證「道」不僅僅具備廣袤虛靈的特性，更在「存有」的實踐當中證成「有無兼賅」的《易》道體用論。

一、義理與象數的並重

《周易正義》調和義理與象數二派的詮《易》方式，兼重取義與取象之說，主張太虛之理不離於萬有，因此提出「易理備包有無，易象唯在於有」的詮釋原則，以易象說明「道」函有實存的特性，並以此論證「教之所備，本備於有」的實踐哲學。

（一）易理備包有無

孔疏爲了更符合《周易》本旨和孔子原意，從「信而有徵」的角度出發，因此以更開放的視野包容各家之說，形成「義」、「象」兼重的詮釋特色；甚者，孔疏認爲易象乃《易》之根本，故在《周易正義・序》一開始便引用〈繫辭下〉說：「易者，象也；爻者，效也」，〔註42〕認爲所有玄妙之道，皆聖人仰觀俯察，效法天地之變，協順陰陽之化而來，故又說：「聖人之意，可以取象者則取象也，可以取人事者則取人事也」（〈坤・初六〉疏）此立場既有別於王、韓以玄理注《易》，也有別於漢象數繁複的易學體例，他在調和眾人之說的基礎上，肯定了以易象注《易》的詮釋方向，所以通書可見「取象論義」的注書特色。有易象，易理才有所據；反之，離開易象，也就無易理可言。職是之故，易理不可空談，必信而有徵，故說：

> 易理備包有无，而易象唯在於有。（《周易正義・序》）

「無」指的是虛無之理（易理），「有」指的是易象。孔疏特別指出「易理備包有無」，主張象、義必須兼重，否則無法成就《易》之道。

意，此非通于意外者也，繫辭焉以盡言，此非言乎繫表者也；斯則象外之意，繫表之言，固蘊而不出矣。』但是爲了全面地解釋《周易》，以便從中引出一種適合於正始年間時代需要的新的本體論哲學，問題的關鍵在於立。這種大破大立的雙重任務，是通過王弼《周易略例》的研究最後完成的。」見《易學今昔》（桂林：廣西師範大學出版社，2005年6月第1版第1次印刷），頁216。

〔註42〕孔疏此語引自〈繫辭下〉：「爻也者，效此者也；象也者，像此者也。」及「《易》者象也，象也者像也」，簡縮而成。

這樣的觀點也表現在的他的陰陽論當中，他認為卦爻象的一切變化，都根本於陰陽二氣。他說：

> 作《易》聖人，本觀察變化之道，象於天地陰陽而立乾坤等卦，故曰「觀變於陰陽而立卦」也。既觀象立卦，又就卦發動揮散，於剛柔兩畫而生變動之爻，故曰「發揮於剛柔而生爻」也。（〈繫辭下〉疏）

《易》的卦爻，來自於陰陽二氣的作用。因為陰陽二氣的作用，而產生剛柔升降，促成卦與爻的時位變化。聖人觀天地陰陽，以立人事之乾坤。觀象以立卦的基礎就在於「陰陽」，所以離開陰陽便無所謂的《易》，故說：

> 《易》書之體，皆倣法陰陽，擬議而動，不可遠離陰陽物象而妄為也。（〈繫辭下〉疏）

《易》的陰爻與陽爻，以及陰陽爻相配所形成的象數，都是對陰陽二氣的模擬，故主張「不可遠離陰陽物象」而妄談《周易》之理。基於這樣的思想，孔疏視陰陽二氣為解卦的重要元素，並時常運用陰陽二氣詮釋《易》的卦爻象及其義理：

> 〈乾〉卦之象，其應然也。但陰陽二氣，共成歲功，故陰興之時，仍有陽在，陽生之月，尚有陰存。（〈乾・九二〉疏）

> 「屯，剛柔始交而難生」者，此一句釋〈屯〉之名，以剛柔二氣始欲相交，未相通感，情意未得，故「難生」也。若剛柔已交之後，物皆通泰，非復難也。（〈屯・彖〉疏）

> 〈艮〉剛而〈兌〉柔，若剛自在上，柔自在下，則不相交感，无由得通。今〈兌〉柔在上而〈艮〉剛在下，是二氣感應以相授與，所以為「咸亨」也。（〈咸・彖〉疏）

剛柔相交始生萬物，以及陰陽交感而萬物亨通，皆屬二氣相感釋卦之例。這些以陰陽釋《易》的現象，說明孔疏試圖調和王弼玄理易以及漢代象數易的說法，《周易正義》運用這兩種解《易》方式，達到兼重有、無的詮《易》理想，一方面肯定漢易的取象說，卻不陷落在象數易學象外生象的僵硬體例中；另一方面認取王弼的取義說，卻不排斥王弼以《易傳》的象數體例來詮釋《周易》的基本原則，孔疏主張義、象並重，因象明義，卻不執著在王、韓玄理易的一個面向，進而轉向儒家義理且更往「有」的路徑邁進，從繼承、轉折到整合，然後斷之以己見，使《周易正義》在易學發展史當中無法缺席，同

時在易學文本詮釋學的歷史中也有著非常關鍵的地位。〔註43〕

（二）易象唯在於有

《周易正義》對「象」的重視遠勝過王弼，王弼只將易象看作得意的媒介，但孔疏卻將「象」提升到較高的地位，甚至以「有」為詮釋關注的範圍，孔疏說：

> 易者象也，物无不可象也。（《周易正義·序》）

> 即《乾鑿度》云：「……庖犧乃仰觀象於天，俯觀法於地，中觀萬物之宜，於是始作八卦，以通神明之德，以類萬物之情。」（《周易正義·序·第一論易之三名》）

《易》所關乎者，象也。一切存有皆是象，《易》是聖人仰觀天象，俯察萬物，進而設卦繫辭的成果。聖人觀天文以成人文，好比希臘的天使赫米斯（Hermes），負責在天界與人界中傳遞訊息，而易象就是聖人賴以傳遞訊息的載體。《正義》承繼《易傳》的觀念，同樣強調「物無不可象也」，認為《易》是以卦爻象為基礎所建立起來的一門學問，沒有卦爻象，就沒有易理。

孔疏與王弼易學詮釋的差異點，不在於義理解《易》，而是對象的關注點不同：

> 先儒皆以此卦〈坎〉下〈巽〉上，以為乘木水上，涉川之象，故言乘木有功，王不用象，直取況喻之義，故言此以序之也。（〈渙·象〉疏）

在這個例子，孔疏點出「王不用象」，並不是說王弼全無取象之例，而是說王弼釋《易》之時採取「重義輕象」的策略，往往刻意避開易象之說，「直取況喻之義」，以〈渙〉卦為例，風水〈渙〉，上〈巽〉下〈坎〉，學者以〈巽〉為

〔註43〕以陰陽二氣釋《易》的作法，基本上已經是對王弼易學的拓延，王弼不是不論陰陽二氣，但孔疏更賦予二者「氣」與「有」的思維，這樣的詮釋特質，劉玉平是對王弼「貴無賤有」的超越。實際上，王弼並不曾賤有，只是歸「有」於「無」，使其「有」出現浮泛不切的感覺。劉玉平於〈孔穎達的易學詮釋學〉說：「孔疏詮《易》之義理，一方面借鑒了漢易中的陰陽二氣說，另一方面本之於王弼派的玄學易學觀。眾所周知，這兩方面的思維路徑是對立的。但孔氏試圖將兩者調和起來，或者發揮漢易之論，或者保存了以玄詮《易》的觀點和形式，或者對玄學派觀點予以合理的解釋。孔疏論《周易》義理的基本傾向是，力圖揚棄王弼派貴無賤有的思想，以陰陽二氣解釋易理，標志著從漢易經魏晉易到宋易的過渡。」見《周易研究》第3期（總第五十三期）（2002年），頁10～17。

木，以〈坎〉為水，木在水上，表明「乘船」乃為「涉川」、「涉難」之象，卦辭才會說「利涉大川，乘木有功」，這樣的解釋與卦象關係密切。然而，王弼《注》說：「乘木即涉難也。木者專所以涉川也。涉難而常用溆道，必有功也。」乃就卦辭本身的字句作說明，雖提及「木」之象，〔註44〕但言「涉難」時不取「木在水上」的「船」象，而直接說「涉難用溆道」，避免「船」之物象，使孔疏發出「王不用象，直取況喻之義」的評語。又如〈頤‧象〉：「山下有雷，頤。君子以慎言語，節飲食。」王弼《注》：「言語、飲食猶慎而節之，而況其餘乎？」不提上山下雷所形成的頤象，而直接就象辭發抒其意，而孔疏則說：

> 山止於上，雷動於下。〈頤〉之為用，下動上止，故曰「山下有雷，頤。」人之開發言語、咀嚼、飲食，皆動頤之事，故君子觀此頤象，以謹慎言語，裁節飲食。先儒云：「禍從口出，患從口入。」故於頤養而慎節也。（〈頤‧象〉疏）

上取山的「艮止」之象，下取雷的「震動」之象，比喻言語、咀嚼、飲食都是上唇不動而下唇動的動頤之象，從言語、飲食再進一步引申為「禍從口出，患從口入。」並不忘交待此為先儒所教誡之事，不可不謹慎裁節之。

為了改變王弼重義略象的作法，孔疏對象數採取積極正面的態度，根據《易傳》的易象觀，深入研究，加以改造，重新梳理，不但確立了詮《易》的方法與原則，同時也在這當中統整並創造出一套象數體系。從《周易正義》疏文的語意脈絡中，知其「象」有兩個意思，一為名詞的徵象、萬物之象，二為動詞的「像」，有模擬、法象之義。名詞的「象」，指《周易》八卦以及六十四卦卦爻象所象徵的事物，如：「萬物之象，在其八卦之中矣。（〈繫辭下〉疏）」、「聖人畫爻，以傚效萬物之象。（〈乾‧初九〉疏）」、「萬物之體，自然各有形象，聖人設卦以寫萬物之象。（〈乾‧象〉疏）」、「必三畫以象三才，寫天、地、雷、風、水、火、山、澤之象，乃謂之卦也。故〈繫辭〉云『八卦成列，象在其中矣』是也。……更重之而有六畫，備萬物之形象，窮天下之能事，故六畫成卦也。（〈乾‧卦辭〉疏）」等，包含卦、爻之象與其所象喻的物象、事象，以及從這些兆象所延伸出去的有形、無形的現象，其中

〔註44〕《說卦傳》：「巽為木」，〈渙‧象〉：「利涉大川，乘木有功」，因此王弼說「木者專所以涉川」，乃直承《易》之文本而來，木者所以涉川，很明顯地指的就是「船」，王弼刻意避開「船」之象，直接表示以文本的木來表示，不免給孔疏有「王不用象」的感覺。

有實象，有假象，皆屬名詞之「象」的範圍。至於動詞的「象」，延續《易傳》「易者，象也」的理念，聖人「法象天地」，對自然物象仰觀俯察，模擬、法象萬物，進一步推天象以明人事，以成人文教化。

　　孔疏將《易》象分類，提出自己的易象說。他將易象分成「實象」與「假象」兩大類別。孔疏說：

　　　　實象者，若「地上有水，比」也，「地中生木，升」也，皆非虛，故言實也。（〈乾・用九〉疏）

「實象」是具體之形象，其中又包含「自然之象」〔註45〕與「物象」〔註46〕。至於「假象」，孔疏說：

　　　　假象者，若「天在山中」、「風自火出」，如此之類，實无此象，假而為義，故謂之假也。（〈乾・用九〉疏）

可知假象是「實無此象，假而為義」的假借比擬之象，用來象徵抽象的事義。「假象」是《周易正義》較為特殊的一個易象體例，對於「假象」，孔疏僅僅

〔註45〕孔疏會用某物是「自然之象」稱之，是其易象體例之一。屬於自然之象者，出現在〈乾・卦辭〉「聖人當法此自然之象而施人事」、〈乾・初九〉「陽氣潛在地下，故言『初九潛龍』也。此自然之象」、〈乾・九二〉「『見龍在田』，是自然之象」、〈乾・九四〉「躍於在淵，未即飛也。此自然之象」、〈乾・九五〉「『飛龍在天』，此自然之象」、〈乾・上九〉「大而極盛，故曰『亢龍』。此自然之象」、〈乾・象傳〉「『天行健』，此謂天之自然之象」、〈坤・卦辭〉「『牝馬』，外物自然之象，此亦聖人因『坤元亨，利牝馬之貞』自然之德以垂教也。不云牛而云馬者，牛雖柔順，不能行地無疆」、〈屯・象〉「上既以剛柔始交釋屯難也，此又以雷雨二象解盈也。……說屯之自然之象也」等疏文當中。

〔註46〕「物象」指的是具體可見的有形之象，包括自然景物與實物之象。「自然景物」即山川等；「實物之象」則指萬物雜象，包含經過化學作用而形成的物象、生活器具、建築、動植物之象等，譬如霜雪、堅冰、城墉、井、馬、龍與鹿，凡此皆是具體物象之例。然而，在物象的界定上，孔疏本身的分類仍有不盡合理之處，而研究《周易正義》的學者，對孔疏「實象」、「假象」與「物象」的分類，亦有許多歧見，值得再作商榷。大體而言，孔疏指稱的具體物象，都是有形可見者，譬如〈井・卦辭〉疏：『井』者，物象之名也。古者穿地取水，以瓶引汲，謂之為井。此卦明君子脩德養民，有常不變，終始无改，養物不窮，莫過乎井，故以修德之卦取譬名之『井』焉。」總而言之，《周易正義》對「物象」一類，並沒有非常明確的分類標準與定義，其疏文往往以「物象」、「萬物之象」、「萬物雜象」來指稱物象，或以「假（他）物之象」、「假外物之象以明人事」或「假物之象以喻人事」等語稱之。孔疏認為，《易》之卦爻表徵了萬物之象，且物有萬象，不可以一象局限之，顯示孔疏之「物象」的範圍十分廣泛，甚至有好幾個例子，雖有具體「物象」，實際上卻是指稱一件「事」的「事象」。

在作定義時指出〈大畜〉「天在山中」、〈家人〉「風自火出」二卦爲例，其他並無明文。依據孔疏的定義來看，假象至少包含〈大有〉「火在天上」、〈謙〉「地中有山」、〈豫〉「雷出地奮」、〈隨〉「澤中有雷」、〈復〉「雷在地中」、〈大畜〉「天在山中」、〈頤〉「山下有雷」、〈明夷〉「明入地中」、〈家人〉「風自火出」、〈夬〉「澤上於天」、〈革〉「澤中有火」、〈既濟〉「水在火上」、〈未濟〉「火在水上」等例。爲何說假象？譬如〈謙·象〉「地中有山，謙。君子以裒多益寡，稱物平施。」孔疏：

> 今乃云「地中有山」者，意取多之與少皆得其益，似「地中有山」，
> 以包取其物以與於人，故變其文也。（〈謙·象〉疏）

〈謙〉卦上地下山，在自然界中，這是不合理的現象，山應在地表之上，是突出於地之上的岩石，但〈謙〉卦卻以「地中有山」假而爲象，目的在傳達裒多益寡，居高不傲，謙卑自牧，以及寬闊包容，能夠「包取其物以與於人」的慷慨胸襟。又如〈革·象〉：「澤中有火，革。君子以治歷明時。」孔疏：

> 「澤中有火，革」者，火在澤中，二性相違，必相改變，故爲〈革〉
> 象也。（〈革·象〉疏）

以物質的特性而言，水與火，是完全不相容的，水能滅火，彼此相克，何以會有「澤中有火」的情形？水澤中有一片火熊熊炎燒，是多麼不尋常的形象，這個假擬之象，更加突顯了水火不容，兩者衝突至臨界點的象徵意義，是可大興改革的時機。再如〈隨·象〉：「澤中有雷，隨，君子以嚮晦入宴息。」孔疏：

> 〈說卦〉云：「動萬物者莫疾乎雷，說萬物者莫說乎澤。」故《注》
> 云：「澤中有雷，動說之象也。」「君子以嚮晦入宴息」者，明物皆
> 說豫相隨，不勞明鑒，故君子象之。鄭玄云：「晦，宴也。猶人君既
> 夕之後，入於宴寢而止息。」（〈隨·象〉疏）

〈隨〉卦上澤下雷，雷是天上雷電的震動，而澤是地上水的匯聚，何以天雷會在澤水之中？因此，以「澤中有雷」爲象，是假虛象來說明「動說（悅）」的概念，雷動於中，鼓舞萬物，使萬物歡欣相隨而動，這就是以假象明義之用。總的來說，對於「實象」與「假象」，孔疏說：「雖有實象、假象，皆以義示人，總謂之象也。（〈乾·象〉）」兩者的目的「皆以義示人」，可見他認爲易象與易理是一體的，互爲表裏，也貫徹了他「因象明義」的原則。

在這兩種擬象方式以外，還有一項「物象之法」〔註47〕，物象之法重在「法」，「法」是效法、仿效之意，所以「法象」已經不是單純的物象，而是仿效物象之「用」而來的形象，故以「物象之法」稱之。〈鼎〉卦是「物象之法」的典型例子，《周易正義》疏：「鼎者，器之名也。自火化之後鑄金，而為此器以供烹飪之用，謂之為鼎。亨飪成新，能成新法。然則鼎之為器，且有二義：一有亨飪之用，二有物象之法。……〈雜卦〉曰『革去故』而『鼎取新』，明其亨飪有成新之用。此卦明聖人革命，示物法象，惟新其制，有『鼎』之義。」（〈鼎卦・卦辭〉疏）〈鼎〉這一形象，正顯示了有如煉金術一般的「轉化」意義，充分體現了「變故成新」之義理，因此聖人借〈鼎〉象所表徵的道理，汲取其中的革新精神，這就是「物象之法」的詮釋特色。

由上所述的例子看來，藉由取象的注經原則所統整的一套象數體系都是異於王弼以義理為尚的詮釋法，此法又有別於漢魏象數學家繁複的取象方式，可見《周易正義》從前人的注經的傳統中超脫出來，自出機杼，為《易》架構出一套較為完整的取象體系，這樣的易象體例，不僅改變了王弼略象的立場，也調和了歷來易學義理與象數兩大派別的紛爭，更為《易傳》的取象說注入新穎的生命。

二、由「以象明義」到「無方無體」的詮釋內涵

從前面所論得知，取象說是孔疏詮釋《周易》重要的原則與方法，那麼了解如何看待「象」與「義」以及二者之間的關係，也有助於理解孔疏道論的詮解路數。

（一）從義與象的關係開展的詮釋路向

在《周易正義》中，義與象的關係可分為幾種：第一，理從象生，義自象出；第二，以象明義，以物象明人事；第三，從卜筮角度說，指出著數是易象的根本，而義理又因象數而明。明白了象與義的關係，孔疏據此提出兩種解《易》法，主要仍是以「因象明義」為詮釋的重要法則。

義與象的第一種關係是「理從象生」：以象為體，以理為用，理出自象，沒有象就沒有理，但這裡的「體」是「形體」的意思，並非本體論的「體」；至於「用」則是「表徵義理，顯其發用」之意。孔疏說：

〔註47〕見〈繫辭上〉疏：「謂聖人設畫其卦之時，莫不瞻觀物象，法其物象然後設之。」

　　「夫八卦備天下理」者，前注云「備天下之象」，據其體；此云「備
　　天下之理」，據其用也。(〈繫辭下〉疏)

「備天下之象，據其體」，是說八卦備天下萬物之「形象」；而「備天下之理」，
則是說八卦當中已經表現出萬物變化之理，是就其「表徵義理」的「作用」
而言。他又說：

　　辭是爻辭，爻辭是器象也。變是變化，見其來去，亦是器象也。象
　　是形象，占是占其形狀，並是有體之物。有體則是物之可用，故云
　　「可得而用者也」。(〈繫辭上〉疏)

辭、器、象、占，都是具體之物，而「有體則是物之可用」，有具體的形象，
始能發出作用，這就是有象方有理之意。既然象是形體，而理是表徵的作用，
那麼這一層體用關係意義為何？這一體用關係，並非是本體與器用的關係，
而是形象與易理之間的關係，這正顯示出孔疏對「象」的強調，他認為象是
理所產生的依據，一切事理都來自於象。因此，他疏解卦爻象時，即採取「從
象釋理」方式，易言之，沒有各種形象，就沒有義理的存在。孔疏說：

　　言天之體，以健為用。聖人作《易》，本以教人，欲以法天之用，不
　　法天之體，故名〈乾〉，不名天也。天以健為用者，運行不息，應化
　　无窮，此天之自然之理。(〈乾·卦辭〉疏)

　　今既施止於腓，腓不得動，則足无拯舉，故曰「艮其腓，不拯其隨」
　　也。(〈艮·六二·小象〉疏)

　　〈巽〉象風，風行无所不入，故為入也。〈坎〉陷也，〈坎〉象水，
　　水處險陷，故為陷也。〈離〉麗也，〈離〉象火，火必著於物，故為
　　麗也。〈艮〉止也，〈艮〉象山，山體靜止，故為止也。〈兌〉說也，
　　〈兌〉象澤，澤潤萬物，故為說也。(〈說卦〉疏)

有形體方能產生作用，有天這個實體，才會有「健」這個自強不息的表徵，
而後才有運行不息，應化無窮的自然之理。因此，有天之形象，方知乾健之
用，而後有生生不息之天理，孔疏雖排斥佛教理論，但此體用論的結構卻類
近佛學的體（本體）、相（形體）、用（化用），且是三者為一、一含三者的整
體義。又如「艮為山」者，有山之形體，才意會出「靜止」之義，也才能更
進一步引伸出施止之用。〔註48〕至於八卦之象，巽象風，因為風無所不入的

────────────

〔註48〕見孔疏：「施止得所，則其道易。」(〈艮·卦辭〉疏)

特性，而有「入」的引申義；坎象水，因爲水往下流，處於低窪之地，而有「陷」的引申義；艮象山，因爲山靜止不動的特性，而有「止」的引申義，這都是孔疏以象引伸出義的詮《易》之例。

　　義與象的第二種關係是「以象明義」：這裡的「以象明義」與上面第一種的「理自象出」不同。「理自象出」者，重在「象」，必先有此形象，方有器用之理及象中之義。而此處所說的「以象明義」，著重點在「義」。「以象明義」是《周易正義》重要的詮釋方法，說明易象的建立是爲了表達義理。「象」乃明「義」之工具，此時「象」是載體，「義」才是主體。孔疏說：

　　　　《易》雖備知來往之事，莫不假象〔註49〕知之，故聖人作《易》以
　　　　逆覩來事也。（〈說卦〉疏）

不管是物象、事象、意象，也不論是實象或假像，都是作易者爲了明人事之理所設立的。故說：「雖有實象、假像，皆以義示人。」（〈乾・大象〉疏），以「義」示人才是目的。故自這個「義」與「象」的關係中，關注點是「義」，非「象」，所以孔疏欲假種種的象以表明人事之理，如〈噬嗑・象〉疏說：

　　　　「剛柔分動」至「合而章」《正義》口釋「利用獄」之義。……剛柔
　　　　云分，雷電云合者，欲見明之與動，各是一事，故剛柔云分也。明、
　　　　動雖各一事，相須而用，故雷電云合。但易之爲體，取象既多，若
　　　　取分義，則云「震下離上」；若取合義，則云〈離〉、〈震〉合體，共
　　　　成一卦也。此釋二象「利用獄」之義也。（〈噬嗑・象〉疏）

〈噬嗑〉卦者，下震上離。從分義的角度來看，〈震〉象取其動義，〈離〉象取其明義，剛柔相分，上下交動，如口之咬合，明〈噬嗑〉之義。若從合義的角度視之，電明於上，雷動於下，雷電相須而用，產生威明之意象。不管如何，上下二體之象都是用來得「義，」故說「此釋二象『利用獄』之義也」。又如〈大畜・九二・象〉疏說：

　　　　若遇斯而進，則輿說其輹，車破敗也。以其居中，能遇難而止，則
　　　　无尤過，故〈象〉云「中无尤」也。以其居中能自止息，故无尤也。
　　　　此輿說輹，亦假象以明人事也。（〈大畜・九二・象〉疏）

用「輿說輹」來象徵車破敗之事，用九二的爻位之象表徵處於下卦之中，整體而言，雖處於不順之境地，但若能把持中道不失的原則，便能止尤而無大

〔註49〕見孔疏：「假象者，若『天在山中』，『風自火出』，如此之類，實无此象，假
　　　　而爲義，故謂之假也。」（〈乾・大象〉疏）

過。此亦假各種象數來表達人事之義理。

凡此，假各種象以明人事者，乃「象」是爲了明「義」而立者，突出「象」是「義理」之載體，「義理」才是主要的詮釋目的。

義與象的第三種關係是「先象數而後有義理」：在這裡，象數的先後也有兩個說法，但不管是先象而後數或先數而後象，都是爲了求得卦爻之象，而後再利用取象法以求得卦義。

首先，從卜筮的角度看，而且牽涉到象數，不只是易象。從蓍卦的程序說，蓍是卦爻之本，卦爻是蓍之末，孔疏說：

> 聖人畫爻，以倣效萬物之象。先儒云，後代聖人以《易》占事之時，先用蓍以求數，得數以定爻，累爻而成卦，因卦以生辭，則蓍爲爻卦之本，爻卦爲蓍之末。今案：〈說卦〉云：「聖人之作《易》也，幽贊於神明而生蓍，三天兩地而倚數，觀變於陰陽而立卦，發揮於剛柔而生爻。」〈繫辭〉云：「成天下之亹亹者，莫大乎蓍龜。是故天生神物，聖人則之。」又《易·乾鑿度》云：「垂皇策者犧。」據此諸文，皆是用蓍以求卦。先儒之說，理當然矣。（〈乾·初九〉疏）

占卜所用的蓍數是卦爻象的根本，聖人是用蓍草求卜，才有易象的產生。因此，「數」是「象」之本，「象」是「數」之末，聖人必須用蓍以求卦，這是從「蓍數而生卦爻象」的角度說。

然而，若不談用蓍成卦，而從仰觀俯察的角度來看「象」與「數」的先後關係，孔疏又有「數生於象」之說：

> 蓍是數也，《傳》稱物生而後有象，象而後有滋，滋而後有數，然則數從象生，故可用數求象，於是幽贊於神明而生蓍，用蓍之法求取卦爻以定吉凶，〈繫辭〉曰「天生神物，聖人則之，无有遠近幽深，遂知來物」是也。〈繫辭〉言伏犧作《易》之初，不假用蓍成卦，故直言仰觀俯察，此則論其既重之后〔後〕，端策布爻，故先言生蓍，后〔後〕言立卦，非是聖人幽贊元在觀變之前。（〈說卦〉疏）

這又是另一個論點，也就是不從著筮的立場，而是從仰觀俯察的角度來看，聖人從萬物的自然形象已重爲六畫卦來備盡天下之變化，而後爲了決疑解惑而有著筮的活動，因此有先「象」而後「數」之說。此與先言生蓍，後言立卦是在不同角度立論。然而無論是「先蓍後象」，或「先象後蓍」，都說明孔

疏先有象數而後方有義理的詮釋原則，因爲有了象數，才會有「因象明義」
與「因義取象」方法論的運用，也才能藉由這些取象法來尋繹義理。

1.因象明義

孔疏提出取象的詮釋法，一方面突出「取象」是詮釋《周易》的重要途
徑，另一方面說明「取象」是以「明義」爲目的。對他而言，「象」與「義」
沒有孰高孰低，孰本孰末的問題，他們之間是以 A 明 B 或以 B 取 A 的關係。
而「因象明義」是他詮釋《周易》最常出現的方法，至於「以義取象」只是
用來補助「以象明義」的不足，較爲少用。

顧名思義，「以象明義」，是藉「取象」達到「明義」的目的，以象爲出
發點來談義，所以著重點在「取象」法之運用。孔疏：

> 凡易者，象也，以物象而明人事，若《詩》之比喻也。或取天地陰
> 陽之象以明義者，若〈乾〉之潛龍、見龍，〈坤〉之履霜堅冰，龍戰
> 之屬是也。或取萬物雜象以明義者，若〈屯〉之六三即鹿无虞，六四
> 乘馬班如之屬是也。如此之類，《易》中多矣。(〈坤卦・初六〉疏)

「象」是一種譬喻或象徵，如同《詩》經中的比喻，有取天地之象，有取陰
陽之象，有取萬物雜象，有了這些象，就能藉其象之譬喻或象徵來表明義
理。孔穎達在《毛詩正義》也提及喻的效用：「鄭云『喻』者，喻猶曉也，取
事比方以曉人，故謂之爲喻也。」〔註50〕取事比方以曉人，重在明曉喻意，
可見「象」所具有的「比喻」功能，不僅是簡單的類比，更有興喻的效用。
在取象的時候，借著「象」的表徵寓意，引起作者所要談辯論理的內容，譬
如〈坤〉卦取「履霜堅冰」之象，是爲了表達冰凍三尺，非一日之寒的意義，
籲人要謹慎終始，防微杜漸，在危險產生的一開始，就要小心防範。又如
〈屯〉卦六三爻「即鹿無虞」，其中之「鹿」代表獵人所欲捕捉的對象，而在
尚未準備周全的情況下，難免會有「即鹿無虞」的狀況，這些都是以「象」
喻人事之義。

順著這個取象的脈絡，孔疏明白指出「立象」以「盡意」，以凸顯「象」
的重要性：

> 「聖人立象以盡意」者，雖言不盡意，立象可以盡之也。(〈繫辭上〉
> 疏)

〔註50〕《毛詩正義》卷一〈螽斯〉，見漢・毛亨傳、鄭玄箋、唐・孔穎達疏：《毛詩
　　　正義》(臺北：藝文印書館，1982 年 8 月 9 版)，頁36。

> 「設卦以盡情僞」者，非唯立象以盡聖人之意，又設卦以盡百姓之
> 情僞也。「繫辭焉以盡其言」者，雖書不盡言，繫辭可以盡其言也。
> （〈繫辭上〉疏）

王弼主張「隨義取象」，〔註51〕認爲「象」與「言」都是求「意」的工具，所
以以「義」爲主，以「象」爲次，要求得義理之精，必「忘言」、「忘象」方
可得之。而孔疏主張「以象明義」，認爲「立象」可以「盡意」，「繫辭」可以
「盡言」，「設卦」可以「盡情僞」。所以當韓注說：「蓋因卦之次，託以明義」，
〔註52〕孔疏藉此發揮「象」之要：

> 韓康伯云：「〈序卦〉之所明，非《易》之縕也。蓋因卦之次，託象
> 以明義。」不取深縕之義，故云「非《易》之縕」，故以取其義理也。
> 今驗六十四卦，二二相耦，非覆即變。……若元用孔子〈序卦〉之
> 意，則不應非覆即變，然則康伯所云「因卦之次，託象以明義」，蓋
> 不虛矣。（〈序卦〉疏）

韓康伯的原注並無「託象」之辭，乃取義的關係，避談象數之論。孔穎達則
從六十四卦的卦序看到卦象與卦象之間有其一定的秩序，不是反覆，便是
旁通，說明〈序卦〉的安排必然有其對立或相通的意義所在，就此，非從卦
象著手無以得知，因此，孔疏在韓注的「託以明義」上加一個象字，成「託
象以明義」，表明易象是《周易》之根本，有象才有易理，易理乃由象生，所
以對於韓注時「取名不取象」之說，稍有說詞，認爲象卦制器脫離卦爻之形
體就無法把「以制器者，尚其象」這一句話詮解得清楚，故說「於義未善」
〔註53〕。可知，「取象說」是《周易》無法忽視的方法，離開易象，很難完整
地詮釋易理。

　　然而在「因象明義」的方法上，孔疏則主張要「隨義而發」，他說：

> 此初九之等，是乾之六爻之辭，但〈乾〉卦是陽生之世，故六爻所

〔註51〕孔疏於〈乾‧文言〉說：「餘爻皆說龍，至於九三獨以『君子』爲目，何也？……
　　　　是故初九、九二，龍德皆應其義，故可論龍以明之也。至於九三『乾乾夕惕』，
　　　　非龍德也，明以君子當其象矣。統而舉之，『乾』體皆龍，別而敘之，各隨其
　　　　義。」（〈乾‧文言〉）象雖以表意，但象不是主要的，因此可隨卦爻之義而取
　　　　其象，如〈乾〉之例。
〔註52〕孔疏引韓注〈序卦〉語：「凡〈序卦〉所明，非《易》之縕也，蓋因卦之次，
　　　　託以明義。」（〈序卦〉疏）
〔註53〕孔疏〈繫辭下傳〉：「案上〈繫〉云：『以制器者，尚其象』，則取象不取名也。
　　　　韓氏乃取名不取象，於義未善矣。」

述，皆以聖人出處託之，其餘卦六爻，各因象明義，隨義而發，不
必皆論聖人。(〈乾卦・初九〉疏)

孔疏說的是「因象明義，隨義而發」，是指要隨著卦爻時位的變化闡發易理，
也就是以卦象的符號達到釋義的效果，不可拘泥，不可定於一方，在「因象」
的原則下靈活運用，此與王弼的「隨義取象」說不同，王弼說：

夫易者，象也。象之所生，生於義也。有斯義，然後明之以其物。
如以龍敘乾，以馬明坤，隨其事義而取象焉。(〈乾卦・上九・文言〉
注)

王弼說的是「象生於義」、「隨其事義而取象」，要隨著卦爻所欲表明的事義來
取象。孔疏則從象出發以闡義，〔註54〕王弼則先有義，再取象；譬若〈乾〉
卦，孔疏因天體具有運行不已之象而得出至健不息的寓意，王弼則「以龍敘
〈乾〉」，因爲〈乾〉有至健之義，才用龍象繫之。對比而言，孔疏較王弼更
重視象，說明他極力想從漢易及玄理易獨闢蹊徑，建立一套屬於孔疏式的易
象詮釋法。

2. 因義取象

從「以象明義」的詮釋原則之外，孔疏還運用了「以義取象」的方法，
這種詮釋路數在《周易正義》中較少用到，目的是在對「因象明義」的詮釋
原則做補充。如〈說卦〉有關「乾」象處疏：

此一節廣明〈乾〉象。〈乾〉既爲天，天動運轉，故爲圓也。爲君爲
父，取其尊首而爲萬物之始也。爲玉爲金，取其剛而清明也。爲寒
爲冰，取其西北寒冰之地也。爲大赤，取其盛陽之色也。爲良馬，
取其行健之善也。爲老馬，取其行健之久也。爲瘠馬，取其行健之
甚。(〈説卦〉疏)

〈乾〉卦之所以象徵君、父，乃取其爲萬物宗主之義；用金、玉之象繫之，

〔註54〕孔疏把這個「因象明義，隨義而發」的理念切實地用在他的卦爻辭的詮釋
中，如〈噬嗑・卦辭〉疏說：「『噬嗑亨』者，噬，齧也；嗑，合也。物在於
口，則隔其上下，若齧去其物，上下乃合而得『亨』也。此卦之名，假借口
象以爲義，以喻刑法也。凡上下之間，有物間隔，當須用刑法去之，乃得亨
通，故云『噬嗑亨』也。」〈噬嗑〉上離下震，此處取其卦象，整體看來是一
個完整的「口」，但上下齒排之間看起來有物間隔，致使無法順利咬食，故得
以齒用力嚙咬，來去除橫亙其間之物，所以有「口齒咬合」之象，再藉這口
齒咬合之象，比喻用「刑法」去除社會不良分子，此即「假借口象以爲義」
的例子。

是取其「剛而清明」之義；用冰、寒之象繫之，是取其「西北寒冰之地」之義；用大赤之象繫之，是取其「盛陽之色」之義；用良馬之象繫之，是取其「行健之善」之義；用老馬之象繫之，是取其「行健之久」之義；用瘠馬之象繫之，是取其「行健之甚」之義，這就是採取「因義而取象」的策略。

然而這個「由義而取象」的詮釋路徑，並非是孔疏詮釋的主軸，他用此方法，在使取象的範圍更大，更多元，以便更周全的表達義理，所以此說目的與「因象明義」一樣，仍在縮合「取象」與「取義」說，使易理能在此二種詮釋方法的活脫運用下達到象、義的合一。

總而言之，孔疏將「言」與「象」的地位提升，認為「言」與「象」都是表彰義理至關重要的載體與途徑，〔註55〕《易》神妙之意，須藉由卦爻象與繫辭去表達。對孔疏來說，取象即在明義，這個特色也表徵了孔疏「即象以顯義」的詮釋路向，間接地符應道論是「備包有無」的詮《易》特色，更重要的是表達他體用相即不離的哲學思維。

（二）由無方無體的詮釋理念到忘象、遺數的虛無之道

無論是「因象明義」或「以義取象」，最終的鵠的都是走向「義理」的詮《易》目的，通過這些詮釋方法的運用，形成一套屬於孔疏式的義疏法，也就建構了孔疏式的道論，這才是《周易正義》經典詮釋終極的目標。

1. 不可定於一體──活脫不滯的詮釋理念

「取象」與「取義」都是孔疏重要的詮釋方法，問題是「取」的標準何在？孔疏觀察整個《周易》卦爻辭的形成、符號象徵、卦義以及《易傳》的諸多義理後，得出「不可一例求之」、「不可一類取之」、「不可定為一體」等的詮釋原則，表現出虛靈不滯的特色。這與其道論的理念一致，因為虛無，所以不被形名所限，可以無窮無盡地開展萬象；但「虛無」又不可離乎「有」，所以終究必落乎於實踐。在這樣的理念下，《周易正義》在體現形而上義理的同時，又不可脫離形象而空談，故本著應機變化的精神，因象取義，隨義而發，在象、義的種體例上展現「無方無體」的詮解特色。

物有萬象，人有萬事，若執一事，不可包萬物之象；若限局一象，

〔註55〕 潘德榮說：「語言傳達著思想，但語言本身不是思想，它是思想的表達形式。」思想是語言的內容，而語言是思想的形式，沒有了「語言」則無法將「思想」傳達出來。見潘德榮《詮釋學導論》（臺北：五南圖書出版股份有限公司，1999年8月），頁47。

> 不可總萬有之事，故名有隱顯，辭有踳駁，不可一例求之，不可一
> 類取之。（〈乾・卦辭〉疏）

《易》所包含的象數與事理，千變萬化，不應拘執在僵化的定例上。拘泥一事則無法包納更多的喻象；局限一象則無法開展更多的事義，有時同一名可以有顯、隱等不同意義，有時同一個語辭可以有多種詮解，爲了讓易學的象數更能靈活地開展《易》之義理，孔疏特別強調「物有萬象，人有萬事」，不可死守在一個體例或事象上，而失去變通的智慧。舉例而言，卦名的訂定，於取象、取義上也存在著多種方式：

> 聖人名卦，體例不同，或則以物象而爲卦名者，若〈否〉、〈泰〉、〈剝〉、
> 〈頤〉、〈鼎〉之屬是也，或以象之所用而爲卦名者，即〈乾〉、〈坤〉
> 之屬是也。如此之類多矣。雖取物象，乃以人事而爲卦名者，即〈家
> 人〉、〈歸妹〉、〈謙〉、〈履〉之屬是也。……故〈繫辭〉云：「上下無
> 常，剛柔相易，不可爲典要。」韓康伯注云「不可立定準」是也。（〈乾・
> 卦辭〉疏）

以卦的命名爲例，六十四卦各有成卦之由，有的用物象取名，有的以卦象的作用取名，有的則以人事命名，不拘於一格，不限於一例，故說「聖人名卦，體例不同」，這是〈繫辭〉傳所說「不可爲典要」之義，也是「虛無之理」在「有」的妙用上，無有方所，無有定體，故能應機變化，隨變而往，無有不通。

這一活脫不滯的詮釋原則，時常應用在對易象與易理的解釋上，如：

> 「君子以辯上下、定民志」者，天尊在上，澤卑處下，君子法此〈履〉
> 卦之象，以分辯上下尊卑，以定正民之志意，使尊卑有序也。但此
> 〈履〉卦名合二義，若以爻言之，則在上履踐於下，六三履九二也。
> 若以二卦上下之象言之，則履，禮也，在下以禮承事於上。此象之
> 所言，取上下二卦卑承尊之義，故云「上天下澤，履」。但易合萬象，
> 反覆取義，不可定爲一體故也。（〈履・象〉疏）

〈履〉卦之象，上天下澤，可以有兩個解釋方法，其一，從爻的位勢而言，則六三履九二，地位較高者在六三，地位較低者在九二，尊卑有序，符合卦義「辯上下」之義；其二，從卦爻上下二體之象來看，則上天下澤，處於低位者「承事於上」，以禮事奉尊者，亦符合「履，禮」之義。同一個〈履〉卦的上下二體之象，爲何可以出現兩種解法呢？孔疏表示，以寬闊的態度來解

《易》,「易合萬象,反覆取義」,是沒有一定的法則的,故說「不可定爲一體」。
又如論「吉」這個概念,甚麼情況吉,甚麼情況凶,也沒有一個定則,於是
他舉了數個例子來說明「吉」的多重取義性:

> 凡《易》經之體,有吉理可知而不言吉者,即此〈謙〉卦之繇及〈乾〉
> 之九五「利見大人」,是吉理分明,故不云吉也。諸卦言吉者,其義
> 有嫌者,爻兼善惡也。若行事有善,則吉乃隨之。若行事有惡,則
> 不得其吉。諸稱吉者,嫌其不言,故稱吉也。若〈坤〉之六五,及
> 〈泰〉之六五,並以陰居尊位,若不行此事,則无吉,若行此事,
> 則得其吉,故並稱元吉。其餘皆言吉,事亦傚此。亦有大人爲吉,
> 於小人爲凶,若〈否〉之九五云「休否,大人吉」是也。或有於小
> 人爲吉,大人爲凶,若〈屯〉之九五「小貞吉,大貞凶」,及〈否〉
> 之六二「包承,小人吉」之類是也。亦有其吉灼然而稱吉者,若〈大
> 有〉上九「自天祐之,吉无不利」之類是也。但《易》之爲體,不
> 可以一爲例。今各隨文解之,義具諸卦之下。(〈謙·卦辭〉疏)

《易》稱「吉」、「凶」之例,約有幾種狀況,所以解《易》者亦得隨文作解,
不可僵化。一、〈謙〉卦乃善之大者,六爻皆吉;〈乾〉之九五「利見大人」
之辭,吉理分明,此兩卦的爻辭明顯見吉,故不須再詮解。二、有的是從其
行事作風來論吉凶,一般而言,行善者吉,行惡者凶似爲通例,但以〈坤〉
六五及〈泰〉六五而言,以陰居尊位,必行時位當行之事方得吉,若不做該
做之事則無吉可言。三、時勢及身分的不同也會影響人的吉凶,如〈否〉九
五,利於大人,不利於小人;而〈屯〉九五及〈否〉六二反利於小事、小人,
而不利於大人。四、爻辭直接以「吉」字明白顯示,無須詮解,如〈大有〉
上九「自天祐之,吉无不利」。凡此,有的從卦德爻辭之義看吉凶,有的從行
事的當否辨吉凶,有的從大人小人的情勢看吉凶,有的則直接從字句斷以吉
凶。這些卦爻之義,都是隨文作解,沒有一定的體例,只要能夠圓說即可。
其他再如:

> 案《爾雅》:「弧,木弓也。」故云「弦木爲弧」。「取諸睽」者,睽
> 謂乖離,弧矢所以服此乖離之人,故取諸〈睽〉也。案弧、矢、杵、
> 臼、服牛、乘馬、舟、楫皆云之「利」,此皆器物益人,故稱「利」
> 也。重門擊柝,非如舟楫杵臼,故不云「利」也。變稱「以禦暴客」,
> 是以「利」也。垂衣裳不言「利」者,此亦隨便立稱,故云「天下

治」，治亦「利」也。此皆義便而言，不可以一例取也。(〈繫辭下〉
疏)

弧、矢、杵、臼、服牛、乘馬、舟、楫、柝，一樣都是工具器物，但用到「柝」
時不云「利」，乃因爲前面幾項器物，都是用以「益人」，使用的出發點是良
善的，但「重門擊柝」，是古代爲了防範盜賊而設置重門，擊梆巡夜，故不特
別稱其「利」，云不云利，隨其事義而取之，如此能使易例的運用更加活潑，
且適於時用，這便是孔疏不可定於一體的詮釋法則，顯示出孔疏詮釋方法的
靈活與創新。〔註56〕之所以不限定在一定的易學體例，其目的就在於明其義，
達其理，使易之義理能夠範圍天地、曲成萬物而通達無礙，故說：

原夫《易》之爲書，曲明萬象，苟在釋辭，明其意，達其理，不可
以一爻爲例，義有變通也。(〈繫辭上〉疏)

孔疏「不可一例求之」詮釋原則的精神，同樣與其無方無體、變化無窮的道
論相呼應，《周易正義》在兼重取象與取義之時，秉此虛靈不滯卻可開通萬物
的神理，才能在取象之時不被僵化煩瑣的象數易學所縛，在取義之時也不會
落入玄虛浮談的蹈空之學，隨萬象之變，通變其義，使「象」與「義」的運
用曲盡神妙，此乃孔疏之所以爲孔疏的易學詮釋法，從詮釋思想、路向、體
例，到詮釋原則，都有其獨特的見解。

　2. 虛無之道──由經典詮釋到思想詮釋

　　義理必須透過象數來開顯，王弼主張尋象以觀意，而孔穎達則主張立象
以盡意，二人都認爲「象」是闡「意」不可或缺的條件，但在「象」與「意」
的關係上，王弼持「隨其事義而取象」之見，而孔穎達則主張「因象明義，
隨義而發」，前者，以義爲主，所以隨義取象；後者象義一體，故以象明義。
孔疏重視象，主要的原因與倡導「易理備包有無」的思想不無關係，「有」在
經典詮釋的內涵指的就是象數，而「無」則指向形而上的義理，「象」與「義」
沒有本、末的問題，也沒有輕重的問題，孔疏認爲唯有「易象」方能證「即
象以見義」之深蘊，所以「象」與「義」對孔疏而言是個「兼備」的關係，

〔註56〕喬東義說：「孔穎達在詮釋經傳過程中，充分注意到了詮釋目的和詮釋境遇的
　　　　複雜性，並自覺運用『體無但式』、『唯變所適』、『不可一例求之』等詮釋原
　　　　則處理不同的詮釋對象。孔氏正義正是秉持這種詮釋原則和方法，對《五經》
　　　　經傳進行了全面的梳理和總結，充分體現了多元靈活的詮釋原則和客觀求是
　　　　的治學精神。」見其文〈《五經正義》詮釋思想抉要〉，《哲學與文化》第 42
　　　　卷第 1 期（總第 488 期）（2015 年 1 月），頁 155～156。

義理內蘊於象數，即象數以闡義理，二者之間誠如程頤（公元 1033～1107 年）所言：「體用一源，顯微無間」，〔註57〕象數與義理是密不可分者。

既是如此，爲何孔疏還要強調「忘象」、「遺數」呢？這與王弼的「忘象」又有何不同呢？孔疏說：

> 云「夫非忘象者，則无以制象」者，凡自有形象者，不可以制他物
> 之形象，猶若海不能制山之形象，山不能制海之形象，遺忘己象者，
> 乃能制眾物之形象也。「非遺數者，无以極數」者，若以數數物，則
> 不能極其物數。猶若以萬而數，則不能苞億，以一億而數，則不能
> 苞千億萬億。遺去數名者，則无所不苞。是非遺去其數，无以極盡
> 於數也。（〈繫辭上〉疏）

既然主張立象可以盡意，爲何還要「忘象」？「立象盡意」是個原則性的問題，但要如何「盡」才能闡明象中之意蘊？在觀象以明義的同時，若被象的「有限性」束縛，這就失去道論備包有無的特性，「無」在「有」之中卻不受限於「有」，方能盡得天地之道及聖人之意，也才能極象數之妙。否則執著於一象一數，就無法隨義應變出更多的象與數，因此要把心念固存的象數放下，與易之象數相忘於無所營爲的心體當中，沒有我心之象數與《易》之象數的分別，沒有主體與客體的分別，這就是孔疏的「忘」，此「忘」的精蘊誠如本論文第四章所闡述的無心義一般，心體不刻意造作，更無人爲主觀的成心，也不用學理思辯的分析心，乃是一種發皆中節的道心，故可以使一切的象數就在這種道心的作用下變通無礙，無所侷限。

孔疏因爲主張有無兼備、象數義理兼重，所以詮釋的方法就是在象數的本身即體現易之義理，也就是與易之象數相忘於道中，在有形的象數中以道心符應之，隨義而變，無所不能，呈顯靈通無礙的特色。此與王弼的「忘象」有方法及意義上的差距，同樣都主張藉由象數以得意，但是王弼是「象」當成「捕魚」的「筌」，〔註58〕有了魚，筌可忘也，王弼的「忘」意指不要執著、不要拘泥，忘象的目的，是要學者不可如同漢易那樣受到象數的限制，一象滋生多象，導致「取義」爲了牽合象數，造成曲解卦爻之義及聖人之本意；而孔疏的「忘」已是一種「無心」的功夫，〔註59〕他在疏〈咸·九四〉「憧

〔註57〕 宋·程頤：《易程傳·序》（臺北：河洛圖書出版社，1974 年 3 月），頁 2。

〔註58〕 王弼《周易略例·明象》：「言者，象之蹄也；象者，意之筌也。」

〔註59〕 「無心」者，表示心與物無所分別，主客合一之境，運用在詮釋法則，則爲

四〉「憧憧往來，未光大」時說：「未能忘懷息照，任夫自然」，因爲未能純任自然，無造無爲，所以才會有憧憧往來之象。又如〈繫辭上〉「陰陽不測之謂神」：

> 萬物之體，有變象可尋，神則微妙於萬物而爲言也，謂不可尋求也。
> 云「不可以形詰」者，杳寂不測，无形无體，不可以物之形容所求
> 而窮語也。……言若能知天之所造爲者，會能窮其物理，體其變化，
> 靜坐而忘其事，及遺棄所照之物，任其自然之理，不以他事係心，
> 端然玄寂，如此者乃能知天之所爲也。言天之道亦如此也。「坐忘遺
> 照」之言，事出《莊子·大宗師篇》也。云「至虛而善應，則以道
> 爲稱」者，此解道之目也。言至極空虛而善應於物，則乃目之爲道，
> 故云「則以道爲稱」。（〈繫辭上〉疏）

藉象以明義是詮釋《易》的基本原則，但孔疏不拘泥一象、一數，也不局限於一體、一例，靈活地運用易之象數，盡得易理變化之理，此「忘象、遺數」雖是詮《易》的方法，目的雖是爲了解釋經典而來，其實也符應其道論至虛而善應的特色，表現出哲學性的詮釋理念，與《莊子》「坐忘遺照」、「以道爲稱」有著異曲同工之妙。

綜述之，孔疏詮《易》的方法、原則、理念與其思想理念是互相呼應的，孔疏所謂的太虛之道，運用在詮釋法則中，便是對「有」與「無」的兼容，「有」指的是以仲尼爲宗的注疏立場，也就是對「取象」的重視，在王弼取義說的基礎上，加強象數的運用，而反映在哲學的詮釋理念則是對儒家倫理實踐的關注。至於採取多樣化的詮釋體例，由「因象明義，隨義而發」到「不可一例求之，不可一類取之」乃昭示卦爻之象不被侷限的靈活性，因爲所有的象數由乎太虛，自然而有，唯有靈活不滯地運用所有的詮釋方法，才不會陷落爲「有」所限的困境，也才能使象數的應用曲盡神妙。點出《周易正義》在兼重「取象」與「取義」的同時，既不會落入象外生象的泥淖，也不會落入玄虛浮談的蹈空之學，在哲學詮釋的意義上，透顯道體「備包有無」且「虛靈不滯」的特性。因此想要了解孔疏「道論」之義蘊，就不能不對其詮釋方法與理念作一番探析。

一種「唯變所適」、「體無恆式」、「即象即義」的神妙法則。關於「無心」議題將在第四章展開闡論。

第三章　「虛無之理」與「有物之境」

　　王弼主張體用合一，不離「有」及「用」來論「無」，因而有「崇本舉末」之說；然而他始終在萬有的現象之上探尋一個能爲物品宗主的本體，強調「物無妄然，必由其理」之道，認爲萬事萬物都必須有一個形上本體作爲統御的「宗主」，如此一切事物才能按照一定的原理運行，故以「無」作爲萬有之所以然的根據。孔疏宗本王弼，主張道體器用並以虛無爲本，表象看來，與王弼的思想旨趣似有其共同性，但實際上，孔疏對道與器的看法，更進一步地表示「無之理」必由「有之境」方能顯現，故而強調象數的有、垂教的重要性及儒家人事的器用，這樣的內涵與王弼的體用觀仍有實質上的迴異，故本章以道論的「虛無之理」與「有物之境」爲題，說明孔穎達如何以藉此新命題來詮釋《周易》的形而上的哲學思維？又表現了甚麼樣的特色？

　　「虛無之理」與「有物之境」此概念的提出究竟有什麼特殊蘊義？孔疏〈繫辭上〉「大衍之數五十，其用四十有九」有一段極其關鍵的解釋：

> 言「夫无不可以无明，必因於有」者，言虛无之體，處處皆虛，何可以无說之？明其虛无也。若欲明虛无之理，必因於有物之境，可以却本虛无。猶若春生秋殺之事，於虛无之時，不見生殺之象，是不可以无明也。就有境之中，見其生殺，却推於无，始知无中有生殺之理，是明无必因於有也。（〈繫辭上〉疏）

孔疏在「體用」不離的前提下，強調道同時具備兩種特性，即道體虛而不屈、動而愈出的虛靈性及現象世界的存有性，他認爲「無」是不能用「無」來顯明的，一定要在「有」的地方尋繹潛藏其中的「無」，否則無則無矣，何

處見道？故必在「有物之境」方顯「虛無之理」，如同由生殺的現象看見生
殺之理，唯有在「有」境才能體現「無」，可見孔疏的重點是於「有」的當中
圓成「無」者，於是，「無有」、「體用」渾化爲一。因此，若說王、韓重在攝
用歸體，那麼孔疏則更重視兼融體用的詮釋方式，故知二人的側重點仍有所
不同。

　　孔疏意識到「虛無」比「無」更爲究竟，當王弼指出「於有物之極，而
必明其所由之宗」、「將欲全有，必反於無」時，〔註1〕始終在「有」的存在上
尋找一個「無」，儘管他主張「有」與「無」也是「體用合一」，然終不免落
入對舉當中，雖成就了邏輯思辨上的整全卻缺乏實踐的功夫，因此，孔疏主
張「欲明虛無之理，必因於有物之境」，透顯「有」與「無」並非是對舉、合
一的關係，而是藉由「備包有無」的道，當下渾成二者，說明「虛無之理」
並不是「有物之境」的對立面，作爲涵容萬事萬物的「本體」存在於每個「存
有者」之中，卻又不被「存有者」所限制，亦即「虛無」不可見，在「有境」
中顯，卻又不被「有」所規範。那麼孔疏的「虛無」同時包納「有」與「無」，
體現「道」的「至虛空靈」卻又「善應於物」的內涵，故說「虛無」比「無」
更爲究竟，更能表現「體用渾一」的特性。孔疏說：

　　　言至極空虛而善應於物，則乃目之爲道，故云「則以道爲稱」。(〈繫
　　　辭上〉疏)

唯有至極虛靈才能極盡其神妙變化之功，意謂在所有的「萬有」當中都可見
「虛無之理」，可見「虛無」不再相對於「萬有」，而是同時具存於「萬有」
當中，這就是孔疏主張道體兼賅「有」、「無」的特色所在。

　　《周易正義》的道論思想，本身的結構包含兩個面向，一個是形而上的
「虛無之理」，一個是形而下的「有物之境」。爲了避免走入玄虛，形而上的
「虛無之理」把《易緯》的宇宙生成結構以及元氣論與陰陽二氣都納入其中。
形而下的「有物之境」，則轉向儒家倫理禮秩及開物成務的現象器用當中。至

〔註1〕韓康伯引王弼注說：「王弼曰：……夫無不可以無明，必因於有，故常於有物
之極，而必明其所由之宗也。」(《周易正義・繫辭上》疏) 王弼說「常於有
物之極，而必明其所由之宗」，表面上是由有以顯無，總群有而言之，實際上，
認爲在有的極處不能爲有，必在根源處找到一個宗主，此即「無」也。他在
《老子注・第四十章》說：「天下萬物生於有，有生於無。天下之物皆以有爲
生，有之所始，以無爲本，將欲全有，必反於無也。」又在《老子指略》說：
「夫欲明物之所由者，則雖顯而必自幽以敘其本」，很明顯地，王弼的關心點
是落在「以無爲本」的命題上。

於，孔疏以「虛無」（「太虛」）、「欻然自爾」來表述道體的思維，早在郭象（公元 252 年～312 年）的「獨化論」便已出現；到了張湛（東晉，生卒年不詳）更建立了「太虛之域」與「動用之域」（「有形之域」）的宇宙人生哲學。〔註2〕面對前賢不同的論點，孔疏是如何兼綜異說卻又獨闢路徑的呢？凡此，皆須對孔疏道論的內涵作一深入地探討。

第一節 虛無之理

道包含「有」、「無」的雙重特性，「虛無之理」與「有物之境」雖是兩個概念，但卻是「一體」的關係。孔疏分別賦予這兩個概念豐富的內涵。針對「虛無之理」，孔疏為「虛無」作了一個概括性的界定：

> 以言之為道，以數言之謂之一，以體言之謂之无，以物得開通謂之道，以微妙不測謂之神，以應機變化謂之易，總而言之，皆虛无之謂也。（〈繫辭上〉疏）

虛無之理從不同的面向就有一、無、道、神、易等說法，這些言詮，莫非都是「虛無」的同義辭，都體現道體虛靈的妙用。這個理，以語言形容，稱之為「道」；以運動的理則、規律與本源視之，又可稱之為「一」；然從其無形無狀不可為體的性質言之，又以「無」名之；但若從開通萬物的功能性而言，又稱之為「道」；若從其神妙的作用來看，則稱之為「神」；但從隨物改變，善應萬物的特色來看，此為生生之易，故又以「易」名之。一言以蔽之，虛無之理既是無形無狀，又具有一定的規律性，且得以開通生利萬物，成為「有境」的本根，隨物應變，神妙莫測，表現出於穆不已的精神。

「虛無」在孔疏的語境，有時又以「太虛」稱之，〔註3〕凡一切的「有」皆由太虛自然而有，因此，「虛無」或「太虛」就成為「有物之境」的形而上的本體。它究竟具備甚麼樣的特質？又是否前有所承呢？將析之如下：

〔註2〕 林師麗真在〈張湛「貴虛」論及其與玄佛思想之交涉〉一文中將張湛「宇宙論」分為「太虛之域」與「動用之域」二者，前者為一寂然不變的宇宙終極存在，後者乃為宇宙間的生命實況，具有變動性，說明建構太虛之域與動用之域思想的目的，就是希望在宇宙生化間尋求一「真常」，以期在生滅無常的人生中找到一安頓。見林麗真：〈張湛「貴虛」論及其與玄佛思想之交涉〉，《臺大中文學報》第 15 期（2001 年 12 月），頁 61～90。

〔註3〕 見孔疏：「无是虛无，虛无是太虛。」（〈繫辭上〉疏）

一、虛無之理的義蘊

虛無之理是道的形而上的內涵，本文稱之爲道體。孔疏的道體具有豐富多義的內蘊，不是單一的語詞、概念與命題，雖宗本王、韓卻有自己的獨特性與創造性。

（一）無形無體

凡是有具體形質的事物，都不能稱之爲「虛無之理」，道體是不被任何內容所規定的，作爲萬物存在的依據，本身蘊藏著無限的可能性，如此方能體現於萬事萬物當中而無所遺漏。故說：

太一虛无，无形无數，是非可數也。（〈繫辭上〉疏）

言此其一不用者，是易之太極之虛无也。无形，即无數也。（〈繫辭上〉疏）

不但無形無象，也不可落入任何「數」的概念當中，所以「無形」在孔疏的語境等同「無數」，皆不被特定內容所規範，可稱之「太一」，也可稱之爲「一」，又有以「太極之虛無」稱之者。這些用詞所指涉的概念都是道體虛無的特性，表現道體的狀態，無形、無象，具存於「萬有」當中又不受制於「萬有」，故必即象而無象，即有而無，所以道體不可執著在有的層面上，故又說：

凡處所形質，非是虛无。（〈繫辭上〉疏）

若處於有，有則爲物礙難，不可常通。道既虛无爲體，則不爲礙難，故曰「〔无〕不通」也。「无不由」者，言萬物皆因之而通，由之而有。（〈繫辭上〉疏）

道體雖存在於有，因有而顯，然其本身卻無有形質，因爲沒有形質，萬物才能據以爲生。既是萬物存在的基礎，一但落乎形體，便會有所限制與窒礙，如此則無法善應萬物，這就不是虛無之理了。所以提出「虛無」，就是要證明此「無」並非相對於「有」的相對性否定，而是要凸顯「無」存於「有」中，卻不被「有」所限的純粹虛靈性，因爲唯有純粹虛無，方能靈通無礙，應感無方。如解〈咸‧大象〉說：

君子法此〈咸〉卦，下山上澤，故能空虛其懷，不自有實，受納於物，无所弃遺，以此感人，莫不皆應。（〈咸‧大象〉疏）

道體原無一物，在現象當中不自有實，因其虛靈無礙，故能空虛其懷卻無物

不應，而不離乎萬有，如橐籥般，雖無形、無象，卻包容萬物，當其用時，充實流盪，源源不絕。因爲具備圓通無礙的靈活性，所以能夠促成「開通萬物」的神妙作用，故說：「道體无形，自然使物開通，謂之爲『道』」（〈乾‧象〉疏）虛無之理是道體形而上的特性，以其虛靈無礙，故能隨應變化，成就開物成務的器用。

（二）無陰無陽

以無形無象來說明虛無之理的特性，目的在取其「絕去分別」的理念，雖然在現象中有陰有陽，但這個陰陽自然而有，在道體的渾化下，此陰此陽也是無限的，也是沒有規定性，沒有限制性的。因此，陰陽在道體的「虛無之一」的「擬待」下，超越陰與陽的對待，渾化兩邊之對待，這就是孔疏「無陰無陽」的概念。

> 陰之與陽，雖有兩氣，恒用虛無之一，以擬待之。（〈繫辭上〉疏）

一切的氣化流形雖由陰與陽二氣的絪縕相盪而來，但就虛無之理而言，是沒有對境的，萬物恆在此「一」的作用下，精醇合一，任其自然，故能無所遺物。換句話說，萬物的「理」，是一絕待的心體，不用知性的思辨，覺照陰陽卻不起陰陽分別之心，通二爲一，絕去所有對待、對立之思慮，此則「無陰無陽」之旨也。陰是自然而生，故說無心於陰；陽亦自然而生，故說無心於陽。凡陰陽之運行，全是無心自然而來，這體現了道的無分別性。故說：

> 「一陰一陽之謂道」……一謂无也，无陰无陽，乃謂之道。一得爲无者，无是虛无，虛无是太虛，不可分別，唯一而已，故以一爲无也。若其有境，則彼此相形，有二有〔三〕，不得爲一。故在陰之時，而不見爲陰之功；在陽之時，而不見爲陽之力，自然而有陰陽，自然无所營爲，此則道之謂也。（〈繫辭上〉疏）

陰與陽，雖是二氣，但於道而言，是一不是二。「無陰無陽」是一個整全的道體，稱爲一，此一者，太虛自然之意，道體發用，自然而然，以無心故，沒有彼我的分別，沒有主客的對立，一切都在自然無心的狀態下得以運行，所以說在陰之時，不刻意造作陰；陽之時，不刻意造作陽，陰與陽都在太虛之道的貞定下，自然而有，自然運行，故說「自然而有陰陽，自然无所營爲」。故又說：

> 言在陽之時，亦以爲虛无，无此陽也。在陰之時，亦以爲虛无，无此陰也。云「在陰爲无陰，陰以之生」者，謂道雖在於陰，而无於

> 陰，言道所在皆无陰也。雖无于陰，陰終由道而生，故言「陰以之
> 生」也。「在陽爲无陽，陽以之成」者，謂道雖在陽，陽中必无道也。
> 雖无於陽，陽必由道而成，故言「陽以成之」也。（〈繫辭上〉疏）

無此陽，無此陰者，乃無心自然之意也。道雖在陰，但陰不稱爲道；道雖在
陽，陽亦不稱爲道，陰陽雖由道而成，但陰陽皆非道。反之，道不是陰陽，
卻不能離乎陰陽而言道，此孔疏以虛無之理來表現渾化一切對立，爲一個無
限的道體，故以無陰無陽來體現道的自然無爲的特性。

（三）自然自爾

繼無陰無陽的自然義，孔疏進一步強化自然、自爾的理念，彰顯道體陰
陽不測、變化無端的特性，他認爲萬物的生發皆由道而來，問題是：道如何
開通生發這些萬物？孔疏以「不知何以如此」、「別無所以」來說明道在萬有
當中自然、自爾的樣態，故知其「不知所以然」所體現的是道在萬有的氣化
流行中的一種狀態義，並非本體義。

> 《易》既知變化之道理，不爲而自然也，則能知神化之所爲，言神
> 化亦不爲而自然也。（〈繫辭上〉疏）

> 一謂自然，……只如此意，則別无所以，自然而有此五十也。今依
> 用之。（〈繫辭上〉疏）

> 云「是以明兩儀以太極爲始」者，言欲明兩儀天地之體，必以太極
> 虛无爲初始，不知所以然，將何爲始也？（〈繫辭上〉疏）

萬物的生生與變化都是自然發生的，都是別無所以，不知其所以然者。以太
極虛無爲初始者，說明道體「太極虛無」是萬物賴以生生的本源及根據，所
以此「初始」並非是開始之意，而是意指道的根源義。然有問曰：「不知所以
然，將何爲始也？」，這個「始」與前面所謂的「初始」又有著不一樣的意
義，萬物的生成怎麼可能沒有個源頭？道體就是萬物的源頭。問題是：道是
如何生物的呢？又從哪個地方可以看到道生萬物呢？萬物爲何這樣生發而不
那樣生發呢？孔疏說「不知所以然」，顯然地，這個「始」說的是道開物成務
的狀態義而非初始義。〔註4〕在這裡，孔疏認爲道體就是一種不待人爲，自然

〔註4〕蒙培元將「自然」釋爲道的一種狀態義，認爲「自然而然」就是「道」的樣
　　　子，「道」以「自然」的面貌展現，因此能夠使萬物的生生體現和諧有序。他
　　　說：「道的存在是以自然狀態出現的，而自然就是道的功能或作用，視由萬物
　　　的生長、發育體現而來的，或者是指萬物生長發育的過程而言的。離了萬物

而然,又不知其所以然的狀態,故用「自生」、「自爾」以形容之:

> 凡天地運化,自然而爾,因无而生有也,无爲而自爲。(〈乾‧文言〉疏)

> 道謂自然而生,故〈乾〉得自然而爲男,〈坤〉得自然而成女。(〈繫辭上〉疏)

道生物者,如何生?自然生男,自然生女,這一切的「所以然」者,皆「自爾」。這個「自然而爾」、「自爲」都說明道在生發萬物時的一種狀態,甚至是道生萬物的一種特性,故言「道謂自然而生」。

「自然」與「自爾」都是形容道體現在萬物現象的一種狀態,也就是說,道雖然開通萬物,卻不言而化,自然而然,萬物的生成變化都是「自然如此」,沒有爲什麼。孔疏又說:

> 「造之非我,理自玄應」者,此言神力也。我,謂宰主之名也。言物之造作,非由我之宰主所爲,其造化之理,自然玄空相應,而自然造作也。(〈繫辭上〉疏)

虛無之理就在萬物的生生中顯現,並不是說道體有個「我」,有個「主宰者」,而是道在「物自生」、「物自爾」的狀態下朗現。這就是孔疏強調的「不爲而物自爲,不生而物自生」(〈復‧象〉疏)的自然義,故說「造之非我,理自玄應」。萬物生成,雖由道而來,但其生成並非是受到一個造物主的宰制而產生,而是自然而然地與道玄空相應而得,自己如此,自然成化,沒有一絲一毫的造作營爲。此「自然」與「自爾」指的是道生萬物所顯現的狀態,朱伯崑釋爲「不爲而自爲」,〔註5〕亦即道就是這樣開通萬物,沒有刻意的作爲,好比生殺之理因生殺之象而見,然生殺之象如何發生?就是「別無所以」、「自然而有」!此即虛無之理在有物之境的全幅體現,亦呈現出「自然自爾」的「不知其所以然」。

然而,孔疏的「自然自爾」雖然與郭象的「自生自爾」看似類近,實際上卻存在著本質上的不同。對於宇宙的生成,郭象認爲「有」乃自己而然,〔註6〕根本不需要有個虛無之道作爲生物之宗主,他否定有個「造物者」或

所謂自然就難以理解了。」見蒙培元〈論自然〉,收錄於《道家文化研究》第十四輯,(北京:生活‧讀書‧新知三聯書店,1998年7月),頁22。

〔註5〕朱伯崑《易學哲學史》卷一,同第一章註52,頁430。

〔註6〕有關郭象的自生說,莊耀郎已有完整而透徹的論解,此處舉其大要:「郭象的

「生物者」，萬物是「有之自有」，所以「獨化」之道便是「不生萬物而萬物自生」之理，﹝註7﹞也就是「有乃常存常在」之理，因爲「無」不能生「有」，「有」也不能生「有」，萬物就是「塊然而自生」。郭象〈莊子注‧序〉：「上知造物無物，下知有物之自造」，﹝註8﹞表示出「有之自有」，而非「有之爲有」，「爲有」蘊含干涉主宰之意，「自有」則爲自爾之理，說明宇宙萬物如天地運行、日月時移、陰陽消長等，皆是「自爾自行」，並非來自「道」之主宰，所以天地萬物的生成不需借助外力，而是「自然獨化」而來，意謂郭象的「自然、自爾」乃是「獨化自得」。﹝註9﹞孔疏雖然也指出萬物的生化是「自然、

自生說至此可以明其大略，其義約有二：一爲物自生，一爲生自生。說物自生乃重在消解實體性的創生義，而生自生乃生理之自爾如此，非可以人爲，此兩者皆在主觀玄冥之境，觀生之獨化中始可說，這是郭象玄學的通則。……物物者指形上實體之道，既無實體性之道物物，則物何由得生，……乃物之自物，生之自生，皆不資於道而玄冥於當體。」見莊耀郎：《郭象玄學》（臺北：里仁書局，1998 年 3 月 10 日初版），頁 290。

﹝註7﹞ 莊耀郎認爲「獨化」一詞應是郭象首先使用的，而郭象的獨化說有幾個要點：一造物者無主；二萬物與我相因相與；三物之自爾不待乎外；四萬物順任性分，乃自己而然。換句話說，物之獨化，外不待他物，內不由於己，性分自然如此；萬物皆有自性，自性非空，卻不憑藉外資。然而，物雖獨化，但物與物之間，仍有「相因」、「相與」的關係，既各自自生、自有、自濟，又彼此相因相濟，如此在群聚中亦能得整體之和諧。參考其書《郭象玄學》第十一章「獨化論與玄冥論」。

﹝註8﹞ 清‧郭慶藩：《莊子集釋》（臺北：鼎淵文化事業有限公司，2005 年 1 月初版二刷），頁 3。

﹝註9﹞ 郭象的自爾，解消了萬物生成的本原，否定在萬物之先有個造物者，與孔疏以太虛生萬物的基本設定並不相同：孔疏的宇宙論有個明確的來源與程序，郭象則以玄冥不可知的特性說明萬物的由來。因此，郭象的「自爾」是自生自成，自己而然，而非從宇宙本原產生；孔疏的「自爾」則是萬物從太虛化生之後，自然生長而成形，兩者最大的差別在於是否肯認一「本體」的存在。至於「自然」之義，郭象的「自然」指物之性分而言，蔡振豐名之爲「二層自然觀」，認爲其性分同時具足「存有之性」與「存有者之性」；順此「自然」，則萬物能各自盡其性分而逍遙；李延倉則詮釋郭象之「自爾獨化」是反對物由道而生的「他生」論，而其「自然」有兩義，一爲「物本自然」、「合於性分」，二爲「物自然生」，在沒有宇宙本原的情形下自己生出，故說「郭象也通過《莊子注》提出了其『自然』新說，並以之改變了莊子強調道體『自然』而物『不自然』的理論架構。……把『自然』的屬性賦予了萬物自身」。孔疏的「自然」不同，他的「自然」指的是天道對於萬物乃持「無心」的態度，不會以主宰的方式去造作萬物的生成；而萬物在生成的過程中得到天地之「一」，致其純誠而生，即孔疏「自爾」之眞義。見蔡振豐：〈魏晉玄學中的自然義〉，《成大中文學報》第 26 期（2009 年 10 月），頁 11～16；李延倉：《道

自爾」，但他畢竟有個「道」作為萬物生化的依據與根本，所以「自然」、「自爾」講的是「道」的一種狀態義，亦即「道」生發開通萬物時的樣貌，就是「自然如此」。萬物的化生，都來自於道的「自然而爾」、無心而成、不言而化，但並非「獨化」而有，它仍有個「道」作為宗主與依據，此則其異於郭象者。

（四）盡神之理

道以「自然自爾」的方式存在於萬物的生長發育當中而不知所以然，這樣的狀態亦充滿了神奇奧妙，此神妙的表現呈顯的便是道體的作用義，他說：

> 盡神之理，唯在虛无，因此虛无之神，以明道之所在，道亦虛无，故云「因神以明道」也。（〈繫辭上〉疏）

「盡神之理，唯在虛無」說明道體的顯仁之功是個神奇的變化，因「虛無之神」自然而爾，不知所以然，無處不在，無時不變，道盡其神妙作用而能自然地體現於萬事萬物當中，此虛無之神，既非感官可以測知，也非語言所能言詮。孔疏說：

> 今「唯神也」直云「不疾而速，不行而至」，不言「通天下」者，神則至理微妙，不可測知。无象无功，於天下之事，理絕名言，不可論也。（〈繫辭上〉疏）

> 神道者，微妙无方，理不可知，目不可見，不知所以然而然，謂之神道，而四時之節氣見矣。豈見天之所為，不知從何而來邪，蓋四時流行，不有差忒，故云「觀天之神道而四時不忒」也。（〈觀·彖〉疏）

> 然則神也者，非物，妙萬物而為言者。（〈說卦〉疏）

「神」不可見，不像萬物有形體可以尋求，卻在萬物的變化當中自然而然地發生，在天地運行之中便能看到毫無差忒的神道，它不是物，卻具存於在萬物的生成變化當中，故說「神也者，非物，妙萬物而為言者」。「神」道非物，無從目視，但實然存在，從四時的更迭、節氣的變化、四時的運行及萬物的生生見之。那麼究竟這個神道具備哪些特質呢？神道是虛無之理的特徵，表

體的失落與重建——從《莊子》、郭《注》到成《疏》》（北京：中國人民大學出版社，2013年5月第1次印刷），頁177。

現出不可受限於一切的特性，即不可被任何一個「有」的概念與形體所束縛，故說：

> 神則寂然虛无，陰陽深遠，不可求難，是无一方可明也。易則隨物改變，應變而往，无一體可定也。（〈繫辭上〉疏）

> 云「不可以一方一體明」者，解「无方」、「无體」也。凡「无方」、「无體」，各有二義。一者神則不見其處所云爲，是无方也；二則周遊運動，不常在一處，亦是无方也。无體者，一是自然而變，而不知變之所由，是无形體也；二則隨變而往，无定在一體，亦是无體也。（〈繫辭上〉疏）

以「無方」、「無體」來形容神道，亦即太虛之理在陰陽二氣的發動作用中，體現因順萬物而變，神妙莫測、不可規範、不可捉摸、靈活不滯、應變而往的一種特質與作用。從這個角度而言，虛無之理又可視爲虛無之「神」，此「神」同時也可視爲「道」的同義辭，賴貴三說：「《周易·繫辭上傳》說：『一陰一陽之謂道。』『陰陽不測之謂神』則在『道』與『神』之間劃上等號。」〔註10〕意謂陰陽二氣變化的神妙之道就是虛無之理「無方無體」的展現。總的說來，「神」就是寂然虛無，不可求測，自然而變，隨變而往的神奇變化，可視爲道的作用義。朱伯崑說：「在孔疏看來，『神』和『道』是陰陽變易的兩個方面，就其開通萬物說，稱其爲『道』；就其發作運動說，稱其爲『神』」〔註11〕，孔疏說：

> 以變化言之，存乎其神。（《周易正義·序》）

> 云「神也者，變化之極」者，言神之施爲，自將變化之極以爲名也。云「妙萬物而爲言」者，妙謂微妙也。萬物之體，有變象可尋，神則微妙於萬物而爲言也，謂不可尋求也。（〈繫辭上〉疏）

> 云「《易》曰：介於石，不終日，貞吉」、「知幾其神乎」者，神道微妙，寂然不測。（〈繫辭下〉疏）

虛無之神體現在萬物的生生變化，實妙不可言。萬物之體，有形象可尋，神微之道則無形象可求。「神」者，變化之極，在達到精義入微，與虛空玄應，與道體冥合時，則完全不是心靈、理智所可以了解。此杳寂微妙之神性，就

〔註10〕 賴貴三：〈《易傳》與先秦諸子「神」思較論〉，收錄於《易學思想與時代易學論文集》（臺北：國立編譯館，2007年11月），頁234。

〔註11〕 朱伯崑《易學哲學史》卷一，同第一章註52，頁426。

是虛無之理的特性。既然超乎知性，那麼人如何感之？曰「知幾其神乎」，在幾微處冥契虛無之理，此「幾」非理智可以思辨，藉由靈感，在事物萌發的微小徵兆處，絕去知性，直接與「神道」合會，彼我無對，自然感通，即所謂「寂然不動，感而遂通」者。在天人共感的一刹那，體會道體神妙不測的作用，這是孔疏所謂的「神道」。

然而，這個「神」並非僅指天地的運行變化，它也在人事場域中產生神妙的作用，孔疏說：

> 神則杳然不測，千變萬化。聖人則窮此千變萬化，以盡神之妙理，故云窮變化以盡神。（〈繫辭上〉疏）

> 聖人設教，法此神之不測，无體无方，以垂於教，久能積漸，而冥合於神，不可測也。（〈繫辭上〉疏）

神這個千變萬化、杳然不測的特性，正是聖人作易垂教的效法根源。運用這個盡神之妙理來開通萬物，使天下一切的富德大業都在此神妙之功的法則下隨機應化，變化不測，做到「神而化之，使民宜之」之境。那麼，此時虛無的盡神之理就是國家治道的來源。孔疏又說：

> 章首論聖人之道四焉，章中歷陳其三事，章末結而成之，⋯⋯若章中所陳則有三事，一是至精，精則唯深也。二是至變，變則唯幾也。三是至神，神則微妙无形，是其无也。（〈繫辭上〉疏）

> 「神而化之，使民宜之」者，言所以通其變者，欲使神理微妙而變化之，使民各得其宜。若黃帝已上，衣鳥獸之皮，其後人多獸少，事或窮乏。故以絲麻布帛而制衣裳，是神而變化，使民得宜也。（〈繫辭下〉疏）

> 云「精義由於入神，以致其用」者，言精粹微妙之義由入神寂然不動，乃能致其用。云「利用由於安身，以崇德」者，言欲利益所用，先須自安其身，乃可以增崇其德也。（〈繫辭下〉疏）

虛無之理以神妙不測的樣態體現在人事的場域當中，不只是各種垂教的措施，乃至於從黃帝改變製衣的方法，到用絲麻布帛代替鳥獸之皮來做衣裳，甚至是安頓生命以及修身崇德等皆出自於「神」，聖人以此精義入神之道而「致其用」，使人民各得其宜，可見這個「神道」已將虛無之理的發用到一個極致的神妙之境。故知，「神」不只在理上，亦在用中見之，由虛無之理所發用的至神之功，其實與至精、至變都是同一境域，展現虛無之理「精則唯深」、

「變則唯幾」、「神則微妙無形」的特質。

　　綜上所述，此「虛無之理」即是「有物之境」的形上根據，它具備了無形體、無執性、自然法則、自爾無爲、神妙不測等特性，因此能夠在萬物當中而不被萬物所限，彰顯爲開通萬物的法則，成爲萬物所以爲萬物的本體依據。

二、元氣論

　　孔穎達在詮釋《周易》的「道」時，除了前面所論的內涵外，還有一個重要的特色，就是在「太極虛無」的理論中融合了《易緯》的「元氣論」，孔疏與張湛都一樣主張以「太虛」爲形而上的本體，也都同時引用《易緯》的宇宙生成說，然而孔疏則提出有別於張湛的看法，張湛標舉萬物都有一個宗主，故說：「明羣有以至虛爲宗，萬品以終滅爲驗。」（張湛《列子注・序》）〔註12〕，又說：「至無者，故能爲萬變之宗主也。（〈天瑞篇〉注）」〔註13〕、「夫太虛也無窮，天地也有限。以無窮而容有限，則天地未必形之大者。」（〈湯問篇〉注）〔註14〕「太虛」是宇宙的終極存在，是萬物賴以生長的無形場域，它比天地還要更究竟。天地在時間、空間上皆是有限的，故無法成爲萬物的宗主；故若往上推進，到「至無」之極，遼廓而無邊、無窮而能容萬物的本體即是「太虛」，此太虛者，「至無至虛」也，是一個無形之境─「太虛之域」，因爲至虛、至無，故能成爲群有的宗主、萬變的宗本。可是這個宗本雖然是萬物的依據，能夠含容萬物，卻不能生化萬物，不具備「氣」的內涵。《列子・天瑞篇》本文引《易緯・乾鑿度》說：「夫有形者生於無形，則天地安從生？故曰：有太易，有太初，有太始，有太素。太易者，未見氣也；太初者，氣之始也；太始者，形之始也；太素者，質之始也。氣形質具而未相離，故曰渾淪。渾淪者，言萬物相渾淪而未相離也。」〔註15〕張湛注此時則提出：「易者，不窮滯之稱，凝寂於太虛之域，將何所見耶？如《易繫》之太極、老氏之渾成也。」（〈天瑞篇〉注）〔註16〕，又說：「『太易』爲三者（指「太初、

〔註12〕周・列禦寇撰、晉・張湛注：《列子》，子部，道家類（總二百七十六冊，子部第三十一冊），收錄於景印摛藻堂《四庫全書薈要》（臺北：世界書局，1986年），頁276-2下。

〔註13〕同上註，頁276-7下。

〔註14〕同上註，頁276-43上。

〔註15〕同上註，頁276-6下。

〔註16〕同上註。

太始、太素」）宗本。」（〈天瑞篇〉注）〔註17〕，張湛認為「易」者，如《易繫》之太極、老氏之渾成，無窮無盡，無所滯礙，屬於「太虛之域」；而「太初、太始、太素」為氣、形、質之始，故應置於「有形之域」，而未見「氣」的「太易」者又是「太初、太始、太素」之本，〔註18〕所以張湛將《易緯》這四個生成的概念分屬兩個境域，「太易」是「太虛之域」，其他三者為「有形之域」，雖然無形的太虛為萬有的宗本，卻不是生化的本原，也不是造物主，張湛認為萬物之生化乃自生自化，太虛「本不生、本無形、本不化」，〔註19〕故不能成為生化之本。孔疏同樣主張「虛無之理」是「有物之境」的本體與依據，但他是否在「虛無」之內蘊上又同時含容著「元氣」的思維？在本體義外是否又具備著生成的本源義？

（一）太極元氣

孔疏的道論富含多種蘊義，其中最具特色且有別於王弼、張湛的地方，就是賦予道以太極元氣的內容。孔疏說：

> 太極謂天地未分之前，元氣混而為一，即是太初、太一也。故《老子》云「道生一」，即此太極是也。又謂混元既分，即有天地，故曰「太極生兩儀」，即《老子》云「一生二」也。（〈繫辭上〉疏）

太極者，天地未分之前的狀態，就是混而為一的元氣，與太初、太一屬同一性質者。至於「道生一」，此「生」不全然解為「生物之生」，此「生」帶有「含有」、「具備」之意，亦即虛無之理本身就備有太極元氣之質，故能完成陰陽二氣的流行化用，進而開通萬物。這個生成的源頭，在《禮記正義》有更詳細的論述：

> 「必本於大一」者，謂天地未分，混沌之元氣也。極大曰大，未分曰一，其氣既極大而未分，故曰大一也。〔註20〕

「極大」稱作「大」，未分稱作「一」，天地未分時的極大元氣稱作「大一」，

〔註17〕同上註。

〔註18〕林師麗真說明張湛思想的「太初、太始、太素」的「元氣說」是在「動用之域」當中，而「未見氣」的「太易」則在「太虛之域」的範疇，見其文〈張湛「貴虛」論及其與玄佛思想之交涉〉，同本章註2，頁61～90。

〔註19〕見張湛《列子注‧天瑞篇》：「生物而不自生者也；化物而不自化者也……不生者，固生物之宗；不化者，固化物之主。」同本章註12，頁276-5下；又說：「夫不生不化者，然後能為生化之本也。」頁276-6上。

〔註20〕漢‧鄭玄注、唐‧孔穎達疏：《禮記正義》（臺北：藝文印書館，1982年8月9版），頁438。

這個「大一」，即意指為太初、太一、太極，也就是「虛無」之理，如孔穎達所說：「太一虛无」（〈繫辭上〉疏），在這裡又點出天地未分的極大元氣為「太一」，由此可證，「太一」既是「太虛」，也是天地未分之前，混而為一的「元氣」。那麼這個具備元氣的「太一」又是否能夠成為萬物生成的本源呢？孔疏引用《易緯》之說：

> 故《乾鑿度》云：「夫有形者生於无形，則乾坤安從而生？故有太易，有太初，有太始，有太素。太易者未見氣也，太初者氣之始也，太始者形之始也，太素者質之始也。氣形質具，而未相離，謂之渾沌。渾沌者，言萬物相渾沌而未相離也，視之不見，聽之不聞，循之不得，故曰易也。」（《周易正義・序・第一論易之三名》）

> 凡有皆從无而來，故易從太一為始也。（〈繫辭上〉疏）

有生於無者，道器之畔，元氣論發揮了作用，孔疏提出的「太一」在此相當於《乾鑿度》的「太易」，也就是天地未分，未見氣者。而「太初」是氣之始，「太始」是形之始，「太素」是質之始，此三者氣、形、質的產生代表著宇宙的初始。「太易」的未見氣，與「太初」、「太始」、「太素」的氣、形、質之始，彼此未曾相離，此渾沌之境，視之不見，聽之不聞，循之不得，整個「太易」、「太初」、「太始」、「太素」渾淪一體的生成結構就是「易」。「易」具備宇宙生成的原理，所以說：「以生成言之，存乎其易」（《周易正義・序・第一論易之三名》）。這正是孔疏有別於張湛的地方，他認為《易緯》四個生成的概念都同屬於形而上的理境，而非分屬於本體界與現象界，因此把太一、太虛、太極都視為萬物生成的本源，所以取《老子》云「道生一」、「一生二」、「二生三」、「三生萬物」之說，表現「有皆從无而來」，並證明「道」是萬物生成的本源，故又說：「易從太一為始」也。「太一」者，萬物所由之宗也，亦「虛無自然」之理也：

> 若易由太〔一〕，〔註21〕有由於无，變化由於神，皆是所由之宗也。

> 言「有」且何因如此，皆由於「虛無自然」而來也。（〈繫辭上〉疏）

《易》的體系也可以說是萬物生成的體系，孔疏的「道」與「易」在宇宙衍生義上都指涉同一個概念，那就是本源、本根的意義，所以說「有由無來」，「易由太一」而來，而萬物皆由「虛無自然」而來，於是，道體就成為萬物生生的來源，故又說：

〔註21〕此處的原文疑有缺漏，從全文來看，宜指太一，呼應前言。

神之發作動用，以生萬物，其功成就，乃在於无形。應機變化，雖
有功用，本其用之所以，亦在於无也。(〈繫辭上〉疏)

神道發用，應機變化，生成萬物，然其本在於無。無者，虛無之理也，乃萬
物所由之源，故說「本其用之所以」，本者，不管是萬物所據以存在的本體義
或萬物生成所由來的本根義，都說明這個本就是虛無之理。熊十力解釋「本」
為「言其本來有故」，又說：「始，猶本也。」〔註22〕，道體便是這個生物之
本，所以又說：

天下萬物，皆由陰陽，或生或成，本其所由之理。(〈繫辭上〉疏)

天下萬物由陰陽二氣而來，然二氣又都由「太一」擬之而有，故知萬物或生
或成，都有其本根，此則「太極」也，「太一」也，「虛無自然也」。由此可知，
孔疏繼承《乾鑿度》的氣化宇宙論，並與太虛之理結合，表現出實理的特色，
故其「太虛」、「太一」除了本體義外，同時還具有生成的本源義，此則異於
張湛「貴虛」的宇宙觀，張湛雖然也主張「太虛之域」是「有形之域」的宗
本與依據，但他反對「有生於無」之說，反對「太虛」有生化萬物之功，他
認為萬物的生生皆是「自生自化」，並非由「太虛」生化而來。同時，孔疏也
異於王弼以「寂然至無」為「萬有」的本體義，王弼以「無」作為萬物的宗
本，孔疏則提出「虛無」為宇宙之初始；王弼以「太極」為「無」的同義詞，
是現象之本體，不具備元氣的特質，而孔疏的「太極」卻具備元氣，且為生
成之本。楊儒賓在〈《易經》與理學的成立〉說：

王、韓是玄學的論點，孔穎達則是元氣論的思考方式。〔註23〕

「有形生於无形，則乾坤安從而生？」這個問題問的很好，孔穎達
所代表的唐儒之《易經》觀點，由此可以覷破。……孔穎達即引了
《易經》與《列子》太易、太初、太始、太素的說法，這是一種由
渾淪未分的氣之始源狀態逐漸分化的理論，就這點而言，孔穎達事
實上又回到了漢儒的立場。〔註24〕

太虛之理從對《乾鑿度》一系生成之說的引用，是孔疏對漢易的兼采，也是
孔疏與王弼道論最為不同的地方，孔穎達與王弼一樣認為有形生於無形，但

〔註22〕熊十力《體用論》(北京：中國人民大學出版社，2009年11月)，頁13。
〔註23〕文章收錄於洪漢鼎主編：《中國詮釋學》第一輯(濟南：山東人民出版社，2005
年1月第2次印刷)，頁131。
〔註24〕同上註，頁132。

孔疏的太虛之理還包含著從太易到太初、太始、太素的演繹過程，從渾淪未分的元氣逐漸分化而成萬物，這就是楊儒賓說的「元氣論的思考方式」，也是他異於王、韓玄思的地方。所以孔疏的「太虛」，一方面表徵虛無自然之理，另一方面又體現為太極元氣，虛無之理者，現象之本體也；太極元氣者，開通宇宙萬物，現象之本源也。二者同時兼備於道論當中，如「太易」與「太初、太始、太素」二者渾淪不相離，這都體現了孔疏對「有」的重視，而此處之「有」，指的是可以鼓動萬物，使之化育的「實理」，並非是「有物之境」的「有」，於虛無之理中充實元氣之說，在在表示他對於現象世界的看重。因此，關於他的元氣論，與其說是回到漢儒的立場，不如說是對「實理」的兼取，表現出儒家思維的關注。

（二）陰陽二氣

說「道」具備「元氣」的意義在於肯定它具有開通萬物的功能；說天下萬物或生或成皆由陰陽二氣而來，則在於表徵二氣與道同具本源特質。因此，孔疏把二氣與道擬之為一，說明二者同具一種生成開通萬物的理則，都指向無形體、無方所卻又為萬物成化的內在規律的同一性，從這個角度來看陰陽二氣，陰陽二氣體現的正是萬物絪縕變化的原理，是宇宙運行的一種規律與原則，朱伯崑先生說：

> 孔疏將道解釋為無形的東西，……所謂無形，包括尚未成形，所以凡未具備形質的東西都可稱為道。按此說法，陰陽二氣及其變化的法則沒有表現為剛柔兩畫，成為八卦之象，亦可稱之為道。此即《序》中所說「以氣言之，存乎陰陽；以質言之，存乎爻象」。「質」即形質，指有形質而言，同「氣」相對文，「氣」指無形的道。〔註25〕

陰陽二氣指的是一種萬物生生的律則，並未落入陰陽二畫之象，也不是直指天地之象或男女、夫婦、君臣之實，雖有二氣，實一氣之運，故太極元氣與陰陽二氣是一不是二，都沒有具體之形質，卻為一切有形質事物的生發之本，孔疏：

> 其天地生成萬物之理，須在陰陽必備。是以造化闢設之時，其立天之道，有二種之氣，曰成物之陰與施生之陽也（〈說卦〉疏）

〔註25〕朱伯崑《易學哲學史》卷一，同第一章註52，頁410。

天地生成萬物，皆由乎陰陽二氣的絪縕變化而來，即施生之陽與成物之陰，此孔疏時時致意於陰陽二氣的生物之功，故又說：

> 「天地變化」，謂二氣交通，生養萬物。（〈坤・文言〉疏）
>
> 天地二氣，若不感應相與，則萬物无由得變化而生。（〈咸・象〉疏）
>
> 天地若各充所處，不相交遇，則萬品庶物，无由彰顯，必須二氣相遇，乃得化生。（〈姤・象〉疏）

萬物恆得流通，是由於陰陽二氣的交通變化而來；二氣若不相交遇，不相感應，萬物則無從化生，也無從開通，孔疏說：

> 「一闔一辟謂之變」者，開閉相循，陰陽遞至，或陽變爲陰，或開而更閉，或陰變爲陽，或閉而還開，是謂之變也。「往來不窮謂之通」者，須往則變來爲往，須來則變往爲來，隨須改變，不有窮已，恆得通流，是「謂之通」也。（〈繫辭上〉疏）

陰陽相遞，陽變爲陰，陰變爲陽，從開到閉，從閉到開，從來到往，由往到來，都體現陰陽二氣化生萬物的原理，唯有闔闢、往來、陰陽的更迭，才有品物的通流交會，也因爲如此，才能夠新新不停，生物無窮。《周易正義》於其序〈論《易》之三名〉即言：

> 夫「易」者，變化之總名，改換之殊稱。自天地開闢，陰陽運行，寒暑迭來，日月更出，孚萌庶類，亭毒羣品，新新不停，生生相續，莫非資變化之力，換代之功。然變化運行，在陰陽二氣，故聖人初畫八卦，設剛柔兩畫，象二氣也；……謂之爲「易」，取變化之義。
>
> （《周易正義・序・第一論易之三名》）

「易」者，「變易」也，乃變化之總名，整部《易》經是對萬物變化現象的歸納與統合。萬物之所以生生不息在於陰陽二氣的變化運行，陰陽氤氳，剛柔相錯，寒暑迭來，日月交替，成就天地之生生。只是陰陽二在化生宇宙萬物之時，致其精醇，得其和諧，擬爲一氣，始終以無陰無陽、自然無爲、無方無體的神妙方式進行，使陰陽二氣與虛無之理同時渾然爲一，不違背易理兼含有無的原則，此乃孔疏一貫的中心思想。郭勝坡在其博士論文《二十世紀易學本體論的兩條基本路向研究》中就曾提出：

> 在「陰陽」問題上，孔疏發展了韓康伯的有陰有陽和無陰無陽的觀點，並把有陰有陽定爲陰陽二氣，表示萬物之生的基本源頭結構，無陰無陽定爲虛無之理，表示萬物之生的所以然；此二這又同步入

於大虛，萬物在大虛中獨化。〔註26〕

「無陰無陽」代表自然無為、神妙不測的虛無之理，「有陰有陽」乃萬物生成的「基本源頭結構」。易言之，無陰無陽是道，不知所以然，卻能使萬物開通；有陰有陽乃元氣思維之開展，進行著「一生二」、「二生三」、「三生萬物」的生物之功，二者以無心無為、自爾自然的樣態「同步入於大虛，萬物在大虛中獨化」，使陰陽二氣的運行冥合虛無之理，在與宇宙同流當中，因而產生天地萬物，此乃道與器自然玄空相應的意義。

天下萬物，皆由陰陽，陰陽不離虛無之理，故太極元氣與陰陽二氣是相即不離的，故說：

> 道雖无於陰陽，然亦不離於陰陽，陰陽雖由道成，即陰陽亦非道，
> 故曰「一陰一陽」也。（〈繫辭上〉疏）

道非陰陽，但不離陰陽方為道，一切萬物之生生都始自陰陽，順此以下，孔疏則提出「乾坤」作為現象界萬物的資生與資始。

> 易者，陰陽變化之謂。陰陽變化，立爻以效之，皆從〈乾〉、〈坤〉
> 而來。……六十四卦，三百八十四爻，本之根源，從〈乾〉、〈坤〉
> 而來。故〈乾〉、〈坤〉既成列位，而易道變化建立乎〈乾〉、〈坤〉
> 之中矣。（〈繫辭上〉疏）

有陰陽二氣的絪縕變化才有萬物產生，然陰陽變化從何而知？孔疏說立爻以見之，六十四卦及三百八十四爻，基本上，都從〈乾〉卦六陽爻、〈坤〉卦六陰爻變化而來，故代表陽氣之始的「乾元」及以陰氣之始的「坤元」便成為陰陽二氣的表徵，也構成了易道之本根。

因此，孔疏一再強調〈乾〉、〈坤〉是易道絪縕之根源，沒有此二卦的施生與成生，易道就損壞了。故又說：

> 易之所立，本乎乾坤。若〈乾〉、〈坤〉不存，則易道无由興起，故
> 〈乾〉、〈坤〉是易道之所絪縕積之根源也。是與易川府奧藏。（〈繫辭
> 上〉疏）

> 若易道毀壞，不可見其變化之理，則〈乾〉、〈坤〉亦壞，或其近乎
> 止息矣。幾，近也。猶若樹之枝幹生乎根株，根株毀，則枝條不茂。
> 若枝幹已枯死，其根株雖未全死，僅有微生，將死不久。根株譬〈乾〉、
> 〈坤〉也，易譬枝幹也。（〈繫辭上〉疏）

〔註26〕郭勝坡《二十世紀易學本體論的兩條基本路向研究》，同第一章註45，頁39。

〈乾〉、〈坤〉稟氣而生萬物，〈乾〉生三男，〈坤〉生三女，成就八卦，六十四卦皆由此八卦相重而來，故說〈乾〉、〈坤〉是「易道所緼積之根源」。作爲生成萬物的起始，「〈乾〉、〈坤〉」是易道的門戶，是易理天道及人事的根本。孔疏用「樹木」爲喻，以易道是枝幹，人事爲枝條樹葉，則〈乾〉、〈坤〉就是這棵樹的樹根。一旦樹根腐壞，整棵樹形同死亡。由此可見，孔疏提出「易之所立，本乎〈乾〉、〈坤〉」的「乾坤觀」，不只說明〈乾〉、〈坤〉是萬物之資始，更強調了「乾元、坤元」作爲萬物之根源的重要性。

> 言此卦之德，有純陽之性，自然能以陽氣始生萬物而得元始亨通，能使物性和諧，各有其利，又能使物堅固貞正得終。（〈乾·卦辭〉疏）

> 天體高遠，故〈乾〉云「大生」；地體廣博，故〈坤〉云「廣生」。對則〈乾〉爲物始，〈坤〉爲物生，散則始亦爲生，故總云生也。（〈繫辭上〉疏）

〈乾〉卦者，以陽氣始生萬物，故有乾元之稱。元亨、開通也；利貞，終成也。萬物資此四德以生，故曰「大生」。〈坤〉卦者，厚德載物，順成乾元之資生、資始而共造生物、成物之功，故曰「廣生」。乾坤二者和合之功代表著陰陽二氣的流行，也是萬物開通的本根。爲了開展生生之功，孔疏賦予〈乾〉、〈坤〉「氣」的概念，使二者所象徵的陰陽二氣具備了開物成務的「實理」，故在疏〈說卦〉時說：「其立天之道，有二種之氣，曰成物之陰與施生之陽也。其立地之道，有二種之形，曰順承之柔與特載之剛也。天地既立，人生其間。」成物之陰與施生之陽說的是生物的陰陽二氣，順承之柔與特載之剛說的是內蘊於形體中的二德，由乎二氣之運行，方能生成萬物。因此，「乾元、坤元」所體現的陰陽二氣變化之法則，就是萬物之源，也是《周易》的基本原理。

> 〈乾〉之元氣，其德廣大，故能遍通諸物之始。（〈乾·文言〉疏）

> 「乾始」，謂乾能始生萬物，解「元」也。（〈乾·文言〉疏）

> 〈乾〉是天陽之氣，萬物皆始在於氣，故云知其大始也。「坤作成物」者，〈坤〉是地陰之形，〈坤〉能造作以成物也。初始无形，未有營作，故但云知也。已成之物，事可營爲，故云作也。（〈繫辭上〉疏）

「萬物資生」者，言萬物資地而生。初稟其氣謂之始，成形謂之生。〈乾〉本氣初，故云「資始」，〈坤〉據成形，故云「資生」。（〈坤卦・象〉疏）

〈乾〉與〈坤〉具「元氣」之質，故稱乾元與坤元。乾元為陽氣，坤元是地氣，從太極元氣的角度來看，萬物生生乃「據其氣」而來，[註27] 氣漸積聚，萌兆見露，於是產生形與質，氣、形、質均備，物之象就由微而著，萬物因而生焉。由此可見，孔疏主張有氣方有象，萬物的形象均是由「氣漸積聚」而來。[註28]

故孔疏論〈乾〉、〈坤〉二卦往往以「氣」的角度立論，此乃承《乾鑿度》之思；有形生於無形者，〈乾〉、〈坤〉亦不悖離太極元氣的生成體系，從太易、太初、太始、太素而來，有氣、有形，質必具焉，氣形質具，萬物得以生生，這就是他「元氣論」的特色所在，也彰顯出他對「有」的肯定。朱伯崑說：

> 就哲學說，孔疏通過對《周易》原理的解釋，提出了以氣為核心的
> 世界觀，認為氣無形質，但為一切有形事物的本原。[註29]

不管是元氣論或陰陽二氣說，以「氣」來詮釋太極虛無之理，正是孔疏的一種創造性的詮解，為了避免淪為虛玄，在玄理易的基礎上，加上元氣之說，目的就是為儒家經天地、理人倫的教化找到一個具備實體功能的形而上依據。

〔註27〕孔疏在〈乾・文言〉即說：「莊氏云：『天地絪縕，和合二氣，共生萬物。』然萬物之體，有感於天氣偏多者，有感於地氣偏多者，故《周禮・大宗伯》有『天產』、『地產』《大司徒》云：『動物、植物，本受氣於天者，是動物含靈之屬，天體運動，含靈之物亦運動，是親附於上也；本受氣於地者，是植物无識之屬，地體凝滯，植物亦不移動，是親附於下也。』」（〈乾・文言〉疏），孔疏引莊氏之語，說明萬物的形成，是感氣而生，由天地間氣的絪縕聚合而來，感於天氣多者或為天產，感於地氣多者或為地產，如動物是天產，植物則是地產，此即萬物之生，受之於氣的說法。

〔註28〕孔疏〈繫辭上〉「一闔一闢謂之變，往來不窮謂之通」說：「『見乃謂之象』者，前往來不窮，據其氣也。氣漸積聚，露見萌兆，乃謂之象，言物體尚微也。」氣聚方能成象，故賦予乾坤以氣、以形，仍是其重視易象唯在於有、作易本在垂教的理念所致。

〔註29〕《易學哲學史》卷一，同第一章註52，頁411。

第二節　有物之境

　　道不是陰陽卻不離陰陽，「虛無之理」不是「有物之境」卻不離物境，所以孔疏一再強調道雖然無形無象，但必得能夠開務成物方能謂之道。因此，有物之境正是孔疏顯道的器用之處，這也是他從玄理轉到儒理的關鍵所在。

一、有形有體之器

　　孔疏特別重視「變易」，甚至以變化之總名，改換之殊稱來名「易」。強調萬物都來自於陰陽二氣的變化，方有萬物之生生，故說：「道之功用，能鼓動萬物，使之化育」（〈繫辭上〉疏）道雖無形，不離器用，虛無之理必落實在現象界中才能豁顯其「理」，否則空則空矣，何處見虛無之理？這說明唯有從器用著手，才能顯發其虛無之理，達到易理「兼包有無」的境地。既然如此，器用成了孔疏詮解《周易》的一個重要的方向，那麼，何謂器？

> 方是處所之名，體是形質之稱。凡處所形質，非是虛无，皆係著於器物。（〈繫辭上〉疏）
>
> 有形之物，形器可知也。（〈繫辭上〉疏）
>
> 形是有質之稱。（〈繫辭上〉疏）
>
> 「形而下者謂之器」，器即有也。（《周易正義・序・第一論易之三名》）

凡有處所、有形質的事物，都不能稱之為「虛無」，都是係於器物的，故以器為「有」。無者，道也；有者，器也。道者，體也；器者，用也。孔疏重視器象，表示重視實務之用，故說：

> 爻辭是器象也。變是變化，見其來去，亦是器象也。象是形象，占是占其形狀，並是有體之物。有體則是物之可用，故云「可得而用者也」。（〈繫辭上〉疏）

爻有變化，辭則顯其變化之義，所以說爻辭是個可見之器象，從器象之有，便知物之可用，如見天之形體，便知有健之用，此有形之物，必有其用的思維，讓孔疏確立了有物之境的器用之學，他說：

> 以有言之，存乎器用；……以質言之，存乎爻象；以教言之，存乎精義；以人言之，存乎景行。此等是也。（《周易正義・序・第一論易之三名》）

以有形之器物來看，凡有形體之物，必有其用。從氣化流行的角度看，凡生生不息者，必有乾坤、陰陽、男女等二者交流之勢。從卦、爻的符號來看，欲見爻象之質者，必有其爻象，如欲見〈乾・九五〉龍德之質者，必由乎「飛龍在天」之爻象。從政教措施而言，其精粹微妙之義，必落實乎垂範作則；〔註30〕人事倫理價值，必能從人們高尚德行及合宜言行見之。意謂虛無之理必存乎有物之境，方能體現道體兼容體用二者的精義。

　　然而，身爲儒者的孔穎達，雖本虛無之理，面對治國經邦，則強調形器之跡，此「器跡」指的就是儒家斷天地、理人倫等的一套社會、政治、經濟、教化等具體措施，所以說：

> 道是虛无之稱，以虛无能開通於物，故稱之曰道。(〈繫辭上〉疏)

> 象法〈乾〉、〈坤〉，順陰陽。……於是人民乃治，君親以尊，臣子以順，羣生和洽，各安其性。(《周易正義・序・第一論易之三名》)

《易》有開通萬物之志，在宗本王弼的道體之下，爲掃除當時辭尚玄虛、義多浮誕的作風，故以玄易爲道體，以儒易爲器用，使象數與義理結合，虛無之道與垂教施化不二，這就是孔疏的用心，也是「道不離於陰陽」的精義所在，因此，必爲人世設立道體的實踐者，於是孔疏提出聖賢之說：

> 初行德業未成之時，不見其所爲，是在於虛无。若德業既成，復被於物，在於有境，是入於形器也。賢人之分，則見其所爲，見其成功始末，皆有德之與業，是所有形器，故以賢人目其德業。然則本其虛无玄象謂之聖，據其成功事業謂之賢也。(〈繫辭上〉疏)

德業未成，不見所爲，此時虛無之境也。德業既成，復被於物，入於形器之時，則處有物之境也。在「有物之境」本乎虛無玄象而任事者則爲聖，據形器德業而垂教者則爲賢。此亦「聖人不爲，群方各遂其業」〔註31〕的理想作爲，亦即「聖人無爲，賢人分職」之理念。因此，孔疏提出聖賢之說，強調建功立業，目的在發顯「道」的鼓動化育的實功，故朱伯崑說：

> 孔疏提出「易象唯在於有」，一方面肯定了取象說，一方面強調《周易》的作用在於「垂教」，解決人類生活中的實際問題，認爲不能借

〔註30〕見孔疏：「此言人事之用，言聖人用精粹微妙之義，入於神化，寂然不動，乃能致其所用。」(〈繫辭下〉疏)

〔註31〕見孔疏引韓注：「天地易簡，萬物各載其形。聖人不爲，群方各遂其業。德業既成，則入於形器，故以賢人目其德業。」(〈繫辭上〉疏)

《周易》玄談義理。〔註32〕

將虛無之理，靈活運用在教化天下之民，因而形成儒家各種經營事業，〔註33〕這就是「形器不離乎道」，聖人效法微妙無方之道，垂化於民，不言而教，不威而服，賢不離乎聖，將聖人之道落實爲儒家的德業，使虛無之理在有物之境當中體現，彰顯儒家深刻的人文精神及崇德廣業，更證明孔疏解《易》不是空說易理，而是對現實人生致以深切的關懷。

二、人事日用之理

道雖無形體、無方所，萬物卻因之而有，由之而通，可見孔疏的道最終是要落實在社會人生、日常生活上的，因此他不斷地強調人事之道，他說：

> 以作《易》者，本爲立教故也，非是空說《易》道，不關人事也。（〈繫辭上〉疏）

把發軔于玄易的虛無之理落在有物之境的儒家人倫道德的體系當中，就是孔疏《周易正義》重要的核心理念，因此釋「不易」則說：「天在上，地在下，君南面，臣北面，父坐子伏，此其不易也」（《周易正義・序・第一論易之三名》）此儒家君臣父子之倫也。釋〈序卦〉則說：「〈咸〉、〈恆〉者男女之始，夫婦之道也，人道之興，必由夫婦，所以奉承祖宗，爲天地之主，故爲下篇之始而貴之也。〈既濟〉、〈未濟〉爲最終者，所以明戒愼而全王道也」（《周易正義・序・第五論論上下二篇》）此儒家夫婦之倫也。釋〈乾・卦辭〉則說：「聖人當法此自然之象而施人事，亦當應物成務，云爲不已，終日乾乾，无時懈倦，所以應天象以教人事。於物象言之，則純陽也，天也。於人事言之，則君也，父也。」（〈乾・卦辭〉疏）此儒家君父之道也。對孔穎達而言，虛無之理談的是「不知所以然」的那個活潑不滯的道體，而有物之境談的是符應「所以然」的「所應然」，也就是人事的當然之則、之道，此即儒家的人倫禮秩。如《禮記正義》有言：

> 言爲禮之體，不在於几筵、升降、酬酢乃謂爲禮，但在乎出言、履踐，行之謂之禮也。〔註34〕

〔註32〕《易學哲學史》卷一，同第一章註52，頁410。

〔註33〕見孔疏：「謂舉此理以爲變化，而錯置於天下之民。凡民得以營爲事業，故云『謂之事業』也。此乃自然以變化錯置於民也，聖人亦當法此錯置變化於萬民，使成其事業也。」（〈繫辭上〉疏）

〔註34〕唐・孔穎達疏《禮記正義》，同本章註20，頁856～857。

「禮」者,「履」也。禮之體,展現在踐履之上,禮與履是一體的關係,在「履」踐當中即顯發禮理、禮名與禮跡,乃虛無之理落實在人倫禮秩的體現。凡事物必有其稱名,「名」表示其事物之實存,實存之事物必有其「理」與「跡」,「理」者,代表形而上之道;「跡」者,象徵形而下之器用也。孔疏指出禮之理並非鑿空之虛談,亦必落乎實踐方能體用不二,關於「几筵、升降、酬酢」之禮儀(禮名),必循道而行,道(禮理)是禮之本質,無形無體,必於「有形」中見,有形者,禮跡(禮事)也,因此「几筵、升降、酬酢」之禮(禮名),依循虛無自然之道,必在「出言、履踐、行之」(禮跡)的為人處事當中體現。此說同乎《周易》之體用觀,易之「名」涵蓋易「理」、易「象」(跡用),名、理、象三者是一不是二。

　　孔疏以「虛無」為本、為始,以「器有」成就虛無之妙用,目的在成就天下之務,這是他為儒家經學所跨出的一步,不僅從王弼之玄易跳脫出來,形成一個以仲尼為宗的義理旨趣,也是對前人的突破。

　　因此,孔疏器用發揮在儒家倫理場域裡,從個人修身到夫婦之倫直至治國安邦,無不發揮著深刻的人事關切。就個人之德而言,如:

> 復解進德之事,推忠於人,以信待物,人則親而尊之,其德日進,是進德也。「修辭立其誠,所以居業」者,辭謂文教,誠謂誠實也。外則脩理文教,內則立其誠實,內外相成,則有功業可居。(〈乾‧九三〉疏)

以忠待人,以信待物,是進德之要。對外修理文教,對己立其誠實,使內外光輝盛德,如此才可成就德業。儒家的進德,不只在個人一己之內省、修身與問學,它同時包含安人、安百姓的功業,因此《周易》十分重視崇德廣業。[註35] 又如:

> 〈大有〉,包容之義,故君子象之,亦當包含遏匿其惡,褒揚其善,順奉天德,休美物之性命,皆取含容之義也。不云天在火下而云火在天上者,天體高明,火又在上,火是照耀之物而在於天上,是光明之甚,无所不照,亦是包含之義,又為揚善之理也。(〈大有‧象〉疏)

取〈大有〉之象,下天上火,火在天上,如太陽廣照天下,日麗於天,明無不照,君子取象之,當與麗天合德,順天之美命,遏惡使歸之善,揚善使之

[註35] 〈繫辭上〉:「《易》其至矣乎!夫《易》,聖人所以崇德而廣業也。知崇禮卑,崇效天,卑法地。天地設位而《易》行乎其中矣!成性存存,道義之門。」

篤實光輝，於己、於人皆如此修德，內省於己，外容於人，此大有之美善。

其次，儒家認為夫婦之義是人倫之肇端，而父子、夫婦、兄弟的家庭倫理更是經國的重要基礎，故主張齊家而後治國、平天下，因此孔穎達特別在〈家人‧彖〉中申揚道齊邦國之義：

> 廣明〈家人〉之義乃道均二儀，非惟人事而已。〈家人〉即女正於內，男正於外，二儀則天尊在上，地卑在下，同於男女正位，故曰天地之大義也。……此歎美正家之功，可以定於天下，申成道齊邦國。既家有嚴君，即入〔父〕不失父道，乃至婦不失婦道，尊卑有序，上下不失，而後為家道之正。各正其家，无家不正，即天下之治定矣。(〈家人‧彖〉疏)

家道來自於天道。天尊在上，地卑在下，天與地分而為二，引申在人事上，即是男女有別之義。天道本身「尊卑有序，上下不失」，天有天之職，地有地之責，分工合作而後大生、廣生。家道亦然，父有父之道，母有母之守，男女正位，家道立焉。推及於父子、兄弟亦然，父要能嚴，子要能孝，不失父子之道，尊卑有序，上下不失，然後各正其家，乃至國家天下，皆一理之運。此以天道之律則，用之於人事者，成就了儒家人倫之禮秩，亦是「即器見道」的展現。相較於王弼之注：「〈家人〉之義，各自脩一家之道，不能知家外他人之事也。統而論之，非元亨利君子之貞，故利女貞，其正在家內而已。」孔疏重在虛無之道與人事之理的連結，在現實世界中當下開顯各種人生的意義，落實道在器中的大用。

孔疏由〈家人〉卦的「道齊邦國」延展到君臣治國，仍是遵從自然尊卑的一定理序，使政治制度與教化禮秩亦在此一虛無之理的貞定下，衣披萬物，顯見仁功，孔疏說：

> 陽是虛无為體，純一不二，君德亦然，故云「陽君道也」。「陰臣道」者，陰是形器，各有質分，不能純一，臣職亦然，故云「陰臣道也」。(〈繫辭上〉疏)

陽，純一不二，貞一無為，象徵虛無之理，在人事上代表君道；陰，有形器，象徵有物之境，在人事上代表臣道，臣有為，各有質分，故不能純一。君臣各秉其道，各司其職，而後相輔相成，並使萬物能夠各正性命。如說：

> 君當財節成就，使寒暑得其常，生殺依其節，此天地自然之氣，故云「天地之道」也。「天地之宜」者，謂天地所生之物各有其宜。若

《大司徒》云「其動物植物」，及《職方》云楊州其貢宜稻麥，雍州
其貢宜黍稷。若天氣大同，則所宜相反。故人君輔助天地所宜之物，
各安其性，得其宜，據物言之，故稱宜也。(〈泰・象〉疏)

虛無之理者，因物之性，成自然之化也。道的內涵在於使天地萬物各得其宜，
冬寒、夏暑、春生、秋殺，乃天道自然的規律與現象。至於所生之物，也各
有其宜，如南方的揚州宜種稻麥，北方的雍州宜種黍稷，各因氣候土壤之宜，
則種植適合之作物。治國亦當如此，人君順四時之性，法此而裁節，「輔助所
宜之物」，使萬物都各得其所，國家自然泰安。

　　孔疏以自然虛無釋道，卻重在道的化育之功，賦予道在人類社會實質的
意義，確立一切的政治、人事、禮樂、賞罰、教化等的自然法則，使虛無之
理在人倫日用當中當下體現，此乃孔疏一貫「跡中見理」、「體用不二」的做
法，也表露他對現象世界的重視與關懷。〔註36〕

　　整部《易》，從「上經」到「下經」，無不在「有物之境」透顯著「虛無
之理」的空靈妙用，孔疏將玄易的道思落實到人倫日用的實踐，欲藉人事以
貞定天道之至虛善應，照應以仲尼為宗的實踐價值。孔疏引用《易緯・乾鑿
度》的話說：

〈乾〉、〈坤〉者，陰陽之本始，萬物之祖宗，故為上篇之始而尊之
也。〈離〉為日，〈坎〉為月，日月之道，陰陽之經，所以始終萬物，
故以〈坎〉、〈離〉為上篇之終也。〈咸〉、〈恆〉者，男女之始，夫婦
之道也，人道之興，必由夫婦，所以奉承祖宗，為天地之主，故為
下篇之始而貴之也。(《周易正義・序・第五論論上下二篇》)〔註37〕

〔註36〕　參見劉澤華、張分田〈孔穎達的道論與治道〉一文：「採納道家、玄學的思想
　　　　材料，以自然虛無釋道，使儒學的道範疇進一步抽象和昇華。但是做為一個
　　　　碩儒，他並沒有讓自己的道論流於自然無為、虛無玄化，而是賦予它實實在
　　　　在的社會政治意義，具體而又豐富的社會政治內容。」又說：「孔穎達繼承了
　　　　《周易》「一陰一陽之謂道」的思想，把陰陽互動看成是自然、社會、人事的
　　　　共同規律。天陽地陰，左陽右陰，天尊地卑，天清地濁，這便是君臣列位，
　　　　制禮作樂，施賞行刑的法象和依據。……道通過陰陽互動操縱著天地萬物的
　　　　演化，確立著人類社會的規則。天地、社會、人事由陰陽構成一個整體系統，
　　　　道則是陰陽之根。」同第一章註47，前段引文見頁73，前段引文見頁72。
〔註37〕　《易緯・乾鑿度》：「〈乾〉〈坤〉者，陰陽之根本，萬物之祖宗也，為上篇始
　　　　者，尊之也。〈離〉為日，〈坎〉為月，日月之道，陰陽之經，所以終始萬物，
　　　　故以〈坎〉〈離〉為終。〈咸〉〈恆〉者，男女之始，夫婦之道也。人道之興，
　　　　必由夫婦，所以奉承祖宗，為天地主也，故為下篇始者，貴之也」，孔疏《序》

上經開始於〈乾〉、〈坤〉，代表陰陽始生之母，結束於〈離〉日，〈坎〉月，代表著陰陽之消長盈虛；下經首於〈咸〉、〈恆〉，象徵男女、夫婦之始，結束於〈既濟〉與〈未濟〉，亦是消息盈虛的表徵。從上經到下經，天道到人事，無形之理到有形之人事，皆一理相貫，陰陽相合而有萬物，夫婦結合而瓜瓞綿綿。此孔疏以人事倫理的建構來貞定虛無之道的器用。

《周易正義》的道論在玄易的基礎下，加上了元氣論的說法，一方面認可「有生於無」的想法，另一方面又強調「虛無之理在有物之境」的落實，並加強器用的面向，以「易象」之有彰顯「即教化即虛無」的易理，並以以聖人之德業為終極之目標。因此，以聖王代仁君，立象備物，成器致用，法道而施政，斷天地、理人倫，無一句空說《易》道，除了避免空疏的毛病外，也確立了一切社會、政治、人倫的理則，〔註38〕使道論在聖人無為以成化的朗照下出現儒家人事日用的價值義，此孔疏為易學史由玄理易到儒理易的流變立下轉關的一頁。

第三節　體用一如

「虛無之理」必在「有物之境」中體現，表示道與器有著體用相即不離的關係，孔疏在王弼的體用不二的理路上，表現了兩點蜇轉的詮解：一是將體用不離的內涵由「崇本舉末」的視角轉為「備包有無」的理念；二是在儒道融合的體用義中，貞定《易》的儒理內涵，從人事之倫理、政治、社會、教育、經濟等來彰明道的仁功，使道的開顯更具有儒家思想的器用內蘊。

孔疏的道器思想不僅在道無器有、道體器用的體系中展開，他並進一步把「有與無」、「體與用」並包於「道」的思想架構中發揮無遺。因此，想要探討他的道器觀就不能不從他對「有無」、「體用」的看法著手。

一、有無義

孔疏認為道是形而上者，器是形而下者，道與器的根本差異，是從形質

中引《易緯·乾鑿度》之語，除了「本始」與「根本」之異以及「下篇始者，貴之」二字之差，餘皆相同。

〔註38〕郭勝坡《二十世紀易學本體論的兩條基本路向研究》中提到：「孔穎達學派也看到了魏晉清談的弊端，看到了魏晉歷史上過度追問宇宙本源結構或過度追問宇宙本體的所以然本質都不能達到『神道設教』的目的。」說的就是玄學過度重視形上學探源，而忽略了實際日用的問題。同第一章註45，頁36。

上來作分判，道是無形體的，器是有形質的，因爲有形質，故有所器用。
然這二者之間呈現何種關係呢？又對王弼的思想做了那些延伸與補充呢？
孔疏：

> 「是故形而上者謂之道，形而下者謂之器」者，道是无體之名，形
> 是有質之稱。凡有從无而生，形由道而立，是先道而後形，是道在
> 形之上，形在道之下。故自形外已上者謂之道也，自形內而下者謂
> 之器也。形雖處道器兩畔之際，形在器，不在道也。既有形質，可
> 爲器用，故云「形而下者謂之器」也。（〈繫辭上〉疏）

道器在質性上有著有形與無形之異，但對於彼此的關係而言，則主張「有從
無生」、「形由道立」，這樣的立場與王弼「以無爲本」的主張基本上是一致的，
王弼說：

> 故眾之所以得咸存者，主必致一也；動之所以成運者，原必無二也。
> 物無妄然，必由其理。統之有宗，會之有元。……由本以觀之，義
> 雖博，則知可以一名舉也。（《周易略例・明象》）

> 物之所以生，功之所以成，必生乎無形，由乎無名。無形無名者，
> 萬物之宗也。（《老子指略》）

每一個事物都有其賴以存在的本源，就是無、就是道，萬物按照道賦予的本
性存在即能各正性命。眾之所以咸存，動之所以咸運的根由就在於道，因此
只要把握這個品物之宗主，就能統理萬事萬物，王弼在注《老子》時也提出
一樣的論點，他說：「萬物無形，其歸一也。何由致一？由於無也。」（〈第四
十二章〉），此乃有生於無、形本於道的論點。

除了「有生於無」的說法外，孔疏與王弼也都主張道同時具有「無」與
「有」二種特性，〈繫辭上〉：「形而上者謂之道，形而下者謂之器」，孔疏：

> 〈繫辭〉云「形而上者謂之道」，道即无也。「形而下者謂之器」，器
> 即有也。故以无言之，存乎道體；以有言之，存乎器用。（《周易正
> 義・序・第一論易之三名》）

孔疏以道爲無，以器爲有；又說無者，道體也；有者，器用也，於是「無與
有」、「體與用」就是「道與器」的同義詞。道無器有，道雖不是器，但不離
器而有，所以又說：

> 聖人爲君子，體履於至道，法道而施政。（〈繫辭上〉疏）

> 聖人能體附於道，其跡以有爲用。（〈繫辭上〉疏）

萬物以道體作為本體依據，離開了這個「無」，「有」也就無從開展，所以體履至道，必能垂教施政，因此主張「以無為體，以有為用」，所以聖人體附於道，必有敷教施政之跡，跡者，「以有為用」也。此孔疏道體器用之思也。此一論點乃與王、韓無異，王弼說：

> 夫無不可以無明，必因於有，故常於有物之極，而必明其所由之宗也。〔註39〕

「無」雖然是「有」得以存在的本體依據，然「無」亦不可離乎「有」，它必然要在「有」的存在中才能彰顯其功能與作用，故說無「必因於有」。孔疏與王、韓都認為道同時兼備「有」、「無」之雙重性，也都主張「體不離用」，牟宗三說：

> 道有雙重性，一曰無，二曰有。無非死無，故由其妙用而顯向性之有。有非定有，故向而無向，而復渾化於無。〔註40〕

此段引文乃牟宗三解王弼之「有之為利，必以無為用」而來，〔註41〕他認為道家的道具有雙重性，一為無，一為有，無因其妙用而顯有，有非定有而能渾化於無，道同時包含「有」、「無」二者。表象看來，二人的有無論似乎有其一致性的見解，實際上，從解《易》的整體思維來看，仍存著以下的異趣。

（一）「器有」之「顯」——繼道之功

王弼雖然主張無必因於有，「無」與「有」固然不可相分，但是他始終強調「以無為本」的立場，從其以「執一統眾」的「無」作為萬物之宗元，以及「得意忘象」、「貞夫一」、「崇本舉末」等的說法來看，得知王弼在有無合一的理路中，走的是傾向「貴無」之路數。而孔疏雖然也一樣主張易道兼賅有無，但是他不是以「無有」為「本末」，而是以「道器」來闡發「無有」，甚至更重視從「器有」的場域來彰顯「虛無」，走的是傾向「有」的路數，

〔註39〕 韓康伯引王弼注：「王弼曰：演天地之數，所賴者五十也。其用四十有九，則其一不用也。不用而用以之通，非數而數以之成，斯易之太極也。四十有九，數之極也。夫無不可以無明，必因於有，故常於有物之極，而必明其所由之宗也。」

〔註40〕 牟宗三：《才性與玄理》（臺北：學生書局，2008 年 9 月），頁 136。以下凡引牟宗三之說者，皆從此本，故不再做註。

〔註41〕 王弼《老子注・第一章》：「徼，歸終也。凡有之為利，必以無為用。欲之所本，適道而後濟。故常有欲，可以觀其終物之徼也。」

他說：

> 蓋《易》之三義，唯在於有。然有從无出，理則包无。(《周易正義‧
> 序‧第一論易之三名》)

對比王弼以仁、義爲子，以道爲母，守母以存其子，崇本以舉其末之說，
〔註42〕孔疏則主張「《易》之三義，唯在於有」，重視器有，認爲只有透過現
象世界的形跡，才能把握無形無象的虛無之理，這個形跡就是聖人垂教的內
涵，也就是：「教之所備，本備於有」(《周易正義‧序‧第一論易之三名》)
的一切人倫施政，所以孔疏在序文時時引用《乾鑿度》之言，一方面認可其
對象數解《易》的重要性，認爲現象界的一切都統攝於易象之中，另一方面
則是肯定《易緯》對孔子及倫理思想的發揚，認爲在社會人生建立一套垂
教施政的倫理舉措正是對虛無之理的把握，〔註43〕因此，易理「兼備有無」
在詮《易》的方法論上有著另一個意義，即是兼採「仲尼之緯」與「輔嗣之
注」，故說：

> 仲尼之緯分明，輔嗣之注若此。(《周易正義‧序‧第一論易之三
> 名》)

取仲尼之「有」來契入輔嗣之「無」，重心仍擺在於「以有顯無」，而非「將
欲全有，必反於無」，足見孔疏目的不在彰顯無的第一義，而是在具體的萬事
萬物當中體證這個虛無的本體。易言之，只有最眞實的化用流行才能把握這
個「無」，儒學是以人爲中心的，虛無之理不能離開人類社會，作《易》便是
爲了在人類世界找到一個所以存在的價值、依據，因此人與道不可相分，同
樣的，「有」與「無」也不能相離，孔疏則從「有」入手，在儒家的人倫內容、
道德準則上貞夫自然之道的法則。所以又說：

> 六十四卦悉爲脩德防患之事。(〈繫辭下〉疏)
>
> 乾坤乃造化之本，夫婦實人倫之原。……竊謂：〈乾〉、〈坤〉明天地
> 初闢，至〈屯〉乃剛柔始交，故以純陽象天，純陰象地，則〈咸〉

〔註42〕 王弼《老子注‧第三十八章》：「守母以存其子，崇本以舉其末，則形名俱有
而邪不生。大美配天而華不作，故母不可遠，本不可失。仁義，母之所生，
非可以爲母。形器，匠之所成，非可以爲匠也。」

〔註43〕 見孔疏：「易者象也，物无不可象也。作《易》所以垂教者。」(《周易正義‧序‧
第一論易之三名》)，這些象，第二章已提及，乃意指聖人仰觀俯察，作八卦，
通神明之德，類萬物之情，最終以「斷天地，理人倫，而明王道」之象爲鵠
的。

以明人事。人物既生，共相感應。若二氣不交，則不成於相感，……

此卦明人倫之始，夫婦之義，必須男女共相感應，方成夫婦。（〈咸‧

卦辭〉疏）

這是孔疏從〈咸〉卦所產生的感想，指出陰陽本於太極元氣，然陰陽者，又
是天下萬物之所由，〈乾〉、〈坤〉爲造化之本，夫婦實人倫之原，凡所有的
生生之德皆由陰陽二氣交相變化而來，所以藉由易象便可表徵人事之意，孔
疏認爲六十四卦不管是假象、實象，凡所有的上下之象都是可以用來象徵
人事者，也都是脩德防患之事。所以虛無之理雖是形而上者，不能離開形而
下的「有」而存在，只能在形而下的事物中看見到，故知虛無之理必然存在
於人倫日用之間，所以從儒家的禮義教化著手即可體證虛無之理，所以孔穎
達說：

「能以美利利天下」，解利也。謂能以生長美善之道，利益天下也。

（〈乾‧用九〉疏）

道者，自然而然開通萬物之理，人如何把握道之所以然之理？藉由聖人之德
業，順理萬物，使人人依照自己的本性，事事體現其本然的規律，所有的仁
義禮智皆純任自然而發，所有的政教措施都本乎天道，孔疏認爲明王道之理
就是見《易》之道，如此方能繼其生養美善之功，以利益天下。因此，在同
樣主張「有無不二」的理念下，孔疏一改王弼「貴無」的傾向，重視在「器
有」，以儒家的倫理禮秩來落實「有」的內涵，意在人事，不在天道，天道只
是人倫行事之依據，所以其哲學宗旨最終都以「人事實證」爲依歸。雖然
「有」自於「無」，而「無」必然在「有」的開顯中體現，所以法象一切的天
道，從明虛無之理開始，以人倫充實道的內蘊，終以明王道爲依歸，這就是
孔疏「無有義」的全幅內涵，在易理備包有、無的特性下，始終以人事託之
的道理所在。

（二）「入有」之「微」──知幾之功

王弼雖說有從無生，道具有開通萬物之意，〔註44〕但對於有如何從無而
生，又是如何開通，並無明顯的「生」之進程；孔疏則從太極元氣及陰陽二

〔註44〕王弼說：「道者，無之稱也，無不通也。況之曰道，寂然爲體，不可爲象。是
道不可體，故但志慕而已。」（《論語釋疑‧述而》注）。又說：「虛無柔弱，
無所不通，無有不可窮，至柔不可折，以此推之，故知無爲之有益也。」（《老
子注‧第四十三章》），又說：「通物之性，道之謂」（《老子指略》）。

氣入手，且藉由形與幾來說明「道生一」的過程。異於王弼以太極爲無，孔疏用元氣來界定太極之義，並用陰陽來說明萬物「或生或成」之實，〔註45〕他說：

> 萬物變化，或生或成，是神明之德。《易》則象其變化之理，是其《易》能通達神明之德也。(〈繫辭下〉疏)

或生或成，從萬物變化而來，根據元氣說，天下萬物皆由陰陽二氣的絪縕變化而來，此其《易》以陰陽二氣，極盡變化之神，而後萬物生生不息，因此，孔疏的道，又可以直接以「生」名之，虛無之理在萬物的生生當中成就萬物之性，開通生利萬物，故說：

> 道得名生者，道是開通生利萬物，故〈繫辭〉云「生生之謂易」，是道爲生也。(〈觀·六三·象〉疏)

道是如何開通萬物？孔疏以「生」之理實之，此「生」，包含「成」，或生或成，以道開通故，萬物各得其宜，所以又說：

> 易道既在天地之中，能成其萬物之性，使物生不失其性，存其萬物之存，使物得其存成也。性謂稟其始也，存謂保其終也，道謂開通也，義謂得其宜也。既能成性存存，則物之開通，物之得宜，從此易而來，故云「道義之門」，謂易與道義爲門戶也。(〈繫辭上〉疏)

性從何而來？自道而來。道在何處見之？在「始生」與「存成」的終始循環中見之。道，萬物之所以爲萬物之本，使萬物不失其性，使萬物得其存成，或生或存，由道而通，此道之義與易理不二，皆在天地之中，開通生利萬物。

　　孔疏重視道的生成之功，故以太極元氣來展開由無生有的過程，從無形無體到有氣、形、質之始，孔疏提出「幾」來作爲無與有的中介，他說：

> 幾者，去无入有，有理而未形之時。(〈乾·文言〉疏)

> 凡幾微者，乃從无向有，其事未見，乃爲幾也。(〈屯·六三〉疏)

> 幾者離无入有，是有初之微。(〈繫辭上〉疏)

從無入有，有理未形之時，在事物未見將見之初、之微，稱之爲「幾」。幾者，代表離無入有，有無之際，人欲與天合德，「知幾」便是功夫處。孔疏：

〔註45〕見孔疏：「天下萬物，皆由陰陽，或生或成，本其所由理。」(〈繫辭上〉疏)，在這裡，孔疏很明顯地將太極與陰陽二氣視爲生物之本，更加可以肯定孔疏的道論具備生成的意涵。

> 幾，微也。是已動之微，動謂心動、事動。初動之時，其理未著，
> 唯纖微而已。若其已著之後，則心事顯露，不得爲幾。若未動之前，
> 又寂然頓无，兼亦不得稱幾也。幾是離无入有，在有无之際。（〈繫
> 辭下〉疏）

寂然頓無，尚未有形，不得稱幾；心事顯露，形氣已著，亦不得謂幾。幾者，
正在心初動、事初動，有理未明、未形之時的有無之際。可見，幾者，在幽
深難見之處，非聖德無以窮其機神，知變化之道，隨幾而發，善應天下之務，
此孔疏所以特別重視這個「知幾」之功。所以又說：

> 識幾知理，可與共論幾事。……知理欲到，可與共營幾也。……既
> 識事之先幾，可與以成其事務。（〈乾・文言〉）

易道變化不測，凡心動、事動的初微之時，未發、將發的無有之際，窮極幽
深、研覈幾微，正是人道把握天道的時機所在，聖人之所以能夠善應天下之
事，就是在天人之間極盡其參贊化育之事，因此，孔疏將對「器有」的重視
體現在「入有」的「知幾」之功，故說：

> 何氏云：上篇明无，故曰「易有太極」，太極即无也。又云「聖人以
> 此洗心，退藏於密」，是其无也。下篇明幾，從无入有，故云「知幾
> 其神乎。」（〈繫辭下〉疏）

> 知幾是聖人之德。（〈繫辭下〉疏）

以〈繫辭〉篇上下論「有無」只是個比喻，上下之間表徵爲「由無入有」之
際，聖人冥合天道，當有此先知，於幽深隱微處即預見事物之徵兆，才能應
機變化，對萬事萬物的變化做出純善無惡的回應，又說：

> 聖人用易道以研幾，故聖人知事之幾微，……以能知有初之微。則
> 能興行其事，故能成天下之事務也。（〈繫辭上〉疏）

> 言易道如此，是故聖人以其易道通達天下之志，極其幽深也。「以定
> 天下之業」者，以此易道定天下之業，由能研幾成務，故定天下之
> 業也。（〈繫辭上〉疏）

虛無之理落實到具體的現象世界的進程中，「無」作爲本體是無形無象的，但
若從初動、幾微體現「有」之形象以便對現象世界的各種事物作出符應時，
這個符應就是「知幾」之神德與神智，也就是定天下之業的研幾之功，唯有
在事務興發之時，知此初微之「幾」，方能成天下之事務，孔疏：

> 神道微妙，寂然不測。人若能豫知事之幾微，則能與其神道合會也。

（〈繫辭下〉疏）

前章明安身崇德之道，在於知幾得一也。此明《易》之體用，辭理遠大，可以濟民之行，以明失得之報也。（〈繫辭下〉疏）

為何說豫知事之幾微就能與神道合會呢？乃聖人在人事踐履直證天道的過程中，「知幾」成了人道冥合天道的重要功夫，在人事初發之幾即極深研機，直湊事物之微，洞見生化之源，契入天道之本體，在「有物之境」直證「虛無之理」。

因此，與張湛一樣，認為「道」同時包含兩個面向，一個是形上界，一個是現象界，然張湛的「太虛」雖是萬物的宗主，卻不生化、不活動，它只是一個非實有亦非空無的宗極地位，一個靜態的虛極存在，並無法運化萬物。儘管張湛一直以「寂然凝虛」的功夫來疏通本體與現象之間的距離，藉由「玄照」的覺性，忘我忘情，使精神達到「有無兩忘，萬異冥一」的狀態，〔註46〕然而卻始終缺乏一個「動」的運通作用與動力，去使「無」與「有」合一，於是張湛提出了「機」，他說：「聖人知生不常存，死不永滅，一氣之變，所適萬形。萬形萬化而不化者存，歸於不化，故謂之機。機者，羣有之始，動之所宗，故出無入有，散有反無，靡不由之也。」（〈天瑞篇〉注）〔註47〕「機」是一種能力，也是一種氣，「機」因「氣」而發動，循「理」而行，〔註48〕它往來於「太虛之域」與「動用之域」之間，融通萬形萬化與不生不化之間，打通了「絕對虛靜」與「隨遷隨化」之間的鴻溝，故知「機」是一個樞紐，也是疏通「太虛之域」與「動用之域」的途徑。

然而，孔疏則是藉由「知幾得一」的冥契之功，於「從無入有，有理未形」的當下直接使「無」與「有」融和在一起。表象上，孔疏「離无入有，有无之際」的「幾」與張湛「出無入有，散有反無」的「機」有些類似，但仔細玩味，便知孔疏的「知幾」之功就是「得一」之道，在「由無入有」之際旋即與道合而為一，而張湛的「機」是一個疏通「有」、「無」的中介，在

〔註46〕張湛注《列子》：「體神而獨運，忘情而任理，則寂然玄照者也。」（〈仲尼篇〉注），同本章註12，頁276-32下。又說：「今有無兩忘，萬異冥一，故謂之虛。」（〈天瑞篇〉注），頁276-11上。

〔註47〕張湛注《列子》，同上註，頁276-8下。

〔註48〕張湛注《列子》：「夫生生必由理，形必由生。未有有生而無理，有形而無生，生之與形，形之與理，雖精麤不同，而迭為賓主，往復流遷，未始暫停。」（〈周穆王篇〉注），同上註，頁276-28下。

本體與現象之間仍須借助於此一氣之運，才能結合二者。主要的原因在於，張湛的「太虛」是個不生化且為一絕對虛靜的本體，尚須資藉於「機」；而孔疏的「太虛（虛無）」本身即具有生發開通的動力，可以在「知幾」的當下，直接於「入有」之際即冥合「無」，這就是孔疏道的有無觀，也是《易》的體用觀。

二、體用義

　　「由無入有」的「知幾」之學，點出《易》的體用之學必在「有」的境域中才能成全易道，也就是說唯有在人事倫理的有境中才得以證成虛無之理，亦即虛無之理無法超越於形而下而獨立存在，萬象之有亦不能不以虛無之理為其本體依據，有無相互融攝，這一個整體的概念方才叫做易理。這就是為什麼孔疏時時致意於「垂教」、「易象」的有境當中，故他不以「本末」稱「道器」，而是以「體用」稱之，乃體用義即是易道的同義詞。鄧國光說：

> 申明「原夫《易》理難窮，雖復玄之又玄，至於垂範作則，便是有而教有」。從「理」的先設形上義而言，並賅有和无，而以道為无之稱，乃本王弼。並存有、无，則超越王弼。〔註49〕

玄之又玄的虛無之理存在那裡？在垂範作則的地方體現之。因此，易理不可以只是形而上「無」的概念，它必須同時兼賅「無」與「有」。亦即「無」若不能落實於「有」當中，這個「無」也只是個寂滅頑空，何能開通生利萬物？因此「無」必然要藉「有」來呈顯；此外，「有」則「有」矣，也必然處於有物之境，如此一來，不可相離的「無」與「有」勢必都得在現象界的存在中才能完成易理之全豹，所以孔疏在主張易理備包有無的同時，強調「易象唯在於有」，這就是「體用義」的關鍵了。若無形體，何來的體與用？所以孔疏主張「有而教有」，就是想把王弼所說的「無」與「道」做個區隔，當然，這並不是說王弼的道只有「無」而沒有「有」，事實上，王弼也主張「無」與「有」都是道之內涵，他也對「有」做了肯認的闡揚，〔註50〕只是在注解易理之時

〔註49〕鄧國光《經學義理》，同第一章註44，頁332。

〔註50〕王弼雖以「無」為本，然其貴無並非賤有，而是在關心有的範疇中，攝有歸無，執無以統有。蔡振豐即曾於其文〈魏晉玄學中的自然義〉闡論此一觀念，並說明王弼是以「自然」言「存有」，對王弼而言：「『自然』與『無』應可視為是表達『存有』的同義詞。」又說：「王弼所謂的『自然』亦可解讀為『物

往往以卦義（無）爲主而以易象（有）爲得意之工具，並非在易象當中即跡即義，使得義與象、本與末成爲對舉的關係，而非並重、兼賅、互融、整體的概念。因此，鄧國光說孔疏「並存有無」則是超越王弼之處，重點不在道是否具備「無」與「有」，而是「無」與「有」是否同時並存、並兼，甚至孔疏認爲只有在現象的有境中（易象）才可能同時具備「本體」與「功用」的道論，否則「無」則「無」矣，處處皆虛，何來「有、無並存」？因此讚嘆孔疏的「有而教有」，並非批評王弼的道論，而是肯定孔疏的「並存」義，亦即藉由「並存」成就了「體用」得以融爲一體的概念，而不單單是「體用合一」的理念而已。換句話說，體用義不再只是超越有、無的理念，而是在超越的同時，體用已然渾成爲一體，在易道的大化流行當中生生不已。

（一）理、象、用的體用義

他在論道器時說：「形雖處道器兩畔之際，形在器，不在道也。」（〈繫辭上〉疏），形體屬於器不屬於道，但道非形器無法達用，因此在說用之時，必得藉由形體方有道之顯與器之用，從這個角度來說，道器一也，資借形體以證其體、以成其用，如天這個形體，〈乾〉健固然是天之用，但〈乾〉健也是天之本體，這個就是王弼所指稱的萬物雖貴，以無爲用又不能捨無以爲體的道理所在。〔註51〕顯然地，體與用不能相分，然王弼重視〈乾〉健的本體與功用，並不關注「天」這個形象，而孔疏則強調本體與功用必須同時具存於易象（形體）之中，在這裡，「體用」是包含「理、象、用」整體的一個辭、一個概念，所以他在解〈乾〉卦時說：

> 天者定體之名，乾者體用之稱，故云〈說卦〉云「乾，健也」。言天之體，以健爲用。聖人作《易》本以教人，欲以法天之用，不法天之體，故名乾，不名天也。天以健爲用者，運行不息，應化无窮，此天之自然之理，故聖人當法此自然之象而施人事，亦當應物成務，云爲不已，終日乾乾，无時懈倦，所以因天象以教人事。於物

自生』、『物自濟』的『造化』之意。換言之，『自然』或『存有』必須在『物自生』、『物自濟』中開顯其意義，『物』之生成變化的無限歷程亦是『自然』的全體朗現」也就是說，王弼的「無」，是在自然而生的「有」當中所開顯。見蔡振豐：〈魏晉玄學中的自然義〉，《成大中文學報》第 26 期（2009 年 10 月），頁 6～7。

〔註51〕王弼《老子注・第三十八章》：「故雖德盛業大，富而有萬物，猶各得其德。……萬物雖貴，以無爲用，不能捨無以爲體也。」

象言之，則純陽也，天也。於人事言之，則君也，父也。（〈乾‧卦
辭〉疏）

天者，形體之稱。乾者，作用之義，然本體含攝其中。欲知乾健之用，必須
藉由天的形象☰來顯示，孔疏說「天者定體之名，乾者體用之稱」表明定體
的體是形體、形象之意。而〈乾〉者，體用之稱的體是本體之義，藉由器用
來體現本體，重點擺在器（形體）的作用上。由天之形體、形象與其乾健作
用所體現的「運行不息，應化無窮」整體狀態稱之為「理」，故知「虛無之理
必因有物之境」，這就是孔疏整個「體用義」的豁顯。

易理（道）包含三個面向，一是理（無），一是象（形），一是用（有），
強調《易》之三義唯在於有，表示必有易象方見其用，而後因象明義，豁顯
由器象、器用之「跡」以見「無」之理；此乃「跡用以明體」之理路，有是
跡，無是體，「跡」包含了「器」（形象）與「用」（作用），「理」必從「有物
之境」（形象、作用）方能見義，故知孔疏備包有無的易理，呈現的是三元一
體的結構──「理、象、用」，即本體、形象與作用，三個概念渾成一體就是
「體用」義整體的內涵，類近佛教所說「體、相、用」之結構。

從體用義整體的思維來看孔疏詮釋易象與義理的關係，都會發現孔疏「有
無並存」的特色，他說：

前注云「備天下之象」，據其體；此云「備天下之理」，據其用也。

言八卦大略有八，以備天下大象、大理，大者既備，則小者亦備矣。

（〈繫辭下〉疏）

備天下之象者，言易之形象、形體，即「有」也，所謂「據其體」也；備八
卦之理者，言由象所顯的作用，即「無」也，所謂「據其用」也。由「無」
與「有」所體現的卦義為「本體」也，以前面所提的〈乾〉卦為例，形體者
天，作用者健，由天之形體與〈乾〉健作用整體所顯豁的自強不息、生生不
已的自然之理，乃為〈乾〉卦之性質，是獨特的體性，為其他諸卦所無者，
此謂之〈乾〉卦之「本體」也。此一包含「理－象－用」的整體義者謂之「易
理」，也就是「體用義」的全幅朗現。

這個理論不只在《周易正義》見之，考察《五經正義》，我們會發現孔疏
談論體用義，大都以類近「理－象－用」整體的架構去說萬事萬物的道器體
用觀，故可與《周易正義》互相發明。《毛詩正義‧序》說：

若夫哀樂之起，冥於自然；喜怒之端，非由人事。故燕雀表嘲嚄之

> 感，鸞鳳有歌舞之容。然則詩理之先，同夫開闢，詩跡所用，隨運
> 而移。〔註52〕（《毛詩正義·序》）

「詩理」者，自然之理也。「詩跡」者，現象及其作用也。如人感物而有喜怒
哀樂，此藉「有」之象而言作用也，必有形體方見喜怒之跡、用，然而此「象」
與「用」皆本乎天道自然之理，所以說「喜怒之端，非由人事」，凡人皆有喜
怒之情，此情本然狀態乃來自於天理之自然，非由人為刻意為之，此「詩理」
與「詩跡」本為一體，不可分也，乃藉由人情之喜怒哀樂見之，這就是《詩
經》的「體用義」，亦是恆由「理－象－用」渾合的整體義。天性本與自然冥
合為一，喜怒哀樂也是出於自然流露，如同春舒秋悲，鳥鳴啁啾，所發者皆
由天而來，非由人事。孔疏的「詩理」與「詩跡」亦離不開「理－象－用」
的整體架構，與《周易正義》的「體用義」皆屬同一理致。

　　孔疏兼重象數與義理的詮釋原則，也是「體用義」的一種發闡，藉由象
數之符示，顯其體用之全豹。孔疏：

> 夫易者象也，爻者效也。聖人有以仰觀俯察，象天地而育羣品。雲
> 行雨施，效四時以生萬物，若用之以順，則兩儀序而百物和；若行
> 之以逆，則六位傾而五行亂。故王者動必則天地之道，不使一物失
> 其性，行必協陰陽之宜，不使一物受其害。（《周易正義·序》）

易者，象也。爻者，效也。聖人「因天象以教人事」，就是要人體悟易象之體
用義，並在人事中實現天道之理，藉由實際的人倫履踐去體現有無兼賅的易
理。如〈乾〉、〈坤〉之為象，天也、地也；其用，健也、順也。此天地健順
之形體與作用皆發自於無為自然之天道，這種由「體用義」所彰顯的仁功，
則能使陰陽偕順而四時行、百物生，用在人事則能使兩儀合序而萬物各得其
所。孔疏綰合玄易之「無」與儒家之「有」，直接在人倫履踐處體現，使天下
無一物而失其性，無一物而受其害者，這些由「理－象－用」所展現的生生
之德，正是道體的顯發，也是「體用義」的全幅內涵。

（二）「有而教有」即「太虛自然」的體用義

　　孔疏認為取象於「有」的目的就在作易垂教，因此主張教之所備，便是
有而教有；換句話說，天下一切開物成務之道，都必因於有物之境，否則體
用無所依附，故說：

〔註52〕唐·孔穎達疏《毛詩正義》，同第二章註50，頁3。

《易》之功用，其體何爲，是問其功用之意。「夫《易》開物成務，
冒天下之道，如斯而已」者，此夫子還自釋《易》之體，用之狀，
言《易》能開通萬物之志，成就天下之務，有覆冒天下之道。斯，
此也，《易》之體用如此而已。（〈繫辭上〉疏）

問《易》之體者，即是問其功用，爲何？備卦之象，有其形體必有其功用，
藉由易象，知形而上者與形而下者必兼含其中，此「理－象－用」三者一體
的整全義，是《易》之所以爲《易》的道理所在，所以孔疏由《易》之體、
用之狀來談論易道之宗旨，一言以蔽之，就是開通萬物之志，成就天下之務。
這就是易之「體用」。

《易》之體用既然是「理－象－用」的整全義，那麼作易者該如何結合
虛無之理與有物之境，才能真正體現易道「通天下之志、成天下之務」而不
會使一物失其性而受其害呢？體用義雖然展現孔疏儒家強烈的淑世關懷，但
不可忽視的是，凡所有的人事踐履、人倫禮秩，其所發用，皆自然而然，無
心而成，所以「有而教有」必須同時涵攝「太虛自然」之理，故說：

知周萬物，樂天知命，安土敦仁，範圍天地，曲成萬物，通乎晝夜，
此皆神之功用也。作《易》者因自然之神以垂教，欲使聖人用此神
道以被天下，雖是神之所爲，亦是聖人所爲。（〈繫辭上〉疏）

作易垂教，知周萬物，範圍天地，爲何能夠用心弘大，無有遺物？乃因自然
之神而來，在道體神化作用下，自然而有人倫教化，自然而有政治理序，一
切仁功之顯豁皆來自於「太虛自然」之道的貞定，故說：

「斯蓋功用之母，象數所由立」者，言至精、至變、至神，三者是
物之功用之母。物之功用，象之與數，由此至精、至變、至神所由
來，故云「象數所由立」也。言象之所以立，有象者，豈由象而來，
由太虛自然而有象也；數之所以有數者，豈由數而來，由太虛自然
而有數也；是太虛之象，太虛之數，是其至精至變也。由其至精，
故能制數；由其至變，故能制象。若非至精、至變、至神，則不得
參與妙極之玄理也。（〈繫辭上〉疏）

象數符示儒家的一切人事踐履，但凡所有的人倫日用皆由太虛自然而有，體
其純一之理，則能變通無不周徧，故說用之時，體自在其中；說體之時，必
因於器用，體用渾成，具備至精、至變、至神的特性，所以能夠使一切象數
的運用（即有而教有）不受形體的侷限，也不受器用的牽制，變化自如，變

變易隨道，開通生利萬物，而覆冒天下之道。這就易道之體用也，亦妙極之玄理也。故說：

> 非夫道極玄妙，孰能與於此乎？斯乃乾坤之大造，生靈之所益也。
>
> （《周易正義・序》）

所以孔疏的道，既有自然的存在義，也含有存有的價值義，「太虛自然而有」體現了兩個面向，即虛無之理與有物之境，這兩個面向呈現著體用不離的關係，「有而教有」所顯發的全體即是「體用」的統一體，孔疏以儒家為宗，以實踐為終極的淑世關懷，強調作易垂教，教之所備，無非是「有」，只是這個「有」雖在現象而實以太虛自然為其體，故能使萬物由之而通，沛然而不息，可見乾坤之大造，生靈之所益，莫非易道體用之開顯。

綜述之，《周易正義》道論以「太虛」為萬有的形上本體，也是萬事萬物生化的本原，同時又稱名為「太極虛無」或「虛無」，為什麼要在宗本王弼貴「無」的基礎上加上一個「虛」字來形容這個道體呢？以「虛」或「虛無」稱之，說明孔疏亟欲在前人的基礎上，自樹新義，重新賦予「虛無」一個完整的義界，以便建構自己一套「道論」的哲學體系。「虛無」者，具有虛靈不滯的特性，在神妙萬物的同時，當下超越「有與無」、「體與用」的對立，渾化相待之二者為一體，如此，便可做到「至虛而妙眾有」的「道器合一」之境。

因此，孔疏提出「欲明虛無之理，必因於有物之境」之說，主要呈顯三個意義：一，肯認「體（無）」與「用（有）」是渾融為一的整體義，兩者並非是對舉再合一的關係。在易理「備包有無」的基礎上，發展出一套「理─象─用」的整全架構，以發揮「有無」、「母子」、「一多」等都是「無別體」的整體觀、這就是孔穎達獨特的「體用義」，也是《周易正義》道論有別於王弼的創造性詮釋。二、道具有豐富多面的思想。孔疏的「道」除了本體義之外，還具備生成的元氣論，且在開通生利萬物之時巧妙地以「自生」、「不知所以然」的概念來形容「道生物」的狀態，此則有別於郭象把「自生」、「獨化」視為第一義，孔疏則視此為「道」的「自然無為義」。此外，孔疏雖與張湛一樣都有個以「太虛」為宗主的道體，但張湛的「太虛」是沒有生化萬物的功能，而孔疏的道本身即具備開通萬物的活動力，故能夠作用於「有」之上，在「有物之境」豁顯「虛無之理」，足見孔疏在兼綜眾說的同時，又能開闢自己的新徑，使道具備豐富多面的意涵。三、言理不在象之外，說明易道

並非空說義理。顯然地，孔疏的道必得在人倫、政治、經濟、禮秩等現象界中實踐，以人事的具體開展爲道論的落實，走向經世濟民的器用之途，正說明孔疏強烈的淑世關懷。

第四章 「無心」與「非對」

　　王弼重視以「無」為形上本體，雖然主張「無不可以無明，必因於有，故常於有物之極，而必明其所由之宗也。」〔註1〕從「有之極」來說明「無之體」，意謂「體」必在「用」當中體現，由陰陽闔闢的變化原理及其過程來顯發萬物萬象「所以然」的道理。這個由「有」以顯「無」的思路，說明他的「體」並未脫離「用」而獨立自存，反而是一個總羣有且無所限定的「無」。那麼凡所有的對境是否就在此「體用不二」的情況下融合為一而成為「非對」之境了呢？若是，則道無形無象，為一無窮無盡的本體；而宇宙人生是有形有象的，為一有限制的場域，這一無限、一有限，一形而上、一形而下之間，有個極大的迥異，二者之間如何產生關聯又如何形成「非對」之境呢？難道用「崇本」以「舉末」、「息末」就能超拔於「無」與「有」的對境而直契「非對」的本然？一句「寂然至無」為其本，又如何能統攝並兼貫這一切的對境？對於非「有」的絕待之「無」是否能夠由順有的極成之路而證得？若可，此絕待之無是否真的不再陷落於另一個由遮詮造成的對境呢？因此，牟宗三先生認為這樣的哲思乃邏輯上的「異質的跳躍」，〔註2〕直接從「有的極成」跳

〔註1〕韓康伯注「大衍之數」引王弼之言：「演天地之數，所賴者五十也。其用四十有九，則其一不用也。不用而用以之通，非數而數以之成，斯易之太極也。四十有九，數之極也。夫無不可以無明，必因於有，故常於有物之極，而必明其所由之宗也。」（《周易正義・繫辭上》疏）

〔註2〕牟宗三《才性與玄理》說：「故有之極非是順有之串而追溯。順有之串而追溯永是限定之有，而不能有一非有之無（即無限定之無）。故有之極實由明其邏輯的理由而為異質之跳躍，故得一無稱之稱，非有之無，而為太極。是即為由有以顯無。」同第三章註40，頁110。

到「非對」的絕待之境，這樣的理解是否過於簡單呢？

有鑒於此，孔穎達提出「無心」之說，把「寂然至無」以「天地無心」來詮解，認為「無」與「有」只要在一個「無心」的作用下，人心與天地之心便自然而然地交融在一起。只要心隨順於自然，無人為之心，隨之動靜語默而無所動心，那麼此一不可思議、不可言詮的渾成境域就默然存在於心物感通的不測之神當中。若是，則不必規範「有」而自「有」，此「有」之顯發即是「無」之境，比起王弼的以「無」為「有」的根據，孔穎達更重視「無」的無為性、狀態性而不是本體性。如此，凡用之時，皆以「無心」善應，所有的生育之功與聖德大業就因此而完成，於是所有的「有」、「象」就在這種理念下自然而爾，成為虛無之道的自然存在。如此一來，孔穎達由「無心」所渾成的「非對」之境，比王弼的道境更加指涉「有」的動勢，也多了一分儒家人倫的關懷。

然而，「無心」是一個甚麼樣的心呢？又如何體現其「本然如此」的精神呢？又人心與天地之心如何冥契為一渾淪之境？無心是否在消融「有」、「無」的同時又相融著二者呢？本章擬經由這些問題的探究來發闡孔疏的「無心義」並開顯其所謂的「非對」之境。

第一節　「無心」義探微

在孔穎達的易學思想領域裡，「無心」具有十分重要的意義。在這裡，先探討孔穎達為何要提出「無心」義？其次，說明「無心」本身是狀態義，又是作用義，同時也具備與本體互證的境界義，凸顯了《周易正義》全幅生命圓滿的特殊性。

一、對境中的心

《周易正義》論心者甚多，大都屬於對境的有心，說明經驗存在的人心因氣類相感，便會有情志意念的產生，情志有所偏頗則容易使應物之心與所對之物相分。孔穎達藉由這些對境的有心，透顯這個人為之心的侷限性，進而提出超越有、無對境的「無心」為其第一義。可知，孔疏的「無心」並不是相對於「有心」的那個心體，而是「本然如此」的原初境域。

人心原是天理與情意欲兼具，但化用時因發心不同故而產生迥異的結果。孔疏曾在疏解《毛詩》時對人心下過一個明確的定義：

　　言作詩者，所以舒心志憤懣，而卒成於歌詠。故《虞書》謂之「詩
　　言志」也。包管萬慮，其名曰心；感物而動，乃呼爲志。志之所適，
　　外物感焉，言悅豫之志，則和樂興而頌聲作；憂愁之志，則哀傷起
　　而怨刺生。《藝文志》云「哀樂之情感，歌詠之聲發」，此之謂也。
　　〔註3〕

能思能想因而產生萬慮、萬念的叫做心，這顆心感物而動，便有了各種情志，
如悅豫之志、憂愁之志，悅豫之志生則和樂之情作，憂愁之志生則哀傷之情
起。這種由心感物而動的「情志」，同樣出現在《周易正義》，孔疏說：

　　感物而動，謂之情也。（〈咸・象〉疏）

人心相應外境時會產生種種的想法或情感、情緒，孔疏往往稱之爲情、爲志
或情志，〔註4〕此心已偏離天地之心之本然，屬人爲之「有心」。這種對人心
的詮釋也出現在《曲禮》當中，如釋《曲禮》「欲不可從」時說：「心所貪愛
爲欲」、又釋《曲禮》「志不可滿」時說：「六情遍覩在心，未見爲志」，〔註5〕
說明心之發用一旦有私、有貪就會產生種種善惡之欲以及喜怒哀樂愛憎諸
情，造成人心與天地之心的分離，無法洞澈天地萬物本來一體的實然。這個
心著有人的思與慮、情與意，已被有限的心智所拘限，不可能做到物來無
礙、體物不遺。故孔疏時時致意於此類「心」之情態，乃感於營爲之心畢
竟紛然雜沓，虛妄不實，故以無心直接來遙契人與萬物的本來境域是沒有分
別的。

　　對於心的內涵，在《周易正義》我們看到了心的諸多疏釋，本文大致分
爲三類（一）情感義的心（二）道德義的心（三）思慮義的心，而這三種心
的型態都屬於人爲的「有心」，將分述如下：

（一）情感義的心

　　只要有人爲之心，就會與事、物相對，一旦起心動念，感動於物，便向

〔註3〕　唐・孔穎達疏《毛詩正義》，同第二章註50，頁13。
〔註4〕　孔穎達時常在《毛詩大序》疏中將「情志」二字並陳，情志往往表述同一義，
　　　　如對《詩譜序》的《虞書》「詩言志」作疏：「而云情志不通始作詩者，《六藝
　　　　論》云情志不通者，據今詩而論，故云『以誦其美而譏其過』，其唐虞之詩，
　　　　非由情志不通，直對面歌詩以相誡。」李建國做了詳細論證，說明情志二字
　　　　可互通者，見其所撰〈詩經漢學抒情本體論辨析──以孔穎達「情志」觀爲
　　　　中心〉，《三峽大學學報》（人文社會科學版），2009年7月，第31卷第4期，
　　　　頁47～51。
〔註5〕　唐・孔穎達疏《禮記正義》，同第三章註20，頁12。

外馳求，故而產生喜怒哀樂之情，此屬情感義之心。如疏〈井・九三〉所說，處此之時，人修己高潔卻不遇明王而滯其才用，心中豈能不悲傷惻愴？又如解〈艮・六二〉當艮之時，欲進而不得動，又不能靜退聽從其見止之命，造成施止不得其所，是以「其心不快」。又如解〈離・初九〉，身處離初，將欲前進，其道未濟，所以步步警懼，藉此避禍，故其心恆未寧者。又如解〈萃・初六〉心懷嫌疑，疑四與三，故有情意迷亂之狀。〔註6〕因《周易》乃憂患之作，孔穎達以為《易》辭事類，多有悔吝憂虞，這是由於處衰亂之世，人民命運不定，而發抒不同的心聲情意，凡此不快、未寧、迷疑之心者，皆因有心於物，乃與物相對而情意二三〔註7〕，是以無法順物而不傷。這些都屬於情感義的心，乃人為的「有心」，不是究竟義的心。

（二）道德義的心

在《周易正義》中，「心」字表達最多的就是道德義的心，這個道德心的發用也有兩路：其一，這些發心，如若超越人心有限的價值判斷，自然地內化為人的德性，且體現為人事的踐履當中，則這些道德心自然屬於無心。其二，若還有個求得免禍、無咎的心，畢竟內心還是有個欲求，那還是落入刻意為之的「有心」。「存心」於道德者，仍陷落在偏執滯礙當中，如解〈乾卦・九四〉以存公用心，故而無咎；解〈比卦・初六〉以著信立誠為心，能免禍無咎而有它吉；解〈比卦・九五〉不妄喜怒的中正之心，方能趨吉避凶；解〈隨卦・九四〉的心存公誠，故能無咎；解〈大過卦・初六〉以謹慎之心來免害；解〈坎卦・卦辭〉以剛正、誠信之心，方能有所亨通等。〔註8〕明顯地，

〔註6〕見孔穎達〈井・九三〉疏文：「『為我心惻』者，為，猶使也。井渫而不見食，猶人脩己全潔而不見用，使我心中惻愴，故曰為我心惻也。」〈艮・六二〉疏文：「『其心不快』者，腓是躁動之物，而強心之，貪進而不得動，則情與質乖也，故曰『其心不快』。此爻明施止不得其所也。」〈離・初九〉疏文：「（錯然者）是警懼之狀，其心未寧，故錯然也。言『處離之始，將進而盛，未在既濟』者，……今位在於初，是未在既濟。謂功業未大，故宜慎其所履，恒須錯然避咎也。」〈萃・初六〉疏文：「既心懷嫌疑，則情意迷亂，奔馳而行，萃不以禮，故曰乃亂乃萃。」

〔註7〕見孔穎達〈繫辭下〉疏：「然考校《易》辭事類，多有悔吝憂虞，故云變亂之世所陳情意也。」

〔註8〕見孔穎達〈乾・九四〉疏文：「『用心存公，進不在私』者，本為救亂除患，不為於己，是進不在私也。」〈比・初六〉疏文：「身處比之首，應不在一，心无私吝，莫不比之。」〈比・九五〉疏文：「心既中正，不妄喜怒，故征伐有常也。所伐之事，不加親己之邑；興師動眾，必欲討其叛逆。」〈隨・九四〉

這些道德義的心，都是針對卦時、卦情的不同態勢而給予具體而有限的「德」。易言之，這些發心仍是一種相對的、狹義的道德心。然而，眞正無心的道德是可以廣袤地存在於所有的事物當中，爲一絕對的終極價值，弘通廣大、無所偏私，至乎與天地之心同流。

（三）思慮義的心

天本無心，本無情，自然不用思，不用慮，然一旦生物，感物而動，則各有其情。有情者爲了免禍無咎，不免役思，不免念慮，故而乾乾惕懼，心無片刻寧靜，以其有心也。如解〈咸・九四〉人生而有性、有情，不能免其思慮，所以揔包萬慮的心，面對外物之相感，未能盡感，就會運用智慧思慮以求相應，故有「朋從爾思」之慮。〔註9〕解〈乾・文言〉又爲了在進退危難中求生存，必心懷惕懼，知終、知至而與時偕行。〔註10〕又解（〈坤・六四〉時說逢括結否閉之時，就要閉藏心中之知以求無譽無咎。〔註11〕爲何如此？一部憂患之作，戒人愼終如始，難免役其思慮，以求對應。然而天下之事，本無思，本無慮，若役用思慮，反而對天人無對的渾然一體進行了割裂的理解與狹隘的限定，如此則傷了「範圍天地之化而不過，曲成萬物而不遺」（〈繫辭上〉）的廣大易道，此心仍圍於一己的心智，對「外」生念，無法與天地之心合而爲一，故屬營爲的有心。

以上所述，並不是說孔穎達之論人心者僅此三類，其他如「中心於事疑惑，則其心不定」（〈繫辭下〉疏）、「不移易其心在於世俗，雖逢險難，不易本志也。」（〈乾・文言〉疏）、「能以貴下賤，所以大得民心也。」（〈屯・初九〉疏）等，皆屬人爲「有心」之論。總而論之，有心者即「有思慮、有感知、有營爲」的造作之心，未能忘懷息照，任夫自然者。孔穎達說：

> 「動之所起興於利」者，凡人若不見利，則心无所動。今動之所以

疏：「志在濟物，心存公誠，著信在於正道，有功以明，更有何咎？……既能著信在于正道，是明立其功，故无咎也。」〈大過・初六〉疏文：「言以絜素之道，奉事於上也。无咎者，既能謹慎如此，雖遇大過之難，而无咎也。以柔道在下，所以免害。」〈坎・卦辭〉疏文：「心剛正，則能有誠信。」

〔註9〕見〈咸・九四〉疏文：「惟欲思運動以求相應，未能忘懷息照，任夫自然，故有憧憧往來，然後朋從爾之所思也」。（〈咸・九四〉疏）

〔註10〕見孔穎達〈乾・文言〉疏文：「心懷惕懼，雖危不寧，以其知終、知至，故無咎。」

〔註11〕見孔穎達〈坤・六四〉疏文：「括，結也。囊所以貯物，以譬心藏知也。閉其知而不用，故曰括囊。功不顯物，故曰无譽。不與物忤，故曰無咎。」

起者，見利乃動，故云「興於利」也。（〈謙・上六〉疏）

不見利而心無所動或見利而不能無動於心者，此皆凡人之用心也。然世人大都平凡，何能不動心？即使所動之心非利益之心，然也執著於一己之成心而造成種種偏見，故孔穎達又說：

言仁知雖賢猶有偏見，仁者觀道謂道爲仁，知者觀道謂道爲知，不能徧曉，是滯於所見也。（〈繫辭上〉疏）

不管是智者或仁者，徒作知性思慮的分辨，必然將全幅的道予以割裂而滯於所見，此則有偏，既有偏，如何周備萬物而不遺？

有心者，心體的發用爲外物所遷，產生智識、思慮、情志、偏執之心等狀態，這些都是孔疏所說的揔包萬慮的心，含藏其中的情志意念啓動，爲了對應外物，向外追逐，遂使能感之心與所感之物裂而爲二。這個心被成見所桎梏，對「外」生念，使萬事萬物皆著我主觀之成見，造成物自物，我自我，主客相分，心與物對，人與天對，人與人對，人與己對，有了種種的對立，起了種種的分別、是非、善惡、人己、物我等之辨，導致愛欲思慮意識紛紛擾擾等情狀，這些發心悖離天地生物自然之本心，於是孔穎達提出「無心」之論。

二、無對境的心

從前論得知，人之心揔包萬慮且念念不斷，一旦有任何發用，都不免流露出人爲的痕跡，因此孔穎達強調「無心」，就是希望心不受任何對境所累，無內無外，無人無己，無善無惡，無物無我，達到一體圓融之境。無心在孔疏的語境中具備以下的特質：

（一）無欲、無思、無為

心雖是酬酢萬物的本源，但其本然狀態，是一種寂然無欲之心，也就是沒有任何意欲的心，不管是善欲或私欲皆不可存心，孔疏說：

「無欲」謂無心，若能寂然無心無欲，觀其道之妙趣，謂不爲所爲，得道之妙理也。〔註12〕（〈繫辭上〉疏）

「無心」之心，豈會有欲？有欲必然發諸思慮，有思慮則有意向，有意向則心有所傾，心有傾向，無論善惡，必然有偏，有偏則有對，有對則心有所礙，

〔註12〕此處原文所用之無即爲此「無」字。

如何應變無方？故心體以寂然虛無爲用，對於所爲、所應之事物，皆以無爲之心發之，不假思慮，不起念頭，此所謂「不爲所爲」之妙道也。

　　由此可見，「欲」是個念頭，是個意欲，有了這個意欲，面對外物就會有思對的心，由我出發，思進思退，思前思後，於是這個心起了思慮，背離了自然發育流行的本然之心，則受外事外物所遷。因此，孔穎達主張去掉人爲紛擾、作用、營爲之心，不必刻意思慮或認知，而是去除思慮、認知的心，讓心自然發用、自己發展，不刻意行孝，孝思油然而發；不刻意盡忠，忠心由衷而出，一切的應化皆在無思的原理下，使心靈完全自由無礙，達到至虛而善應之功，〔註 13〕這就是〈繫辭上〉所說：「《易》無思也，無爲也，寂然不動，感而遂通天下之故」，無思、無爲，寂然不動，非眞不思、不爲、不動，而是「不爲所爲」，以無爲之心爲一切所該爲，不假思慮卻無不中節合道，孔疏說：

　　　　任運自然，不關心慮，是无思也；任運自動，不須營造，是无爲也。……
　　　　既无思无爲，故「寂然不動」。（〈繫辭上傳〉疏）

「無心」者，即寂然無欲、無爲自然之心。這個心並非不動，而是不著人之意念，不營爲、不造作、不起僞，順承天地之心，無所分別，無有思辨，無有對立，爲全幅天道之流行。這個心順天地之理而行，只是無思無爲，寂然不動而已。故又說：

　　　　不煩思慮，與探討自然，能類萬物之情，能通幽深之理，是其能也，
　　　　則天下百姓，親與能人，樂推爲王也。（〈繫辭下傳〉）

天地生物純乎自然，春夏秋冬，日月寒暑，自然而然地運行，沒有一毫私意妄加其中，所以能善應萬事萬物。萬物之情，幽深之故，都是如此，不以私意安排，只是純任天理而已。人只要順應天地之心，保持虛無靈明的心體，

〔註 13〕其實孔疏這個「無心」的工夫，在現代也有類似的修練及運用方式，畢竟古今中外的心靈體境都有其相通處，譬如美國的 Paul C. Cooper 在其文章中提到，當修練禪道（Zen）及瑜珈達到 "total exertion of a single thing"（全神貫注於一事，類近孔疏的「得一」）時，便會產生「無心」的妙境，且在這個修練到達「無心」的經驗中，顯然沒有認知心的執取，有心與無心也並非對立的兩者："Mindlessness replaces living in awareness as the full attention to our activities diminishes, and with it, the quality of what we produce suffers as does the quality of life." and "The experience itself takes one beyond any cognitive notions dichotomized as" mindfulness/mindlessness." Paul C. Cooper, "Total Exertion: Zen, Psychoanalysis, Life,"（「全然的貫注：禪、心理分析及生活」）*Journal of Religion and Health*, 50:3 (2011), pp. 596~597。

不用思慮、認知的心爲之，不加上任何人爲的成分，則不思而自然思，不慮而自然慮，心爲一純然、湛然之整體，自然與天道相合。

（二）整全渾成的心體

「無心」的提出，本不是相對「有心」而言。若是相對於「有心」所揭櫫的那種「無心」，則其意在矯正「有心」之失，仍是執意於一個「無心」的念慮，無法超越「有」與「無」之對待，仍屬「有對」之心。然而，「無」不能夠被當成心的對象，「無」不能拿來想，也不能拿來做爲「去執」的手段，因爲一旦把「無」當成思慮的對象，那「心」與「無」就變成主客對立的狀態，此以「去執」爲主的「無」心，仍不可稱之爲「無心」，以其仍執著在「無」之上。

究竟義的「無心」，是超越「有心」與「無心」的對境，爲一「非對」的渾成性、整體性，亦是宇宙間一切存在與一切變化的法則，不僅不悖虛無之道，更兼具倫理的實質內涵。孔疏提出「無心」之說，使心直接與天道融通，與物無對，不爲任何事物所限定，達到主賓相照，物我兼成，內外相通之境，因而開顯心體因應無窮的自由性。

從《周易正義》的詮釋脈絡可知，孔疏的無心之說並非在「消解人爲之心」的作用。因爲若欲消解「有」者，其意在於「執無」，這個無仍是「對境之無」，非究竟之無。執「有」固然有礙，「執無」仍屬於「有」的領域，亦是一種窒礙。孔疏認爲眞正的「無心」是自然而然的境界，不從消解「有」而來，也不能用文字表述，更不能當成思維的對象，它是一種與天道自然冥契感通的直心，〔註14〕也就是無礙非對的心與具體思慮的心冥融爲一的「心」，這個「心」善應萬象而不爲萬事萬物所羈，是個全然自由自在的心體。

〔註14〕「直心」見《大乘起信論》：「信成就發心者，發何等心？略說有三種。云何爲三？一者直心，正念眞如法故；二者深心，樂集一切諸善行故；三者大悲心，欲拔一切眾生苦故。」本爲佛教用辭，王開府綜其意：「『直心』指菩薩發菩提心後，有修學菩薩「清淨之行」之意樂，無求、無諂、無虛假，不生一切惡意，順此純淨的發心一往直前。」見王開府：〈《維摩詰經》中直心、深心及其相關概念的探討〉，《佛學研究中心學報》第 1 期（1977 年 2 月），頁107。今取「直心」，乃假借此語喻無思慮、無造作之心。

第二節　天地之心與人心之相契

　　首先提出「非對」說的是王弼，他說：「凡動息則靜，靜非對動者也。語息則默，默非對語者也」（〈復・象〉注），現象界相對立的一切範疇，如動靜、語默等，都是發自人為之心作用的結果，人以有限的心認知並對應外物時，心就受外物外境所召喚、役使。如此，當心有了對象性、執著性，對境也就因此而產生，於是有動便有靜，有語就有默。為了消解這種對境，王弼認為只要將我們的心返回到無執性、無對性的狀態中，就可以涵納一切的對境，因而主張復本，也就是回到寂然至無之境，這樣「靜非對動」的「靜」，「默非對語」的「默」，就超越了現象的對境，與「無」一樣具備寂然不動的本體義。

　　然而，「靜非對動」、「默非對語」的「非對義」，在王弼的注文中顯然過於簡單了，孔穎達於是將此「非對義」做了進一步的闡述。他在王弼以本（無）為心的基礎上，在「無」字的後面加上一個「心」字，成為「以無心為心」，以天地無心去看待本末內外及動靜變化的議題，並說明無心是萬物存在的最初狀態。不管是語默或動靜，都是萬物之所以成其為萬物、人之所以成其為人的本來面貌。當心處於與萬物交融一體的狀態中，隨之默、隨之語，隨之動、隨之靜，心的主體無心無為，則沒有所謂的有與無，也沒有所謂的動與靜，更沒有所謂的語與默。當其無心，則人心之動皆合於天地之心，此人、天則無別也；凡有所動，皆順天而動，恍若無所動，此動靜非對也；凡語之發，發自無心，其語言的朗現，恍若無語的希聲，此語默一致也。於是所有的語默、動靜，在心物相融的無心狀態下，體現了「非對」的意涵。

一、復其見天地之心

　　〈復・象〉說：「其見天地之心乎？」天地之心究竟具備何種特性？與人心又是甚麼關係？孔疏何以援無心來應證天地之心？

　　天地到底有沒有心？若是有心，是否表示這個天地經由人心的作用而有了侷限？但若說天地無心，為何〈復〉卦要說：「復其見天地之心」呢？孔穎達的天地之心意指為何？孔疏說：

　　　　「〈復〉其見天地之心乎」者，此贊明〈復〉卦之義。天地養萬物，
　　　　以靜為心，不為而物自為，不生而物自生，寂然不動，此天地之心
　　　　也。此〈復〉卦之象，動息地中，雷在地下，息而不動，靜寂之義，

與天地之心相似。觀此〈復〉象，乃見天地之心也。(〈復‧彖〉疏)

「復其見天地之心乎」，想要見天地之心，孔疏說「觀此復象」就可以看見。〈復〉卦之象 ䷗，下雷上地，雷者，動也；地者，靜也。雷在地下喻動息地中，息而不動，此靜寂之義。這個靜寂的心，與天地之心相似，是個生養萬物的心。既然認取「天地養萬物」的說法，這個「養」字已道出天地存在著生育萬物的心，如此怎可說天地無心呢？當我們追問「天地養萬物」的本質時，表示天地的心已經存在於人心之內，人們希望為天地找到一個存在的價值與意義，便賦予天地一個生物的心，這個生物之心是從「人」的角度與立場出發，是人們替天地的本然存在及其生生不息的現象設定一個形而上的價值義，作為人事取法的依據。故知，天地之心是不能獨立於人心之外的。如若不然，春夏秋冬，四時運行，與人無關，不會因為人的有無而影響萬物的消息生長，那麼又何必去探索天地究竟是否「有心、無心」或「生物、不生物」的問題？易言之，若無人心的發用，天地自是個天地，人自是人，離開了人心的觀照，也沒有所謂的天地之心，更不必去了解天地生物之心是個什麼樣的狀況。之所以說天地生物而無心，這是人心對天地之心的把握與認取。

如此說來，天地生物之心是來自於人心的認取，那麼孔疏如何說「無心」呢？原來這個「無心」呈顯的是「如其本然」的心，非人刻意發用的心，也非思慮營為的心，而是順「天道」、「天理」、「天則」而發動的心，雖然內化於人心當中，卻以「無心」的境界體現之。孔疏在〈復〉卦已經說得很清楚，「無心」就是一個寂然不動的心體，這個「寂然不動」非對立於動靜的寂然，乃是一絕待 [註15] 的心體，隨順萬物之生生而無所動心，不刻意為之而萬物自為；不刻意生之而萬物自生，道雖具生利之功，卻無所用心，雖無所用心，萬物卻生生不息，如天雖無言，四時自然行焉，百物自然生焉，符合天地自然的用心即是「無心」，以一句話概括就是「不為而物自為，不生而物自生」的心。所以「無心」在這裡不作為本體義，而是一種存在的狀態。因此，「無心」不能脫離人心的觀照，這是孔穎達詮《易》的立場。他在天地運行的規律當中找到人事的依據，使人在萬物生生不息的現象中默識天地之心的律動，這個律動的法則就是無造作，無計度，不待作為，不容安排，無意志，無思慮，一切生化自然如此，所以孔疏在〈觀‧彖〉說：

────────────────
〔註15〕「絕待」者，在此指超越對立，絕去對待的意旨。

> 豈見天之所爲，不知從何而來邪，蓋四時流行，不有差忒，故云「觀
> 天之神道而四時不忒」也。（〈觀·象〉疏）

春夏秋冬，四時運行，萬物化生，何曾有個思量？又何曾有個安排？沒有一個主宰者給予生成之規律，一切就在無心無爲、自然而然的情況下生物不已，所以孔疏說「不知從何而來」，即自身依照自身存在的律則而存在，萬物生化的原則就是「自然如此」，孔疏在〈繫辭上〉說：

> 天覆地載，日照月臨，冬寒夏暑，春生秋殺，萬物運動，皆由道而
> 然，豈見其所營，知其所爲？……猶若風雨是有之所用，當用之時，
> 以无爲心，風雨既極之後，萬物賴此風雨而得生育，是生育之功，
> 由風雨无心而成。（〈繫辭上〉疏）

孔穎達替萬物的生生立一個本原，那就是太虛之道，道能開通生利萬物，只是在生物之時體現一個存在的狀態，就是自然而然，天覆地載，日照月臨等萬物的運動都由道而來，但這一切的生化都是自然而然的，不見營爲，也不見所爲，天地只是生生，「當用之時，以無爲心」，自成生物之功。

「以無爲心」在孔疏的語境中是與太虛之道相契之心，也就是不知其所以然的心。一切的生育之功，都在自然的狀態下應運而生，自然而爾，孔疏引韓注「兩儀之運，萬物之動，豈有使之然哉！莫不獨化於大虛，欻〔故〕爾而自造矣。」（〈繫辭上〉注）生育之功，由風雨無心而成，莫不由太虛之道自生自化而來，沒有任何意作，沒有任何的慮心。當然引用這個「獨化於大虛」或「欻然自爾」並不可以理解爲郭象的「塊然自生」，郭象的獨化[註16]一方面說明萬物自存、自足、自生、自因的存在狀態，他認爲事物本身都是「自生」的，背後並沒有一個「使之然」或是「造物者」，萬物都是「自生自爾」、「突然而自得」，「不知所以生」、「不知所以」，一切都自爾、自生，這就是「獨化」。另一方面也郭象也以此爲萬事萬物的來源，認爲現象世界中的事物都是自己生成的，因爲獨立自足，無所憑藉，所以並沒有一個虛無之道作爲萬物化生之根本，更不存在著從「無」到「有」的發生過程，也沒有

〔註16〕莊耀郎說：「郭象對『獨化』的規定非常簡明，就是『無待』……『無待』就是不依因果，取消因果的條件依恃，一切事物之起現，皆是物之自爾，不知其所以，也不知其所從來，所以說『天機自爾，坐起無待。無待而獨得者，孰知其故？』，依郭象對『無待』的解釋，他否定了事物之生起有一超越的主宰，也就是無所謂造物主的概念，他一貫反對在事物本身之外去尋找一超越的存在之理。」同第三章註 6，頁 298～299。

道生萬物的觀點，所以主張萬物塊然而自生。〔註17〕孔疏引韓注之「獨化」，講的不是本源義，而是狀態義，就是「自然如此」，兩儀之運，萬物之動，雖有道作為萬有運化的依據，但卻是出自無心無為，不知其所以然，此「獨化」所體現的是一種不知所以然而然的神功，而不是一種形上根源，這個便是天地的生育之功，也是天地無心生物的體現。

二、即人心即天地之心

　　天地有生物之心卻無心於萬事萬物的發展，此「無心」並非真的不發心，而是無人為之心干預其中，將人心融入天地的化育流行當中，讓人心與天地之心無隔，此時萬物呈現自己的本然狀態，這就是天地之心在萬物自身的體現。孔穎達強調「無心」之說，絕非為了提供給我們研究的概念和理論，而是懷有對宇宙人生最真切的關懷及深刻的憂患，希望從天地生物的律則找到人事賴以行事的準則，這個準則就是「無心」。倡導「無心」，意不在強調消解起心動念的「有心」，因為消解「有心」的「無心」，屬「對境的心」，仍是一種人為造作的心，故而主張在現象界上即見非對的心，也就是讓天地的「無心之行」與人的「無心之德」合而為一，人心與天地萬物融為一體的精神境界，對應外物時保持「自然如此」的狀態，以虛靈的心體去成就一切的人倫義理。

　　天地離開了人心，就沒有所謂的天道、天理可言，孔疏主張天地生物而無心，意在人心對自身存在意義的把握，假天地乾坤之道以況人之德，以便建構一個普萬物而無私的價值意義作為人類生存的依據，故說：

> 天地非有主宰，何得有心？以人事之心，託天地以示法爾。（〈復‧象〉疏）

道在萬物自身當中，萬物自身便是太虛之道，既然如此，那還有一個主宰之心矗立在萬物之上，操縱著天地萬物的變化日新？天地生物，無心無為，自然而然，這個參贊大化流行的心靈必然與天地之心同一性；足見孔疏是以價值義的視域來看待天地之無心，為人的世界確立一個效法與因順之準則，讓宇宙萬象運動變化的現象要到無心無為的自然之功去尋找，故又說：

〔註17〕郭象說：「無既無矣，則不能生有；有之未生，又不能為生。然則生生者誰哉？塊然而自生耳。宇生耳，非我生也。我既不能生物，物亦不能生我，則我自然矣。自己而然，則謂之天然。……故物各自生而無所出焉，此天道也。」（〈齊物論〉注），同第三章註8，頁50。

> 天地運行，自然而爾。……天本无心，豈造「元亨利貞」之德也？
> 天本无名，豈造「元亨利貞」之名也？但聖人以人事託之，謂此自
> 然之功，爲天之四德，垂教於下，使後代聖人法天之所爲，故立天
> 「四德」以設教也。（〈乾‧文言〉疏）

天地變化，沒有主宰者使之然，所以不可能去創造一個「元亨利貞」之德、之名，當萬物自身按照本然的樣子存在、生育、發展，沒有思慮、沒有造作，也沒有目的，這就是「無心」，也就是「自然生成」。「無心」既是個狀態、功能、作用，也是個法則，孔疏以此連繫人心與天地之心，將人心冥契天地之無心，因應萬物，順其自然，與天道合一，那麼人心的本眞才能得以朗現。這個自然之功的「無心」正是人心對天地之道的把握，所以孔穎達說「以人事託之」，足見「無心」的價值就在天人合一、非對無別的狀態下，體現在人的道德生命及人倫禮秩上，從而使人事的一切均在此無心的自然存在中呈現和諧一致的境域。在這個角度看來，「無心」思想說明了一個根本性的觀念，那就是人與萬物在本源之構成上並無差別，一切現象皆在無心無爲的虛無之道下產生。

因此，人與萬物皆由乎太虛之道，亦皆具備了無心無爲的同一性。不管萬象如何繽紛沓雜，人與萬物皆在此同一性的觀照下，取消了天地萬物與我對立的關係，如此，主客皆在無心無爲的神功作用下一體渾化了，所以孔疏：

> 言天地无心，自然得一，唯二氣絪縕，共相和會，萬物感之變化而
> 精醇也。天地若有心爲二，則不能使萬物化醇也。（〈繫辭下〉疏）
> 言男女陰陽相感，任其自然，得一之性，故合其精則萬物化生也。
> 若男女无自然之性，而各懷差二，則萬物不化生也。（同前）

日月、天地、男女等是現象界的不同物體，都以其自身的本然狀態存在，本質上都是一樣的。天之所以爲天，地之所以爲地，男之所以爲男，女之所以爲女，原本就是這個樣子，並沒有特殊原因造就。然而整個天地萬物之所以運化不息，在於天地陰陽二氣的絪縕，共相和會，相感相通而來，此二氣固然有陽、有陰，有男、有女，然絪縕變化的本質則是任其自然，不必問爲何如此，不必分別你是誰而我又是誰，就是隨順於萬物之自然，此時，在現象上看似有對的萬物均在此「一」的觀照下同流同化而顯「非對」之境，此「一」者，無心也。

　　從無心一義的探究，得知人心對宇宙本體的觀照，說明世上本無所謂對立關係。今視「你」和「我」、「主」和「客」、「心」和「物」、「有」和「無」、「人心」和「天地之心」爲對境，乃因爲人心不自然了，在現象界的兩端認取，而不是在本質上直接感通，於是起了辨析，有了分別，於是有了種種的對立。爲了去除此對立，又陷溺在無之概念上，在「去有、去無」之一遣、二遣，乃至於「無無有」、「無無無」，「無無無有」、「無無無無」做無窮無盡的上溯與追索時，此思辨的心仍處概念之對立狀況，定然都不是最究竟的無心義。實際上，萬物是在心物一體的境域中生發不已，沒有與心相對之事物，也沒有獨立於事物之外的心。面向生活的本身，無心自然存乎其中，所有的人倫道德均渾融於此精神而自我完成，無心無爲卻無不爲，如此，生物、成物之功與無心無爲便契合爲一，直接顯發的心等同無意作的心，「無心」是天地萬物以其本然狀態的體現，此正是人心在實踐意義與現象意義上的化成。人心與天地同流，心不必消解有無，也不必超越局限性的對境，即有即無，即無即有，此一泯合的心，即成就其「非對」義。

第三節　從「動靜」論無心之非對性

　　形而上的道與形而下的動靜不可二分，意謂「無心」必然要在現象界開顯，使現象的一切生發變化與自然無爲的境域合而爲一，方證「非對」之境。因此「對境」與「非對」並非以動靜的狀態來區分，而是以有無人爲思慮營爲之心來看待。當王弼提出「凡動息則靜，靜非對動者也。」〔註18〕，已然意識到現實世界的動靜並非是「對」與「非對」的區別所在，若能貞定在「無心」的狀態下，現象界的發用流行，各正性命都可以視爲「非對」的一體渾淪。孔疏進一步詮解其義：

> 「天地以本爲心」者，本謂靜也。言天地寂然不動，是以本爲心者
> 也。凡動息則靜，靜非對動者也。（〈復・象〉疏）

〔註18〕林師麗眞先生於〈王弼援老莊以入易乎——從「動靜」論的詮釋説起〉一文，
　　　　對王弼的動靜説有詳細的討論，將其動靜觀分爲四個要點説明：一、統宗會
　　　　元，靜爲動本，二、靜非對動，靜中有動理，三、靜專動直，一任自然之氣，
　　　　四、動靜有適——適時、當位、任陰陽之德。其中第二項即專論「靜非對動」
　　　　之義。見林師麗眞：〈王弼援老莊以入易乎——從「動靜」論的詮釋説起〉，《六
　　　　朝學刊》第一期（2004 年 12 月）。

孔穎達繼王弼以無為本〔註19〕之說，將動靜的最終型態貞定於「靜」，此「靜」不是動靜相對的靜，而是含納動靜又不為動靜所限的絕對義。首先，從現象來看，動靜乃相須而有，所謂的「動息則靜」說的就是本體流行的兩種動勢，所謂陰陽、往來、屈伸、翕辟、乾坤、動靜、虛實、清濁、聚散、有無等，雖然分為二氣，實一氣之流行，一者，無心無為，男女、乾坤不懷二心，只是貞夫一，就可以達到「非對」之境。之所以「有對」，乃失於純一，有所思慮、有所欲求導致己與己分，己與人分，人與物分，故而有上下割斷、體用殊絕的困境。底下將就這一段引文展開論述：

一、對境的動靜

對境來自於人心的作用，而非現象中動靜的對立。若人心孚順天心，是動是靜皆無心而為，此雖於現象世界看得動靜，於根本義而言，卻渾淪為一，更無所謂的對境。因此，「動息而靜」、「動必因靜也。靜而得動，亦動靜相須」，〔註20〕此對立之動靜若出自無心，天然而成，不礙其與「靜非對動」的形上之「靜」融為一非對的原初之境域。所以對境的動靜非就現象而言，乃人心營為所導致，如：

> 夫人之情也，感物而動，境有順逆，故情有忿欲。懲者息其既往，
> 室者閉其將來。忿欲皆有往來，懲室互文而相足也。（〈損·象〉疏）

境有順逆之對，乃來自於人心感物之時，把人與物對立了起來，沒有遵照天地無心的規律，無法隨順於順逆之境而動，於是把自己從渾然一體的境域中割裂了下來，因此產生了忿與欲，有了忿欲就有了順逆不定之境；為了消除此生活世界的對境，於是對已發生者則予以懲息，對於尚未發生者則室閉之，此一來一往始終陷落在經驗世界的對立當中。又如解〈震·上六〉說：

> 「震不于其躬，于其鄰，无咎」者，若恐非己造，彼動故懼，懼鄰

〔註19〕王弼的兩個主要觀點「靜為動本」與「靜非對動」，說明動靜並不是互相對立的表徵。王弼認為動靜是體用關係，靜即是寂然至無之本，然而，他的靜是什麼？若只是動靜相對待的概念，何能作為動之本？可見他所說「以靜為本」的「靜」，也就是寂然至無，是個超越動靜相待的至靜。林師麗真先生說：「若說『靜為動本』，則此處所用的『靜』字，其指涉意義應不同於一般所謂『動靜』之『靜』；它的位階已被提昇到『靜篤』『靜母』『靜根』的絕對地位。」同上註，頁40。

〔註20〕見孔疏〈繫辭下〉：「龍蛇之蟄，以存身」說：「靜以求動也。蛟蛇初蟄，是靜也；以此存身，是後動也。言動必因靜也。靜而得動，亦動靜相須也。」

> 而戒，合於備豫，則得无咎。……「婚媾有言」者，居極懼之地，
> 雖復婚媾相結，亦不能无相疑之言。……畏鄰之動，懼而自戒，乃
> 得无咎。（〈震・上六〉疏）

天地、乾坤、男女、陰陽二氣相感，必以得一之性，任其自然，方能化醇、化生，如今產生相疑之心，各懷差二，無法因順，故有了自己與他人之相對，爲了免此主客對立，又以戒慎恐懼以避之，此仍陷於相疑之心與戒慎之心的對境。孔穎達深知對境來自於人心與天地之心的絕裂，所以說：

> 凡吉凶者，由動而來，若守貞靜寂，何吉何凶之有？……若動有營
> 求，則恥累將來，故云動則未免於累也。……若不求其吉，无慮无
> 思，凶禍何因而至？由其求吉，有所貪欲，則凶亦將來，故云殉吉
> 未離乎凶也。（〈繫辭下〉疏）

吉凶來自於對境的「動」，因爲有所營求，欲思運動以求相應，故未能忘懷息照，感物而動，便有了人情之私，有了私欲，求吉者凶亦將來，未能免乎對境之累，若能直與天地渾然爲一，無慮無思，何吉何凶之有？泯然同順，又何有對境？同順於吉，同順於凶，無吉凶之念，則無福禍之對境，凡所有的喜怒哀樂、吉凶禍福皆來自於一念心之變現，若執著於經驗世界的思慮，不免起心動念，故而產生對境之動靜，終無法做到心无差二，寂然無慮，任運自然者，於是遇事應物，則執意於事物之對應，心物分離之故，往往在疑難當前則思動以求應，如〈屯・初六〉：「磐桓，利居貞，利建侯」，王弼注：

> 處〈屯〉之初，動則難生。不可以進，故「磐桓」也。處此時也，
> 其利安在？不唯居貞、建侯乎夫。息亂以靜，守靜以侯；安民在正，
> 弘正在謙。（〈屯・初九〉疏）

「動」則難生，所以必有一對治之法，此爲「靜」也。處此屯難之時，「息亂以靜，守靜以侯」，此「靜」乃對「動」而生，故要息、要守。此「息亂以靜」的「息」與「舉本息末」的「息」爲同一層次，乃均爲「對境」義。孔疏：

> 言初九雖磐桓不進，非苟求宴安，志欲以靜息亂，故居處貞也。非
> 是苟貪逸樂，唯志行守正也。（〈屯・初九・象〉疏）

「志欲以靜息亂」，說明此「志欲」已出自人心之營爲，故以「志行守正」的方式來應對物之屯難。如若隨順于屯難之境，乃自靜自正，那麼世俗所謂的順逆、進退都看成一樣，何須「以靜息亂」呢？由此可證，此「靜」雖爲解

決「動」之弊而生，然終不免又掉入另一個對立之困境，因爲「靜」若是來自於對「動」的反動，此「靜」又成爲另一種意欲的動勢，終無法脫離對立的態勢。所以孔穎達繼王弼〔註21〕之意，在疏解〈艮〉卦時，不主張「以靜制動」，也不主張「強止物情」，而是要「施止於止，不施止於行」，「施止於止」，前一止字乃與對境的「靜」互詮，後一個「止」字，則是王弼主張反從本理〔註22〕之道，即是與天地無爲之心相融的絕待之「靜」，意謂施止者，不以強硬態度面對，而是令物自然而止，《周易正義》曰：

> 夫欲防止之法，宜防其未兆，既兆而止，則傷物情。故施止於无見
> 之所，則不隔物欲，得其所止也。若施止於面，則對面而不相通，
> 強止其情，則奸邪並興而有凶咎。（〈艮・象〉疏）

「施止於背」、「施止於面」都是一種喻義，「施止於面」乃指面對物欲強止其情；「施止於背」乃指見欲卻如見背，不爲物欲所累。在這裡，不用「不見其所欲，而得其所止」，而是採取「不隔物欲」之說，乃物與我都在無心無爲的境域中冥合一體，所以不需要特別將物欲與人相隔，見物欲如無見之所，自然而然地不爲萬物所累，如此則能順情順性，時止則止，適於其道。此同乎

〔註21〕王弼〈艮・象〉注曰：「各止而不相與，何得无咎？唯不相見乃可也。施止於背，不隔物欲，得其所止也。……无見則自然靜止，靜止而無見，則不獲其身矣。……夫施止不於无見，令物自然而止，而強止之，則奸邪並興。」見《王弼集校釋》同第二章註26，頁479～480。此注可分爲兩層，其一、施止於背，在不見可欲的情況下，自然心靜如水，沒有起心動念，故說「靜止而無見，則不獲其身」。其二、施止應「不隔物欲」，則能得其所止。此處弔詭的是，既施止於背，則有所隔，又何以說「不隔物欲」呢？无所見，則隔於物欲；有所見，乃不隔物欲，這其中是否有所悖論呢？從王弼注〈艮〉卦所有的詮解來看，除此一條，其他一致持「施止於背」之義，因此「不隔物欲」之說就更令人費解。針對這個問題，樓宇烈不採取《周易舉正》所說「不見其所欲，而得其所止也」，而是採取「不隔物欲」，並爲之解釋：「王弼所強調者……在於『不隔物欲，得其所止也』。即不應當於物欲已生之後，再去制止，而應當在物欲未起之前就抑止它。」然此語仍未說明「不隔物欲」與「施止於背」中間的矛盾。孔穎達此說不僅說明未兆之時，心自靜止，與物情無傷，且表明施止於无見之所與「不隔物欲」，是一而非二，乃見物欲如見背，心念不起，自然無須隔之，此無心義之圓成。

〔註22〕陳鼓應說：「在動靜觀念上，王弼強調靜，認爲動、靜二者非平等對待。萬物之動爲短暫不定，唯有靜方爲事物恆常之狀態。……，王弼以老子「歸根曰靜」之形上觀爲基礎，透過天地萬物循環往復歸根返本的「道之動」，以靜息爲萬物運動恆常之歸趨。」見陳鼓應：〈王弼道家易學詮釋〉，《臺大文史哲學報》第58期（2003年5月），頁12。

本理之「靜」的「止」，不必超越動靜之對待，只要自然、無心即成。

二、非對的動靜

所以反從本理者，以無爲心，從本出發，符合天地之本然如此，那麼動靜則一而非二，雖動而貞於無心，在順物日新、與物俱化的同時，由乎靜之本體，動而不爲所動，此雖動而無動，爲動而靜者；反之，雖靜而有動之理、發用之功，而能應物而動，生化群品，推動宇宙之生成，此雖靜而動，爲寂而動者。至此，即動而靜，即靜而動，皆在無心之渾成下無所分別，其心不被任何動與靜所拘執，那麼道之本體與仁功之顯發合一，何得有對？

孔穎達以「非對」之「靜」來兼含動與靜，如同他以「無心」之本然眩貫象數與義理，心既自由無礙，怎會被象數或義理的對立所縛？所以主張一切的興動，都由乎自然無心，〔註 23〕不管是動是靜都以其自己本然的質性呈現，此對於作爲根本義的「靜」而言，隨變順應而無改本理，此兼含動靜的絕待之靜，就不可以執著於是否活動與不活動。因爲任乎自然者，所有興動等於無有所動，因此孔疏主張「任運自然」，〔註24〕是動是靜非單純就相對動靜之義來說，即順天施化，可動則動，可靜則靜，或靜而應動，或動而應靜，應時行止，不可爲典要，此則絕待義之「靜」也，故說：

> 是純陽，德能普備，无所偏主，唯專一而已。若氣不發動，則靜而專一，故云「其靜也專」。若其運轉，則四時不忒，寒暑无差，則〔剛〕而得正，故云「其動也直」。以其動靜如此，故能大生焉。(〈繫辭上〉疏）

或動或息，是靜是動，任之於無心，各順其性，不可定於一方，在圓而應之以圓，在方而應之以方，〔註 25〕順任萬物的自然本性，如不動之時，靜而專一，含動之理；動之時，四時不忒而寒暑無差，其動也直，貞於本理之靜。所有的乾坤、陰陽都各以其本然之性，共相和會，不懷二心，故能感、能合，

〔註23〕 〈坤・六二〉疏：「有興動，任其自然之性，故云直以方也。……言所以不假脩習，物无不利，猶地道光大故也。」

〔註24〕 〈繫辭上〉疏：「《易》无思也，无爲也」疏說：「任運自然，不關心慮，是无思也；任運自動，不須營造，是无爲也。」

〔註25〕 王弼《老子注・第二十五章》：「道不違自然，乃得其性。法自然者，在方而法方，在圓而法圓，於自然無所違，自然者，無稱之言，窮極之辭也。」在方而法方，在圓而法圓者，順任萬物的本性，不違背自然。

此靜自是即動即靜，即大生之「靜」，因以無心爲之，故能兼含二者。所以凡物之動靜，必須順天施化，與時行時，方得「止」之法，故說：

> 凡物之動息，自各有時運。用止之法，不可爲常，必須應時行止，
> 然後其道乃得光明也。（〈艮·象〉疏）

止者，絕待之靜也，止之要義，順情順性，應時而行，止於所當止，使得萬物各得其所，萬事恰如其分，故知「止」者，時動則動，時靜則靜，不可死守對境之動靜而不知變通，故其止（絕待之靜）者，應時行止（對待之靜），不相爲二，因此能成就天下之盛德大業。

所以「動而常寂」與「寂而能動」是一不是二。善應之人與無心同軌，爲了百姓蒼生，隨物立稱，順變隨世，接物無方，恆以自然爲本，虛心以應物，動不離「靜本」，雖垂跡應感，但不措意於物，此雖動而無動，雖動而常寂。以靜爲本者，以無心應物，順任一切變化之境，與之同往同化，各然其所然，各適其所適，此雖靜而無靜，雖寂而能動。孔穎達故說：

> 天地之動，靜爲其本，動爲其末，言靜時多也，動時少也。若暫時
> 而動，止息則歸靜，是靜非對動，言靜之爲本，自然而有，非對動
> 而生靜，故曰「靜非對動」者也。（〈復·象〉疏）

以本末、多少言動靜者，不可執著在文字表象的意義，這個「本」指的是兼賅動靜的絕待之靜，這個「末」指的是對境的動與靜，[註26]這個「多」指的是恆常之靜，喻不易之常體，而這個「少」則喻現象界之動靜紛繁，因非究竟，故以少指涉之。孔穎達以爲只要人心直契天地之心，暫動與止息這個現象之動靜，不必藉由超越，也不必先做第一層次的去執功夫再上升於最高層次的靜，而是一發心則冥契天心，以「無心」觀照之，當下便是歸靜（根）復本，動靜自然而有，無所措意，無所用心，該動則動，該靜則靜，動靜隨天，純任自然，故說「靜之爲本，自然而有，非對動而生靜」。

此時，天地之本體與道德之實然合而爲一，此動靜、屈伸、往來等，無非只是個「靜」，以寂靜無心故，貞定倫理至善之境。然何以孔疏最後以「寂靜」爲定然之型態呢？乃因動靜就應物而言，於心體言之，即使有動靜之善應，卻不隨現象的動靜有所改易，是一個常體不易、永恆不變的主體，此「靜」乃具有根本性的意義，爲一「絕待之靜」也。

〔註26〕在現象的動靜裡，靜也是動的一個方式。

第四節　從「語默」論無心之非對性

　　「語」與「默」都包含著兩個向度，一個是在對境中產生，意指人為有心的「語」與以靜止心的「默」；一個是非對的渾成之境，無心之「語」與靜而非靜之「默」。孔疏在「非對」的議題上，通常都先顯對境之蔽，而後以「非對」之境極成無心之究竟義。

一、對境的語默

　　語言是人為之文，對所觸及的事事物物予以規定、指稱、擬議、批判、指示等作用，因為是人為的、主觀的、有心的、任意的，所以呈顯規定性、片面性及限制性等特質，無法呈現事實本質之整體及全貌，這樣的「語」為對境之語，如說：

>　　謂辯明卦之與爻之吉凶，存乎卦爻下之言辭是也。（〈繫辭上〉疏）

卦爻之吉凶，由乎言辭之詮釋，必出自人心之思辨，為萬事萬物之形象、概念做出指謂、析辨，這樣的語言則各詮其所思，各是其所是，無法同順於道。且遇事而發，所發必針對所應之物境，言語與萬事萬物對立則有所偏，有所偏則無定，無定之語，必生是非、彼我之心，此有心之言為常人之語，孔疏說：

>　　言行之動，從身而發，以及於物，或是或非也。（〈繫辭上〉疏）

>　　言亂之所生，則由言語以為亂之階梯也。（〈繫辭上〉疏）

因為對事而語，所語必有其對境，由己身出發以及於物，往往產生許多的名相稱謂，因而有種種的是非爭辯，造成彼我分裂，《周易》恐眾人逞言語之能事而將一己之偏語夸夸示於人，故時以慎言誡惕人們，孔疏又說：

>　　言行雖初在於身，其善惡積而不已，所感動天地，豈可不慎乎？（〈繫辭上〉疏）

>　　於易言之，是身慎密不出戶庭，於此義言之，亦謂不妄出言語也。（〈繫辭上〉疏）

各人肯定別人所否定的，或否定別人所肯定的，不管如何，有所思見的語言都是對無心之道的一種蔽害，透過營為之心所產生的語言，已然失去無心無為之境，如此所言則非真，非真必偏，偏則紛繁爭執因之而生，這些善惡、是非、得失都來自於言語之失，故孔穎達欲人謹言、慎言，擬議而動，不可妄出言語。

有了這些主觀、成見造成善惡對立之成因，足見語言必有所蔽，於是孔穎達主張「默然無言」來對有限的語言做一消融，他說：

> 言人雖懷聖德，若隱默不言，人則莫測其淺深，不知其大小，所以聖德彌遠而難測矣。若彰顯其德，苟自發明，即人知其所爲，識其淺深。（〈蒙‧卦辭〉疏）

「對境的默」仍是相對於「有限的語言」而成立的，故以「隱默不言」來作「苟自發明」的反動，此仍陷於另一個對境。顯然地，「彌遠難測」與「彰顯其德」是個對比義，又「莫測其淺深」與「識其淺深」、「不知其大小」與「人知其所爲」皆是個相對義，這些作爲現實人生的「語默進退」都依憑於相對的客觀現實而存在，爲了對應「人識其深淺」所帶來的傷害，故主張巧避之默來苟全一己之德 [註27]，此主默之心，乃在去除人知其所爲且識其淺深所產生之罣礙，於是採此相對於「語」的「默」，來取消有境的禍害，故不可稱之爲絕待之「默」。因爲，聖德自是順天而動，天地幽隱之時，人事亦當順理而與之同消退，以身之隱默善應天地之閉塞，相融乎潛默之幽，此全德之至也，何有其機心恐人之識其深淺而知其大小乎？此用以隱默不言來相侔聖人之德，實際上，此「默」仍處「對境之默」。同樣地，在〈蒙卦〉的疏解，亦是以「有對的默」來消解「有心」的彰顯，如說：

> 育德謂隱默懷藏，不自彰顯。（〈蒙‧象〉疏）

由隱默不言進一步到隱默懷藏，此「默」乃對「顯」而生，可見「默」之義由「不言」至「隱藏」，非僅於對「語」而已，那麼「語」之義亦相應「默」而來，故由「言」至「動」、「顯」都是「語」之衍申義，即意指一切與「默」相對的舉動。故在〈復卦〉的疏解中，「靜動」、「語默」乃爲同一意涵，這個「默」都在消除「彰顯」可能造成的弊端，無論如何，此「默」都是對應「動」而生的，故都屬於一種對境。

二、非對的語默

對境的語默與無心無爲的語默，在本質上存在著很大的差異，對境的默在破除語言概念的有限性，企圖從言語的障礙中解脫出來，像這樣對「有」而有的「無」，對「語」而有的「默」，都因爲明顯的意欲傾向而更加證實「默」

〔註27〕〈明夷〉注云：「明夷莅眾，顯明於外，巧所避」此以「巧避」之默來取消禍害。又〈蒙‧象〉：「蒙以養正，聖功也」，能以蒙昧隱默自養正道，乃成至聖之功，此亦是以「隱默」來躲避禍害並成全己德。

的有限性，因爲否定語言的默，還執著在這個「否定語言」的念頭，可知這個默並非孔疏的「非對義」的默。

　　無爲的默並非只做「遣有」的作用，也並非雙遣、三遣乃至於無窮無盡地做「非對」的「非對」，那麼這種無窮盡的雙遣，其結果是否應該要徹底超越所有的語言才能體現最終的究竟義呢？如王弼主張要超越現象界所有對立的形象，直以無爲本，故有「得意忘言」、「得意忘象」之說，〔註28〕雖然忘言、忘象的目的不在完全否定象數及名言，但他始終認爲有形有名的語言名相無法把握「道」，要超越語言名相才能體證「道」的存在，「忘」在這裡，已經做了去執性的工作，也就是本文說的「對境的無」，「對境的無」終非究竟的無心義，所以還要渾化相對的「有」與「無」來凸顯絕待的本體義，故繼「靜非對動」、「默非對語」之後接著說：「運化萬變，寂然至无，是其本矣」（同前），這個「無」並非對立於「有」的「無」，而是涵融有無一體、體用一如的思維，是個本體義的「無」〔註29〕，所以王弼又說：

　　　　有之所始，以無爲本；將欲全有，必反於無也。（《老子四十章》注）

　　　　欲言無耶，而物由以成；欲言有耶，而不見其形。（《老子十四章》注）

超越事物相對的侷限，以「無」來對「無限且絕對的有」做整體的把握，也就是從現象界去貞定萬事萬物的本質，所以王弼雖主張崇本舉末，認爲「全有」乃是在「無」的觀照下同時化解「有」與「無」的對境，而以「道」的本然狀態現成，於是「靜非對動」、「默非對語」的「靜」與「默」已然等同「無」，乃統攝形而下的對立兩端，具有本體內涵義。這就是爲什麼王弼在「忘象」、「忘言」的同時，他本人並沒有離開語言文字之相，而企圖以「全有」的名言來指涉「無」並與「無」合而爲一，而成爲魏晉本體理路的開創者。

　　當王弼提出「非對」義時，對於「語息則默」及「默非對語」的這兩個

〔註28〕王弼《周易略例・明象》：「夫象者，出意者也。言者，明象者也。盡意莫若象，盡象莫若言。言生於象，故可尋言以觀象；象生於意，故可尋象以觀意。意以象盡，象以言著。故言者所以明象，得象而忘言；象者所以存意，得意而忘象。」

〔註29〕林師麗眞說：「在動靜、語默的相翻對較中，他（王弼）所強調的，不是對立關係，而是體用關係。」見林麗眞〈王弼援老莊以入易乎——從「動靜」論的詮釋說起〉，同本章註18，頁41。

「默」並沒有做進一步的詮釋，且簡化爲崇「默」舉「語」的跳躍邏輯，直以「泯動顯靜」來表詮，孔穎達因此對此做了更深一層的注解，他說：

> 「語息則默，默非對語」者，語則聲之動，默則口之靜。是不語之時，恆〔恒〕常默也。（〈復‧象〉疏）

「語則聲之動，默則口之靜」是現象層次的語默，「語」是聲音的表達，「默」是安靜不說話，所以這「默」是相形於口說的語而成立的，與對境的語爲同一層次，是相對於語的默，並非第一義的「默」。於是他提出了非對的「默」，即「默非對語」的「默」，這個「默」不是相對於語者，而是統攝語默的「默」，不必排斥名言概念在體道過程中的作用，也不必經由遣有、遣無的過程再融合「語」與「默」，而是在人與萬物原初的關係上找到根源，天地生物無心，人亦如斯，把一己融入萬物的存在當中，讓一己之心與萬物的生生毫無障礙、毫無隔離，此原初的境域，自然如此，也就是無心無爲，心在一個無執著性、無對境性的狀態之下，該語則語，該默則默，「語」與「默」都在此無心義的圓成下渾成爲一，此則雖語雖默，孔疏皆以一「絕待之默」來作爲貞定之依據，故說：

> 渾沌者，言萬物相渾沌而未相離也，視之不見，聽之不聞，循之不得，故曰易也。（《周易正義‧序》）

人與萬物的根本都從天地無心而來，在自己做爲自己的過程中，把心縱放在宇宙之流當中，不把對象視爲對象，更不把萬物做爲意識的客體，看到物境以「無心」感通如不見，聽到眾聲以「無心」順之如無聞，該語則語，該默則默，該動則動，該靜則靜，語默動靜因順外境，皆發自無心，至此，人與萬物則一體渾融，何有對境？故說「萬物相渾沌而未相離」也，這種非對之境就在孔疏的「無心」義的觀照下融成爲一渾沌之境，「語」與「默」在此渾沌境域中本不相離，故又接著說：

> 非是對語有默，以動靜語默，而无別體，故云「非對」也。（〈復‧象〉疏）

不是因爲要去掉語言的執著才有默的產生，而是「語」與「默」的根源都來自於無心無爲的道體，本質上並無差別，雖有言辭，但所語無異於默之本然，無著意、無執象，發皆中節如不語，此「語」即「默」也；反之，不語之默，以發用故，不能自離於萬物知生生，此不言未嘗不在說，此「默」即「語」也。所以在渾全的一體中，雖語即默，雖默即語，不一不二，何來

對境？

　　既然如此，「有無」、「語默」歸於一體的渾成之道，同乎天地道德的「境界之有」與同乎天地無心無思的「境界之無」二者之間並沒有區別，此「境界之有」與「境界之無」乃屬同一境域，順道自然，「默而無默」，「語而無語」，「語」與「默」都是無心無爲，與無心義在根源處都爲同一性，那麼，何以孔穎達不取「語」而認「默」作爲「非對」的第一義呢？一方面乃宗王弼注並對魏晉以來道家義之繼承。另一方面乃因「無心」義在孔疏中扮演重要的角色，爲了符應虛無之道體，故而以寂默爲本爲「非對」的最終型態。此「默」並非「口息則靜」的相對義，乃「默而非默」的究極義，所以他強調「是不語之時，恆常默也」，亦即不語之時非眞的不語，而是以無心爲之的「語」，也就是自然爲之的「語」來證成，爲了肯定「無心」的極功，孔穎達以「默」、「靜」指稱之。

　　常人不識「語默皆寂」，只知口之靜爲寂，孔穎達因此強調本體義的「恆常默」，恆常者，本然也，絕待也，寂靜也，永恆也，不變也。他認爲「語」之發由乎無心，無心而發的語，自然顯露，就是渾然天成的第一義之「語」。孔穎達提倡「無心」之言，並非不言，而是反對有心、人爲的語言；若人與天無對，語言的本質基本上與默的本質無別，在本源處，語言與無心的天地一般，都是最本然、最率眞的原初，與道爲一，不知所以，隨天機而發的自然妙語，發皆中節，順應變化卻不留痕跡，廣博深微卻不可窮盡，此依無心所發之語，等同於「默」，孔疏以「恆常默」稱之。

　　既然以無心來朗現萬物的本來存在，那麼語默皆寂，無心的自然境界（默）與人爲的道德境界融合爲一，「默」涵納「語」與「默」，當下渾淪，不管是語、是默、是動、是靜，最終貞定於「無心」的境域型態，此在形上意義而言，也可以視「默」爲本體義。至此，「默」成爲天地之至境，爲天地最終的本然型態，或語或默皆「默」也，既不執著於語言，也不執著以靜止心，不離語言又不被言語所限，所有的出處語默皆在「默」的朗照下合於無心無爲的最終型態。此時，動靜皆妙，語默總眞，是語，是默都是語，也都是默，不語如同語，語又如同不語，「語」「默」皆在無心的原始境域下自然而發，處語無心，處默也無心，語與默具備同一性，「說時常默」，「默時常說」，語默一致，「對」從何來？故云「非對」。孔疏說：

　　　　「或出或處，或默或語」者，言同類相應，本在於心，不必共同一

事。或此物而出，或彼物而處；或此物而默，或彼物而語，出處默
語，其時雖異，其感應之事，其意則同，或處應於出，或默應於語。

（〈繫辭上〉疏）

「語」象徵著萬物的變化流轉，「默」象徵著天地存在的規律，所有的出處語
默、動靜行止純任天地之自然，那麼，說該說的話，做該做的事，動息語默
莫非天道之流行，語默任乎無心，可行則行，不可則止，或出或處，或靜或
動，或語或默，一切隨順自然，雖然形跡各異，但一切都在無心的本然下展
開，不必用力於人倫禮秩、道德規範的敷教，只要順著無心自然之理，沒有
半點費神、費思，那麼人道所應然的彝德就與不知所以然的天道結合在一起，
此一自然總體的存在之道，就是「本然如此」的「恆常默」。

第五節　「無心」所開顯的「非對」之境──物我齊致

　　為了說明「非對」之意義，孔穎達更對王弼「寂然至无，是其本矣」之
說，做出二種說解，企圖在「無」與「有」這種對待關係中，揭示出一種融
合「無」與「有」卻又不陷落二者對立的說法，亦即肯定所有事物都是相互
對待且相須而有，卻又融合這種相待關係為一渾成之境，使「無」與「有」
因為無心的作用，呈顯「非對」的狀態，他說：

　　言「寂然至无是其本矣」者，凡有二義：一者萬物雖運動於外，而
　　天地寂然至无於其內也。外是其末，內是其本，言天地无心也。二
　　者雖雷動風行，千化萬變，若其雷風止息，運化停住之後，亦寂然
　　至无也。（〈復・象〉疏）

首先，將「寂然至无」以「天地无心」來詮釋，這說明孔疏的「無心」比「至
無」更能認取「存有」的意涵，王弼的「至無」者，始終在萬有的現象探尋
一個能為物品宗主的本體，強調「物無妄然，必由其理」之道，〔註30〕認為
萬事萬物都必須有一個形上本體作為統御的「宗主」，使萬事萬物按照一定的
原理運行，故以「無」作為萬物之所以然的根據，雖然王弼也主張體用合一，
不離「有」及「用」來論「無」，然而他始終在現象本質當中追求形上本體及
所以然之道。牟宗三先生說：

　　大抵凡泛言體用處，皆極精透。一涉天道性命之貫通處，則皆浮泛

〔註30〕出自王弼《周易略例・明象》。

而不切。〔註31〕

不可否認，這樣的批評是站在儒家義理的立場而言，雖然王弼在天道的體用說並沒有太大的缺失，但他出發點大都著力於天地自然之道，對於儒家所關心的人倫日用則落於學理知解的境域，故給人浮而不切之感。孔疏有鑒於此，認爲易理雖然不離虛無之道，但道備包有無，垂範作則在於「有」而非「無」，他說：

> 原夫易理難窮，雖復玄之又玄，至於垂範作則，便是有而教有。（《周易正義‧序》）

改王弼的「無」爲「無心」者，〔註32〕並不是說王弼的「無」沒有化用的功能，而是孔疏更重視垂教的人事作爲，若以「崇本」爲「舉末」之重要依據，那麼「本」與「末」恆有對境之慮，於是孔疏把王弼「無」的本體義改以「虛無」之理，「無」的自然義改以「無心」，說明「無心」不會出現「無」與「有」的對立，且更方便將有限的「物」與無限的「道」融通爲一。因爲天地萬物本由動靜、語默、陰陽、乾坤這種對待關係絪縕相盪而成，〈泰‧象〉說：「天地交而萬物通」，沒有陰陽、乾坤，何以成就萬物之生生？「有」與「無」既然相須而有，豈能對立？只有讓自然世界與現象世界在一個「自然如此」的狀態下結合在一起，才能使人與物相通而沒有對境。因此不必特別強調存在於現象界上的那個「無」，而是在現象界的一切變化上，保持一個「無心」，隨順著「全有」的變化，動還它動的本來面目，靜也還它靜的本來樣態，從這個角度來看，天道與人事就在此一「無心」的作用下，巧妙地結合爲一，無有差別。所以孔疏說「物雖運動於外，而天地寂然至无於其內也」，這個「外」指的是現象的流行變化，這個「內」指的是虛無之道，任乎無心，本末體用是沒有差別的，既如此，對境何從而生？於是他舉了第二種詮釋法，就是當天地萬物止息之時，就看到了天地之心，這個止息，不同於王弼所言「動息則靜」的「息」，動息而靜者，其「靜」乃因相對「動」而生，亦是「泯動之

〔註31〕牟宗三：《才性與玄理》，同第三章註40，頁106。

〔註32〕孔疏強調要能以無心之境，於「有」中體「無」，即如趙榮波所說：「（孔疏認爲）只有把表徵萬事萬物的『有』的功用推演到極致，『無』（即『道』）的功用才可以顯現出來。這顯然是對老子『反者道之動』的繼承，而且是『從有到無』的『倒推』。人若『明道』，必須因循其『神妙之性』，而了然『道』之神妙之性則必須以通透地體悟天下萬事萬物的變化爲前提。」見趙榮波《《周易正義》思想研究》，同第一章註31，頁78。

有」，方得「靜之無」，此「泯有顯無」者，則王弼「寂然至無」之意。〔註33〕
天地至無者，乃不落入「有」的限定，因為一有限定，則不能妙眾有，所以
以本為心者，則以無為心，王弼此說又落入只關心天道而不關心人事之偏，
牟宗三先生又說：

> 此本即心。此全由動靜有無之相翻以顯本。「至無」始能妙「眾有」，
> 故云：「若其以有為心，則異類未獲具存」，……此在顯本上，未嘗
> 不是。然此種只是形式的了解，並不能盡「復其見天地之心」之「內
> 容的意義」，只能盡其「形式的意義。」……故只落於以單純之玄理
> 解易，而不能盡孔門〈十翼〉之義理。〔註34〕

意謂王弼之說純在邏輯及學理上作功夫，對於儒家憂患之情及人事之始終則
不能盡。孔穎達以儒者身分疏《易》，自然要對王弼的說法有所修正，故而將
王弼的「動息則靜」改以「止息」者，乃此「止息」為復本之究極義，不必
消融對境，不必「泯有顯無」，只需要一個「止息」的復本之功，天地萬物與
我就能臻至「合一」之境。當然這個「止息」並不是現象界的靜止之意，乃
與他在〈艮・象〉所發揮「不隔物欲」之說，不必將物欲與人相隔，見物欲
如無見，去掉人為之心，發乎無心，由乎直心，此「止息」之究竟義也。至
此，現象一切的相對性皆在無心的作用下透顯與道無別的特性，那麼這個心
體不但無對、無執、無別，與萬物相通，且體現著廓然大公的境界。

一、道通為一

　　所有的對境透過無心的作用，在消融相對的同時也直顯相契的合一之
境，此孔疏稱為「道通為一」，他詮解王弼的「若其以有為心，則異類未獲具
存」時說：

> 凡以无為心，則物我齊致，親疏一等，則不害異類，彼此獲寧。若
> 其以有為心，則我之自我，不能普及於物，物之自物，不能普賴於
> 我，物則被害，故未獲具存也。（〈復・象〉疏）

〔註33〕牟宗三《才性與玄理》說：「動止則靜，由動而有，動止則有泯，故動止則靜，
　　　　有泯則無，故『寂然至無』以為本也。」王弼的有無很單純的表現在體用形
　　　　上、形下的路線上，至於道如何落實在儒家關注的有之上，亦或人倫的有又
　　　　如何以無為根據，王弼則以自然、無為及其他的議題解決。出處同第三章註
　　　　40，頁109。
〔註34〕同上註，頁109。牟宗三認為王弼的無有體用在邏輯上雖然沒有太大的缺失，
　　　　但對於儒家天道性命貫通處則不能切。

意謂人在體道當中，不去執著有個我在，把自己放到天地大化的流行當中並在與萬物相通的根源之地與之同生同滅、同動同靜，這時，人與己、內與外、我與物、動與靜、語與默等不復相爲對待，此「非對」之境表現的便是「物我齊致、親疏一等」的境界。所以說孔疏認爲「以無爲心」則異類之間不相妨礙、不相對立，「以有爲心」則我自我，物自物，物我兩分，天人絕裂，何能普及於物？這裡的「異類」乃指相須而有的一切對待關係，如乾坤、男女；物我、親疏等，若在無心的觀照下，「異類」可相融爲一，各以其自己的本然呈現，沒有對立，沒有分別，如此兩相融入則彼我獲寧，沒有所謂的對立。反之，「異類」由對待成爲對立，乃由於有心；有心故，己與外對，故無法做到天地與我並生，萬物與我相通的齊物之境，所以孔疏在〈睽·上九〉疏：

> 「恢詭譎怪道將爲一」者，《莊子內篇·齊物論》曰：「无物不然，无物不可。故爲舉莛與楹，厲與西施，恢詭譎怪，道通爲一。」郭象注云：「夫莛橫而楹縱，厲醜而西施好，所謂齊者，豈必齊形狀，同規矩哉！舉縱橫好醜，恢詭譎怪，各然其所然，各可其所可，即形雖萬殊，而性本得同，故曰道通爲一也。」莊子所言，以明齊物，故舉恢詭譎怪至異之物，道通爲一，得性則同。（〈睽·上九〉疏）

孔疏舉《莊子》及郭象之見，說明人世間的一切現象本就不齊，但以無心故，沒有所謂的「然」、「不然」或「可」、「不可」，因爲恢詭譎怪至異之物都是就現象而言，若就其本性而言，都來自於無心無爲的虛無之道，並無不同之處。人心與天地之心無二之時，人德人倫便順應著天德天性、物德物性並與之同鳴共振，使成己之性與成物之性融合爲一，虛無之道就在「無心」的發皇當中，與萬物融通無隔。

在這裡，值得注意的是孔疏把王弼的「道將爲一」改成了「道通爲一」，這一字之改表現著一個重要的意義，雖然王弼說：「至睽將合，至殊將通，恢詭譎怪，道將爲一」注〈睽·上九〉，說明道的屬性超越事物之間的差異，乃因道以無爲其特性，因爲「無」，故虛空能容，如同天地以無爲本，故能包含萬物而周普不遺。如果以「有」爲心，總陷落在有限的封畛而無法使相互對待的異類獲得融通。因此，王弼重視「無」的去執性，故必以一個至寡、至少的「道」作爲萬物的本體，形成「反歸於無」的思想，造成「將爲一」的必然，整個道論的核心思想終落在「本理」的關懷上。孔疏並非反對歸於「至

無」之境，但他更重視聖人作易，目的在「有」而非「無」，〔註35〕且「有」
與「無」必然不可有所對立分別，故以「無心」所開顯的「非對」來極成「有
無合一」的渾成之境，因而以「道通爲一」來取代「道將爲一」，亦即在差異、
多元、紛繁的現象中，任之以無心，此一絕對虛靈之心境自能通透豁顯「非
對」的眞諦，進而體現用心弘大、體物無遺的境界。

二、普物無遺

廓然大公者，在無心的成全下，天能兼載，地能兼覆，日月得以普照而
無私，以此做爲人倫行事的依據，就是在感通大化流行的時候，也建構一個
普萬物而無心的價值義，使人在倫理的踐履當中也可以開展無限的境域。

> 若天覆地載，不以貞正而有二心，則天不能普覆，地不能兼載，則
> 不可以觀。由貞乃得觀見也。日月照臨，若不以貞正，有二之心，
> 則照不普及，不爲明也。（〈繫辭下〉疏）

貞正者，隨順變化而得其宜，不以人心措意於其中，謂之「得一」，即無爲也。
意謂以此虛靈的心體與天地同化，使人心與天地之心就融匯在無動靜、無資
借、無分別、無對立等的永恆之流當中，成爲一爲絕待之境，故能成就廣袤
的富有大業，故又說：

> 君子法此〈咸〉卦，下山上澤，故能空虛其懷，不自有實，受納於
> 物，无所棄遺，以此感人，莫不皆應。〔註36〕（〈咸‧象〉疏）

無對立之心者，不落入對境的執著當中，展現弘大的氣象，無私無偏，無有
窮盡，以虛靈故，能渾融於天地之心，體現全幅天道之流行，故能受納萬物，
無所棄遺。孔疏〈泰‧九二象〉也說：「用心弘大，无所疏遠棄遺於物」，因
爲無心，故能玄覽察照，心與萬物通感，沒有任何私欲偏執，也沒有半點纖
塵遮蔽，此與萬象合一又不被對境所執限的「非對」之境，正好將萬物「所
以然之理」與人事「所應然之德」相融相契，達到萬物齊致、普物無遺的境

〔註35〕這就是孔疏強調的「聖人作《易》，本以垂教；教之所備，本備於有」的原則，
　　　　他認爲要能夠體無以用有，落於實踐處，方顯其理。鄧國光《經學義理》說：
　　　　「孔穎達『因用見體』，和智顗『因體見用』異趣，爲此開拓立教通衢。『有
　　　　以教有』乃本性情而立教，心爲本的體用義確定天地的『有』，本此義而啓教
　　　　化。主體亦得參與和襄贊，成德布功，塑造天地的意義。『仁功』的終極關懷
　　　　綰合了個體的心和外在世界的關係。調暢萬有的生命，宣示關懷與承擔爲義
　　　　的淑世情懷。」同第一章註44，頁359。
〔註36〕此處疏文用「弃」，而非「棄」。

界。正如唐君毅於《中國文化精神之價值》所說：

> 中國先哲，重心之虛靈與心之性情，皆所以顯心與自然之不相爲礙，
> 與心之通內外，而能使主賓相照，物我兼成，以見心之無對性。……
> 對我心中之觀念與心之情態，不作孤立想，不作執著想，亦不作實
> 存常住想。〔註37〕

心若處於有對，那麼有我的心與我心所感的境必然從天地萬物一體的境域中
斷裂爲二，那麼這個心無法自己作主，總緣於對境的各種不同狀態而疲於應
對，故使心累於萬物而失去其本然狀態。倘若使心體與天地之心合一，此心
渾然無對於萬物，那麼這個心則能順應自然的變化而無半點障礙，寂然不動，
無思無爲，一旦感物，自然相通，故而能使主賓相照，物我兼成而體現普物
無遺之境。後世的程明道更把這樣的思想發揮爲「廓然而大公，物來而順應」
的境界，〔註38〕心沒有內外之分，普萬物而無心，必然可以做到應物不累，
普物無遺的大公之境。

綜述之，在中國思想中，追求超越心的理境，自古即有，譬如《莊子》
逍遙遊的自然無待，郭象注《莊》所提到的無心與無對，都是希望能超越有
無、物我、主客對立，達到齊美惡，齊生死，齊物我的大道之境。到了唐代，
孔穎達也以此爲目標，在《周易正義》提出「無心」的概念，並將之與其道
論一同建構成一個完整的理論系統。然而，在談論「無心」時，爲什麼孔疏
提出「非對」，而不是說「無對」呢？因爲對孔穎達而言，「無對」之所以說
「無」，仍有個「有對」與之對顯，難免產生「相對性」的疑慮。他以「非對」
爲說，以突顯其「無心」並非對待的問題，萬物原本相須而有、相待而生，
故「無心」不須對任何相待的兩端作無窮的詮解或消融，而是當下呈現心體

〔註37〕唐君毅《中國文化之精神價值》，同第二章註 37，頁 125～126。

〔註38〕當張載以定性未能不動問於明道先生，先生回答：「所謂定者，動亦定，靜亦
定，無將迎，無內外。苟以外物爲外，牽己而從之，是以己性爲有內外也。
且以性爲隨物於外，則當其在外時，何者爲在內？是有意於絕外誘，而不知
性之無內外也。既以內外爲二本，則又烏可語定哉？」又說：「夫天地之常，
以其心普萬物而無心，聖人之常，以其情順萬物而無情。故君子之學，莫若
廓然而大公，物來而順應。」又說：「聖人之喜，以物之當喜；聖人之怒，以
物之當怒。喜怒不繫於心而繫於物，聖人未嘗絕物而不應也。」以無心故，
其心普萬物，其情順萬情，當怒則物，當喜則喜，不必絕物而應，故能做到
廓然而大公，物來而順應。見《二程集‧河南程氏粹言‧心性篇》卷第 2（北
京：中華書局，2004 年 2 月），頁 1263。

的渾成與自主性，心與物之間本來就沒有所謂的距離與對立，對境源自於人心的執取。所以「非對」的提出，正凸顯孔疏「無心」一義在《周易正義》詮解的獨特性。

　　孔疏以「無心」的概念，來說明世上本無所謂的對立關係，沒有「有」與「無」、「主」與「客」、「心」和「物」、「彼」與「我」的對境。他從「無欲」、「無思」、「無爲」等角度，顯出「無心」那般不思而自然思，不慮而自然慮的虛靈通透；更以「自然」、「得一」去說明「無心」的工夫與功能性。在這個脈絡中，孔疏提出「非對」，體現人心即天心的當下即是，並從動靜、語默等方面，呈顯「靜非對動」、「默非對語」之義，認爲人心一發則與天心冥契，在歸靜復本的當下，自然而然，無所措意，當動則動，當靜則靜，當語則語，當默則默，動靜語默皆順物之自然，這就是「無心」的狀態義與作用義。是故，若能貞定於「無心」之理境，即能運化虛無道體的妙用，在現象界中流行自如，無礙無對，此一虛靈之心更能成其「非對」的眞諦，進而達到道通爲一、普物無遺的理想，此即孔疏提撕「無心」的用意。一個由無心朗限的非對之域，已然在自己、自爾、自然的當下完成迴絕言詮且不可思議的終極之境。故知，孔疏「無心」說在易學與思想史上當有重要的意義。

第五章 「體同於道」與「以跡爲用」

從先秦以來，人人談聖，儒家有所謂的儒聖，道家有所謂的道聖，玄學家有有所謂的玄聖，那麼孔疏之聖是甚麼？又爲何要立聖？聖者應具備什麼樣的特質、內涵與意義呢？對於溝通天與人之間的聖者，用的方法不是下學而上達，也不是盡心、盡性而知天，那麼他如何體道？又如何推天道而下化於民。凡此，皆本章所欲探研者。

第一節 與天同功之聖

作爲聖者，是天道與人道之間的媒介，從《易》卦六爻的天地人三才便可得知，人處天地之間，必與天地之道偕行，然而擔任這項鉅大的任務，又非聖人不可。聖人仰觀俯察而作《周易》，取法乎天地，目的在孕育群品，那麼聖人到底是神還是人呢？他又具備了什麼樣的特質呢？

一、聖性

聖人是處於「無」與「有」之間的中介，是貫通天道、人事的橋梁，其出處語默都象徵著「道體」，通過聖者的身體力行將自然之道施之於人事，使天下無一物失其性，使兩儀合其序而萬物各得所。那麼，面對紛繁的眾務，孔疏的聖人是否如王弼所說，可以做到應物而無累於物呢？

孔疏認爲萬物各有其與生俱來的特質，不管是剛柔緩急都屬於「生之質」，此所稟生者就是「性」，性來自於天，賦命於道，所以未有造作，未有邪僻，是最初的自然之質，其質爲「眞」。情就不是如此，情由性發，感物之時，就有了意識分別，於是產生私邪之偏，孔疏：

> 以真言之，存乎其性；以邪言之，存乎其情。(《周易正義‧序‧第
> 一論易之三名》)

> 天本无情，何情之有？而物之性命，各有情也。所稟生者謂之性，
> 隨時念慮謂之情，无識无情，今據有識而言，故稱曰情也。(〈乾‧
> 彖〉疏)

天所賦者性也，性者真純無邪，無有情欲。情便不同，情有意識分別，有念
慮氣質，當失去了精淳專一，就容易流蕩偏倚，恣肆失中。然而，天有性而
無識、無慮、無情，人有性、有情、有慮，這就是天與人的差別。如此一
來，則處於天人之際的聖人，究竟要具備何種情性才能與道同功而善應萬
物呢？

值得注意的是，孔疏不說「性」是否有善惡，卻說「性」為「正」為「真」。
凡人之生，皆具有此性，但因為情感、念慮、意識的作用，而產生種種邪僻
與貪欲。聖凡的差異就在於此，凡人之情無法順性，故起心動念，失去純一
之性，因而產生種種的營為。聖人則不同，其性與天地之道一樣，都是源於
自然而然的道，依照道體的本然而動，順著宇宙的規律而運化，沒有半點人
為的造作，無有乖戾，所以為真。孔疏：

> 天下萬事之動，皆正乎純一也。若得於純一，則所動遂其性；若失
> 於純一，則所動乖其理。是天下之動，得正在一也。(〈繫辭下〉疏)

凡人失於純一，致使情、性為二，故每有所動皆乖其天理。聖人的「情」與
「性」融一不二，都只是「自然」而已，在剛柔迭盪，愛惡相攻，遠近相取，
情偽相感等的狀態下，雖有情感之起，但情同乎性，所發皆中節，合於天地
之情性，故說：

> 言貞之為訓，訓正訓一，正者體无傾邪，一者情无差二，寂然无慮，
> 任運而行者也。(〈繫辭下〉疏)

〈繫辭下〉：「天下之動，貞夫一」，聖人得「一」，動遂其性，性「體无傾邪」，
「情无差二」，性情不二，皆寂然體無，無思無慮，順著天道規律，與天地同
流，因此，感物之時與物無別，隨之喜而喜，隨之怒而怒，率性而動，順情
而為，以道之涵融來應物，所為必遂天性之正，所動不違天地之常，性情者
必然合乎道體之「賦命自然」，因此可以在無心無為的狀態下，善應事理，不
被物累。

以此自然之性為本體，處世應化都是自然而然地從聖人得情性中流出，

無心而爲，故能使一切的言行都順應天性之本然，這就是聖人之性。所以聖人者，未發之時，「澹然虛靜，心無所慮而當於理」，已發之時，「情慾雖發而能和合，道理可通達流行」、「雖復動發，皆中節限」，〔註1〕情性完全合乎天道之體現，故能具備具備眾理而善應萬變。凡人情性爲二，故需「以性制情」的修養工夫。〔註2〕

二、通神

自古以來，聖便具有無所不通，無所不能的智慧與能力，《尚書・洪範》說：「睿作聖」，《孟子・盡心》說：「聖而不可知之之謂神」，無所不知、無所不能的神智，正如陰陽不測之神，不知其所以然者，這樣的人，如同道一般，以無爲用，故能周知天下之萬事萬物，《周易正義》同樣也認爲聖人有通神之功：

> 是道既以无爲用，若以仁以知，則滯所見也。至於百姓，但日用通
> 生之道，又不知通生由道而來，故云「百姓日用而不知」也。云「體
> 斯道者不亦鮮矣」者，是聖人君子獨能悟道。（〈繫辭上〉疏）

道，無所不通，無所不周，範圍天地，曲成萬物。聖人悟道通神，與道同體，豈有不知之理？百姓只知萬物生通之狀，不知「道」何以開通生利萬物。而仁者與知者雖亦能觀道，但兩者往往各照隅隙，執於一偏，鮮觀衢路。仁者體會的是仁厚寬懷的德目，知者體會的是現象界的事物之理，於無所不周的道而言，都屬於「滯於所見」的賢者。既然道以「無」爲用，又何滯於仁，滯於知？眞正體道者，體無又不滯於無；用有又不爲有所限，此人獨能悟道，洞澈宇宙間萬事萬物之理，通於幽明之道而無所不知，與天地相似故無所不能，故說：

〔註1〕《禮記正義・中庸》：「喜怒哀樂緣事而生，未發之時，澹然虛靜，心無所慮而當於理，故『謂之中』。『發而皆中節謂之和』者，不能寂靜而有喜怒哀樂之情，雖復動發，皆中節限，猶如鹽梅相得，性行和諧，故云『謂之和』。『中也者，天下之大本也』者，言情慾未發，是人性初本，故曰『天下之大本也』。『和也者，天下之達道也』者，言情慾雖發而能和合，道理可通達流行，故曰『天下之達道也』。」意謂聖人喜怒哀樂是緣事而生，在情緒產生之前的狀態，稱作「未發」，此時心靈虛靜，無有思慮，一切皆合於天理，至於「動發」之後，若能與物和諧，則仍未離天下之大道。見唐・孔穎達疏《禮記正義》，同第三章註20，頁880。

〔註2〕《周易正義》：「言若不能以性制情，使其情如性，則不能久行其正。」（〈乾・文言〉疏），有關性情說將發闡於第六章。

> 天地能知鬼神，任其變化。聖人亦窮神盡性，能知鬼神，是與天地
> 相似，所爲所作，故不違於天地，能與天地合也。(〈繫辭上〉疏)
>
> 聖人無物不知，是知周於萬物。(〈繫辭上〉疏)
>
> 賾謂幽深難見，聖人有其神妙，以能見天下深賾之至理也。(〈繫辭
> 上〉疏)

神是什麼，一種微妙不測的理，能盡陰陽的變化，能盡生死的至變，知道如此卻不知爲何如此，看似鬼神卻又非鬼神，這是一種無窮盡、無限制、不知所以、深廣遠大、變化莫測的神智，只有不言的天地方能知之。然而聖人窮神盡性，體道、悟道而後與天地冥合，所以能夠在幽深難見的地方看到玄妙神祕的道極，在深賾隱微的地方盡得出神入化的至理，故能無物不知，無物不曉，知周萬物，曲成天下，成爲人類最高智慧的代表。可見，具備神明之知是孔疏聖之所以爲聖的要件之一，所以接著說：

> 若其人聖，則能神而明之；若其人愚，則不能神而明之。……「神
> 而明之，存乎其人」，謂聖人也。(〈繫辭上〉疏)

一個人若能與神道合一，那就是具備了聖智，可以明曉天地的變化之道，而與之同功。若無此智，則不能洞察道之極存乎變化之至，故以「神而明之」稱聖，孔疏《尚書正義》說：「事無不通，乃成聖也」，又說：「睿、聖具是通名，聖大而睿小，緣其能通微，事事無不通，因睿以作聖也。」〔註3〕可見聖者，其聰明睿智已達乎神明之知，乃凡人所不能至者。對於〈繫辭上傳〉所說「蓍之德圓而神，卦之德方以知」，孔疏：

> 神以知來，是來無方也；知以藏往，是往有常也。物既有常，猶方
> 之有止；數無恆體，猶圓之不窮。故蓍之變通則無窮，神之象也；
> 卦列爻分有定體，知之象也。知可以識前言往行，神可以逆知將來
> 之事，故蓍以圓象神，卦以方象知也。(〈繫辭上〉疏)

蓍者，天之神物，象徵道體虛無，圓通無礙，變化無常，所以不被一切的「有」所束縛，故其德爲「圓而神」。而卦者，有一定的卦體、卦義，表現的是卦的性質、定分，象徵爲人事之規範。定分者，有其常理及定限，必須要有精義入神、隨變無方的圓化之神以爲依據，使圓者能方，方者亦圓，圓與方互相往來而變化無窮，此則神與知的妙用。故又說：

〔註3〕此二段引文皆見漢・孔安國傳、唐・孔穎達疏：《尚書正義》(臺北：藝文印書館，1982年8月9版)，頁170。

> 聖人通曉於晝夜之道，晝則明也，夜則幽也，言通曉於幽明之道，
> 而無事不知也。自此已上，皆神之所爲，聖人能極神之幽隱之德也。
> （〈繫辭上〉疏）

聖者，其智通乎天之德者，對天道之變化無所不知，隱而難見者則令微得著，顯而易見者則令知其微，在陰與陽、隱與顯之間，極其神妙變化，此聖人之神智也。

在百姓日用卻意識不到的地方悟道通神，於事無不曉者，這就是聖者。

三、聖德

有神智者必有其聖德，因而能見幽明之道、顯微之理，所以當其應機變化，都能協順陰陽，隨應天理，不使一物失其性分，不使一事有其愆過，故說：

> 聖人之德，應變旁行，無不被及，而不有流移淫過。若不應變化，
> 非理而動，則爲流淫也。（〈繫辭上〉疏）

聖人之德，如同天地。天地之德，廣生萬物，又運行不忒。聖人法天地之理，一則增崇其德，廣生其業。二則順理而動，應變旁通。

> 聖人同天地之德，廣生萬物之意也。言天地之盛德，在乎常生，故
> 言曰生。若不常生，則德之不大。以其常生萬物，故云大德也。（〈繫
> 辭上〉疏）

> 易道至極，聖人用之，增崇其德，廣大其業。（〈繫辭上〉疏）

> 若能過此以往，則窮極微妙之神，曉知變化之道，乃是聖人德之盛
> 極也。（〈繫辭上〉疏）

有聖者之稱者，除了神智，還要大德、盛德，天地之盛德在生萬物，聖人之盛德則在化萬民，這整個德業就是易道。聖人窮神知化，就必須配合天地的變化，日月相推，陰陽相盪，以成就廣生、大生之德，所以孔疏又說：

> 聖人用易道以極深，故聖人德深也，故能通天下之志意。（〈繫辭上〉
> 疏）

> 範謂模範，圍謂周圍，言聖人所爲所作，模範周圍天地之化養，言
> 法則天地以施其化，而不有過失違天地者也。（〈繫辭上〉疏）

聖德、德廣都是用來形容聖人之所作所爲，易之德廣大悉備，聖人作易亦德合天地，也要順應四時之變化，屈曲委細，隨變而應，做到曲成萬物而不遺。

故知，聖人之德，不只在神靈其德行，更在成就萬事萬物，此稱之爲廣業、大業，所以有德者，必兼備其能，故說：

> 聖人爲功用之母，體同於道，萬物由之而通，眾事以之而理，是聖人極盛之德，廣大之業，至極矣哉！於行謂之德，於事謂之業。（〈繫辭上〉疏）

極盛之德，同乎道體，體雖虛無，萬物卻由之而通，由之而理。聖人既然體同於道，與天地同功，那麼他就是道的寄身，是人道的統御者，就應以其無所不通的德智來化育天下萬物。這樣的參贊之功，於人的品行而言，稱之爲德；由行事而言，稱之爲業。聖人按照天道而行，顯發廣大的仁功，這個德、這個業就是聖之所以爲聖的要件。

四、王位

聖人體同於道，具備天地一樣的自然之性、神智與盛德，於事則無所不能，接物則應變不窮，那麼這個聖人若無王位又將如何挑起上體天道、下化民心的職責呢？孔疏注意到這問題，因此主張聖者有別於君子、賢人，他必須是純性、全德、全能、全才之人，參贊天地之化育，是整個社會倫理文化的推動者，所以聖者必當有其位，方能模範天下，爲萬物所瞻覩，利行不言之教，無爲之化，故說：

> 「夫位以德興」者，位謂王位，以聖德之人能興王位也。「德以位敘」者，謂有聖德之人，得居王位，乃能敘其聖德。若孔子雖有聖德，而無其位，是德不能以位敘也。（〈乾·九五〉疏）

有聖德者居於王位，方能德被天下，爲天下人所效法。若無其位，則無以推動人道之彝倫禮秩。故又說：

> 猶若聖人有龍德飛騰而居天位，德備天下，爲萬物所瞻覩，故天下利見此居王位之大人。（〈乾·九五〉疏）

易之爲道，廣爲垂法，普施恩德，此非君王不可。然君王者，又必有其德方能感化百姓。因此，與天同功的聖人便擔負起教化天下萬民的責任。孔疏：

> 文王作《易》，稱「元亨利貞」之德，欲使君子法之。但行此四德，則與天同功，非聖人不可。唯云君子者，但易之爲道，廣爲垂法，若限局聖人，恐不逮餘下，故摠云「君子」，使諸侯公卿之等，悉皆行之。但聖人行此「四德」，能盡其極也。君子行此四德，各量力而

爲，多少各有其分。（〈乾・文言〉疏）

聖人者，盡「元亨利貞」四德之極，與天地同功，以垂法爲務。然現象紛繁，聖者爲統眾之首，必假諸侯、公、卿等人爲之，孔疏總云這些人爲君子。君子者，各盡其職，各有其分，乃量力而行之人。

> 言君子之人，用此卦象，自彊勉力，不有止息。言君子者，謂君臨
> 上位，子愛下民，通天子諸侯，兼公卿大夫有地者。凡言「君子」，
> 義皆然也。但位尊者象卦之義多也，位卑者象卦之義少也。但須量
> 力而行，各法其卦也，所以諸卦並稱「君子」。（〈乾・象〉疏）

孔疏稱君子者，偶爾用作聖人的代稱外，〔註4〕一般而言，或指稱次於君位之人，如公、卿、諸侯；或指稱勉力而行，自強不息，量力而爲之人；或其德雖然美好，卻不足與聖人齊功者。如〈乾〉卦四德，君子者各持一德，有善於施生以長養萬物者；有使萬物嘉美集會，以合於禮者；有利益萬物，使物各得其宜者；有堅固貞正，使物皆濟者；這些法天之四德者，都象徵君子的美善品行。但他們與聖人不同就在於，君子雖也法天而行之，但卻各自量其力而爲之。聖人則不同，〔註5〕必須同時行此四德，乃至具備五常之德者，方能行天之大德而無有遺物，孔疏：

> 但聖人以人事託之，謂此自然之功，爲天之四德，垂教於下，使後
> 代聖人法天之所爲，故立天「四德」以設教也。……施於五事言之，
> 元則仁也，亨則禮也，利則義也，貞則信也。不論智者，行此四事，
> 並須資於知。……但行此四德，則與天同功，非聖人不可。（〈乾・
> 用九〉疏）

> 聖人亦當法此卦而行善道，以長萬物，物得生存而爲元也。又當以
> 嘉美之事，會合萬物，令使開通而爲亨也。又當以義協和萬物，使
> 物各得其理而爲利也。又當以貞固幹事，使物各得其正而爲貞也。

〔註4〕見孔疏：「『君子體道以爲用』者，謂聖人爲君子，體履於至道，法道而施政。」
（〈繫辭上〉疏），此乃以君子爲聖人。

〔註5〕孔疏《禮記正義》中還提及另一個差異，即是君子與聖人的天性有別，孔疏
說：「由天性至誠，而身有明德，此乃自然天性如此，故『謂之性』。『自明誠
謂之教』者，此說學而至誠，由身聰明，勉力學習，而致至誠，非由天性教
習使然，故云『謂之教』。然則『自誠明謂之性』，聖人之德也。『自明誠謂之
教』，賢人之德也。『誠則明矣』者，言聖人天性至誠，則能有明德，由至誠
而致明也。『明則誠矣』者，謂賢人由身聰明習學，乃致至誠，故云『明則誠
矣』。是誠則能明，明則能誠，優劣雖異，二者皆通有至誠也。」（〈中庸〉疏）

是以聖人法乾而行此四德，故曰「元亨利貞」。（〈乾‧卦辭〉疏）

孔疏說聖人獨能兼備元亨利貞四德，既能以生物爲宗並用嘉美之事來合會萬物，又能讓萬物各得其理而各正性命。把天之元、亨、利、貞四德配合仁、禮、義、信，再資以知，共爲五事，以五常爲教化人倫之彝德，說明聖人乃「盡其極」者，〔註6〕故說「與天同功，非聖人不可」，孔疏：

> 聖人上法乾德，生養萬物，言聖人爲君在眾物之上，最尊高於物，似頭首出於眾物之上，各置君長以領萬國，故萬國皆得寧也。人君位實尊高，故於此雲首出於庶物者也。……此文聖人以人事象〈乾〉，於文略也。（〈乾‧彖〉疏）

聖人爲何要有君王之位？從效法天道可知，天資始萬物，布散恩澤，雲行雨施，使兆庶眾物各自流行。而聖王統領於王位，如天之普照，不爲而自然耀物，萬物則自爾自成，此聖人以無心無爲而治理天下，不被形器所限，方能曲成天下而無有遺物。

然而，聖人也是人，他雖通神卻不是神，所以體道之時，也往往表現出與時委蛇、隨時變易的德智，故能進退不失其正，孔疏稱之爲「至極之聖」，他說：

> 聖人至極，終始无虧，故〈文言〉云：「知進退存亡而不失其正者，其唯聖人乎？」是知大聖之人，本无此悔。（〈乾卦‧九五〉疏）

「聖人至極，終始無虧」乃孔疏形容的聖者典範，好比月圓月缺絲毫無損於月體本來的自性。《周易正義》的聖人，就是一個本天地虛無之理，又能動靜隨變且不失其正的人聖。這一聖王形象的建立，或許也投射了他對唐代帝王

〔註6〕見孔疏：「『君子體仁足以長人』者，自此以下，明人法天之行此四德，言君子之人，體包仁道，汎愛施生，足以尊長於人也。仁則善也，謂行仁德，法天之元德也。『嘉會足以合禮』者，言君子能使萬物嘉美集會，足以配合於禮，謂法天之亨也。『利物足以和義』者，言君子利益萬物，使物各得其宜，足以和合於義，法天之利也。『貞固足以幹事』者，言君子能堅固貞正，令物得成，使事皆幹濟，此法天之貞也。施於五事言之，元則仁也，亨則禮也，利則義也，貞則信也。不論智者，行此四事，並須資於知。且《乾鑿度》云：『水土二行，兼信與知也。』故略知不言也。『君子行此四德者，故曰：乾，元亨利貞』，以君子之人，當行此四種之德。是以文王作《易》，稱『元亨利貞』之德，欲使君子法之。但行此四德，則與天同功，非聖人不可。唯云君子者，但易之爲道。廣爲垂法。若限局聖人，恐不逮餘下。故摠云『君子』，使諸侯公卿之等，悉皆行之。但聖人行此『四德』，能盡其極也。君子行此四德，各量力而爲，多少各有其分。」（〈乾‧文言〉疏）

的殷殷期許。

第二節 無心而有跡

　　爲何要立聖呢？作《易》者，法象天地的目的無非在爲人事立一個價值的根源與依據，此則孔疏提出道論的用意所在。而立聖的目的則爲了在天與人之間找到一個可以體道、用道之人。《周易正義》設立一套以聖人爲君王而開展的政治理論，而道論正是這個政治理論的基礎，說明聖人明天道，法乾坤，順陰陽，都是爲了要定制度，垂教化，故說：

> 行天地之道，總天地之功，唯聖人能。（〈繫辭上〉疏）

> 聖人能明天道也。（〈繫辭上〉疏）

聖人主要的工作就是與天地之功相參，天地之道，大生廣生，天載地覆，長養萬物。聖人法象乾坤亦在利養天下之民，而德侔天地之功。〔註7〕天地生養萬物，自然無爲，聖人法象天地，亦無心而已。道無爲自然，無心無跡；然與天同功之聖，在人倫日用中體現道，內雖無心，外卻有了經營之跡，孔疏：

> 道之功用，能鼓動萬物，使之化育，故云「鼓萬物」。聖人化物，不能全無以爲體，猶有經營之憂；道則虛無爲用，無事無爲，不與聖人同用，有經營之憂也。（〈繫辭上〉疏）

聖人與天地同功，何以有憂？道無形無象，自然開通萬物，因爲以虛無爲用，無心無爲，故不與聖人同憂。那麼，聖人憂從何來？又爲何有經營之憂？

> 道則心跡俱無，是其全無以爲體；聖人則無心有跡，是跡有而心無，是不能全無以爲體。云「故順通天下，則有經營之跡」者，言聖人順通天下之理，內則雖是無心，外則有經營之跡，則有憂也。道則心跡俱無，無憂無患，故云「不與聖人同憂」也。（〈繫辭上〉疏）

道者，無心以成化，心跡俱無，故無所憂懼，乃全無以爲體者。聖人體道以爲用，不能全無以爲體，乃通順天下之理時，內雖無心，外則有經營之憂。憂從何來？迺聖人之憂是憂天下之憂，非憂一己之得失，提撕人們的自覺，欲人們對自己的禍福負起責任，恐天下百姓因爲失去天道的理序而導致凶

〔註7〕孔疏《禮記正義・經解》：「天覆地載，生養萬物，天子亦能覆載生養之功，與天地相參齊等，故云『與天地參』」，同第三章註20，頁846。

患，故有憂民之憂。聖人以濟世救民爲務，懸掛易象以示人，「道以示人吉凶」，〔註8〕百姓吉凶之情皆在順道、違道處見之，聖人擔憂民之悖理，所以乾乾夕惕若以設戒者，示人通物理事必須順道而行。故說：

> 明所以作《易》，爲其憂患故。作《易》既有憂患，須脩德以避患，故明九卦爲德之所用也。（〈繫辭下〉疏）

六十四卦皆用在脩德以避患，乃作《易》者之憂患，欲人明曉得失吉凶由乎一己之造作，順理則吉，悖理則凶，個人的禍福操縱在自己的身上，人當隨時反思以對自己負起責任。又說：

> 若無憂患，何思何慮，不須營作。今既作《易》，故知有憂患也。身既患憂，須垂法以示於後，以防憂患之事，故繫之以文辭，明其失得與吉凶也。。（〈繫辭下〉疏）

道者，開通生利萬物卻無心無跡，無憂無患。聖人作《易》，已屬有跡，豈能無所憂患？聖人以垂教爲務，懸掛易象以示人，目的在明吉凶之道及失得之情，勉人戒愼修德，以防憂患之事。

「有憂有跡」之說出現了一個悖論，既然設教垂化屬於有跡、有憂之事，那麼聖人體道之時，又如何與道同功而體大無遺呢？

> 言聖人不能無憂之事。道則無心無跡，聖人則亦無心有跡，聖人能體附於道，其跡以有爲用。（〈繫辭上〉疏）

道以虛無爲體，道也開通萬物，故知道雖是無心無跡，卻也存在於氣化流行當中。孔疏的道論，體用、有無渾成一體，表明「無」不可以空談，必落乎「有」，所以主張「易象爲有」、「易在垂教」以及「易之三義唯在於有」者，都說明道的終極目標是落實在倫理實德及具體措施上，因此聖人不能無跡，跡者，道之用也，器用也。然而，道是成用之體，必然不可以隔「用」而獨立存在，所以在器用的同時，就必須以「無心」符應，由跡來冥道，以道爲依據，方不會使「跡」落入「有」的僵化之中，桎於形器而滯於聞見。所以孔疏主張跡有心無，即無心於物，渾然與物同流，心與物不分，自然恢廓而無可限量，如此一來，解決有憂與道之間的困境，由「無心」一義便可迎刃而解。「無心」之義已於前章完成闡述，本章的重點則在聖人將如何以「無心

〔註8〕 見孔疏：「道以示人吉凶，民則亦憂患其吉凶，是與民同其所憂患也。凶者民之所憂也，上並言吉凶，此獨言同患者，凶雖民之所患，吉亦民之所患也。既得其吉，又患其失。」（〈繫辭上〉疏）

爲體」，方能善於跡有之大用。

一、無心以爲體

無心是聖人綰合道器的方式，以虛無爲體，實際上已經統括體用之功，運用在治道，就是一種自然無爲、不假修爲的狀態，因爲無心於「有」與「無」，「有」與「無」自然能渾成爲一，精純不二，且無窮無盡。此從「無對」把握道體的無限義，在現實社會的教化作用中就能深刻體現物我兼成、萬物齊致的大德大化，故以「無心爲道體」是聖王君德所必備之特質。孔疏：

> 「陽君道」者，陽是虛无爲體，純一不二，君德亦然，故云「陽君道也」。（〈繫辭下〉疏）

陰陽都是個象徵，陽代表君王，陰代表臣下，陽以虛無爲體，意指君道、君德都必須以「虛無」爲本體。

（一）資取乎道，行無為之化

聖人以「虛無」爲體，其目的何在？「虛無」實際上正是聖人治國的精神，因爲「虛無」較「無」更能豁顯虛靈不滯的特性，雖有其用，以虛無故，即形而離形，即器而無執，故能至虛而善應萬物，此君王之所以能成就富德之大業者，孔疏：

> 聖人顯仁藏用，唯見生養之功，不見其何以生養，猶若日月見其照臨之力，不知何以照臨，是聖人用无爲以及天下，是聖人不爲也。
> 云「德業既成，則入於形器」者，初行德業未成之時，不見其所爲，是在於虛无。（〈繫辭上〉疏）

聖人不爲，並非不作，而是不刻意造爲，其所爲所作必不違背天地之道，如日月照耀萬物，有其自然的機制與循環規律，依照此律則，自然遞嬗，無心成化，萬物隨著四季的代換，也自然地生長壞滅，這種不爲而物自爲的生養之功，不知然而所以然，理不可得知，目亦不可見，不見其所從來，卻絲毫沒有半點差忒，此看似無所作爲卻無所不爲的「不見其所爲」者，便是天地的「虛無」之功。

因此，聖人體履至道，法道而施政，必然以虛無之理作爲處理各項具體事物的根本，故說：

> 謂聖人設教，資取乎道，行无爲之化，積久而遂同於道，內外皆无

> 也。……言聖人設教，法此神之不測，无體无方，以垂於教，久能
> 積漸，而冥合於神，不可測也。此皆謂聖人初時雖法道法神以爲无，
> 體未能全无，但行之不已，遂至全无不測。（〈繫辭上〉疏）

「無心」在這裡便是個關鍵，聖人設教，以無心爲體者，則法道、法神也。
法道、法神體現於施政教化上則呈顯兩個意義，一則無爲無欲。一則神靈變
化。聖人垂教立則，不免於有，有則滯於器用而無法弘大，因此，聖人參贊
天地之化育，以百姓之心爲心，以萬物之情爲情，沒有個人主觀之私欲及偏
執，任物之自然，無心而成化，使我心不離萬物之心，萬物之心亦不離我心
之通感，凡事皆只是個順理而已，如此一來，心沒有內外，自然之理與人事
之理便相融爲一，此法道也。又聖人本天道變化，酬酢於人事之際，法陰陽
不測之神，當能隨機應變，不被任何形器所囿限，故能應物而無累於物，而
成就無方無體的大業。

那麼如何落實無心之治道呢？孔疏：

> 「無欲」謂無心……若能無欲觀此道之妙理，無事無爲，如此，可
> 以語說其至理。（〈繫辭上〉疏）

無心者，心體瑩然澄靜，應照無方。無欲者，亦無心也。只要有欲，人心就
會陷落「有」中，因而有了執著性、對象行，在這個情形下，「以我爲主」就
會產生人我、物我的分別，於是把我與整個世界割裂開來，使我的心與天地
之心分離爲二，那麼，人心支配著外境，也必然爲外境所支配，以有對的心
去判斷任何道德的標準與人倫的價值都將會受到限制，故說：

> 「其事彌繁，則愈滯乎无形」者，愈，益也。滯，謂陷滯也。若事
> 務彌更繁多，則轉益滯陷於形體，言處處妨礙也。云「其理彌約，
> 則轉近乎道」者，若理能簡約則轉，轉附近於道，道以約少，无爲
> 之稱，故少則近於道也。（〈繫辭下〉疏）

宇宙間的事物紛繁，若受制於形器，則處處妨礙，必然有累。孔穎達認爲
只有以虛無應之，才能容受無窮無盡之萬象萬物，也才能周普不遺，大公
無私。

所以得道之聖人，治理國家，只需把握虛無之理則可，對於人類社會的
一切興動營爲，必因任自然，無事無爲，孔疏：

> 君子能用此明夷之道，以臨於眾，冕疏垂目，黈纊〔註9〕塞耳，無

〔註 9〕黈纊者，是一種由黃綿製作的小球，懸掛在冠冕之上，垂在兩耳旁邊，蔽明

　　爲清靜，民化不欺。若運其聰明，顯其智慧，民即逃其密網，奸詐

　　愈生，豈非藏明用晦，反得其明也？（〈明夷・象〉疏）

此雖言君子，實含容於聖人之道當中，在上者，體無以應物，以自然爲性，順任不爲，讓萬物依照其本然的生命規律自生自爾，自然生養不息。用之於人事上，其理亦然，法天之自然無爲，冕而前旒，藏明於內，黃綿充耳，所以塞聰，只要無爲清淨，順民之情，使百姓各安其性，各正其命，那麼人民自然而然化而不欺；反之，巧立名目，顯其智慧，民則逃其密網，奸僞叢生。

（二）神道不器，道濟萬物

　　雖然如此，聖人之治道，表面上看似自然無爲，實則在虛無神道運用當中而無所不爲。不管是仁義之教亦或典章刑制，遇事時必要懂得旋轉變化，應機無窮，圓融無礙，方能使民情暢達，而各成其業。孔疏說：

　　易理備盡天下之能事，故可以顯明無爲之道，而神靈其德行之事。

　　言大虛以養萬物爲德行，今易道以其神靈助太虛而養物，是神其德

　　行也。（〈繫辭上〉疏）

道在虛無，故千變萬化，無有窮盡。聖人本「虛無」之理，取法的是虛無的盡神之道，其所發作動用雖寂然幽靜，「不可以形象求」〔註10〕，卻能使道「杳然不測，千變萬化」，故而生物無窮。聖人冥神，則在法此神妙莫測之神道，體此道之妙運，而使天下萬物皆得其養，進而道濟天下。

　　故知備天下之能事者，必神靈其德，才能運化自如，而廣應眾物。易道亦深遠不可測，神妙寂然，無方無體，因此，聖人所法者即是「應變而往」之道，隨物不同，因時制宜，因物制法，在不違背「道」的原則下，隨著環境情況的改變，對事物作靈活的處置，此神化之道也。

　　聖人所以深明神明之道，便能生用著之意，以神道與用著相協之故

　　也。神之爲道，陰陽不測，妙而无方，生成變化，不知所以然而然

　　者也。（〈說卦〉疏）

　　作易者因自然之神以垂教，欲使聖人用此神道以被天下，雖是神之

　　所爲，亦是聖人所爲。（〈繫辭下〉疏）

　　掩聰，在此，象徵道家的無爲而治。

〔註10〕出自〈繫辭上〉疏。

聖人觀天道以教化百姓，占卜用著，以恭敬的心求教於上天，然後廣感於民的作法，如同古時帝王作重大決定前都會求諸卜筮與天地相感一樣，運其靈智，隨機而作。此神道設教有兩個意義，一者是與天溝通，將天道與易理中蘊含的神祕玄奧，以聖人所具的特殊靈感去通感天道並化爲人文世界的一部分，並將此作爲治國之方針；二者是知鬼神情狀，這與祭祀相關，聖人治國，須敬事鬼神，尊重各種魂靈，包括祖先，都要盛大祭祀，如《禮記·表記》所記載：「殷人尊神，率民以事神，先鬼而後禮，先罰而後賞。」對鬼神的敬意，表現在「事神」上，藉由祭祀的活動，禮敬神明，祈求安泰，資藉神道以教化萬民，並維繫社會的禮儀與秩序。聖人以其神通乎天人之際，知曉天地萬物的變化，明白其中規律，無所遺漏，這就是用「神」之功，「因任自然」之「神」，故能廣濟天下而大公無私，故說：

> 言田之耕稼利益，及於萬物，盈滿有益於人，猶若聖人益於萬物，
>
> 故稱田也。(〈乾·九二〉疏)

德施周普的聖人，本著虛無之神，在陰陽不測及變化至神當中開展治道，使倫理禮秩自然而有，施政德教亦自然而爾，一切的人事施措都得到理序，聖人故能廣益於天下萬民，此「大道不器」也。

> 大道，亦謂聖人之道也。器，謂物堪用者，夫器各施其用，而聖人
>
> 之道弘大，無所不施，故云「不器」，不器而爲諸器之本也。〔註11〕

「不器」者，不滯有，不受侷限，無窮無盡，廣袤無垠之意也。把王弼的「無」進一步以「虛無」詮之，乃更重視虛無的無執、無對、神妙及虛靈不礙等質性，使有物之境因虛無之理的貞定更加地活脫不滯，故知無心以爲體者，結合自然之理與人事之道，在冥昧玄妙處，極盡垂教施化之功，孔疏：「萬方百姓，恆日日賴用此道而得生，而不知道之功力也。言道冥昧，不以功爲功，故百姓日用而不能知也」(〈繫辭上〉疏)，謂聖人體道之虛無，以無心爲心，雖有經營之跡，但極虛無之神，達變化之道，幽冥悉通，無所不施，故能順通天下。

二、有跡以爲用

孔疏說聖人「無心有跡」乃是相對道之「無心無跡」而言，天地無心無爲故無憂，聖人治理天下有經營之跡就有經營之憂，如何解憂？但以「無心」

〔註11〕出自孔疏《禮記正義·學記》，同第三章註20，頁656。

而已。一切的「跡有」與「器用」皆在「無心」的貞定之下完成「聖人成能」的工作，那麼「無心而有跡」的聖人將如何運作呢？

作《易》本身已屬有跡，豈能無所作爲？聖人盡天地之用，是天道在人間的施行者，一切的人倫教化都出自於天道，所以聖人最主要的任務就是順天成務，化育天下。此乃《周易正義》特別強調「有」的重要性，尤其是聖王的王化之業。

> 凡〈繫辭〉之説，皆説易道，以爲聖人德化，欲使聖人法易道以化
> 成天下，是故易與聖人，恆相將也。以作《易》者，本爲立教故也。
> （〈繫辭上〉疏）

聖人、易道、天道都是同義詞，聖人以天道爲用，教化的內涵必以天道爲根據，天道在那裡？在聖人作《易》時即已備具，藉由易象以冥天道，所以易與聖人，恆相將者，爲了建構一個禮秩的人倫社會而立，此易道垂教之義也。故説：

> 「舉而錯之天下之民，謂之事業」者，謂舉此理以爲變化，而錯置
> 於天下之民。凡民得以營爲事業，故云「謂之事業」也。此乃自然
> 以變化錯置於民也，聖人亦當法此錯置變化於萬民，使成其事業也。
> （〈繫辭上〉疏）

從自然變化的道理來論證現實世界合理的存在性，就是要把效法天道的精神轉成爲安人、安百姓的種種施政教化措施，此謂之「事業」。而經營此事業者，非聖人不可。天地設位，聖人成能乎兩間，就必須法自然之理而錯置變化之事於人民，這就是聖人的事業。孔疏：

> 以其化民成俗，非聖人之道不可。〔註12〕

> 謂一天下之內，至極誠信爲聖人也。……既能盡人性，則能盡萬物
> 之性，故能贊助天地之化育，功與天地相參。〔註13〕

孔疏的道論，雖以虛無爲體，卻意在人事，説明只有盡人倫日用才體得天道的存在，在盡己性、盡萬物之性，化民成俗，冒天下之道的事上才能見易道之大本大用，此亦非聖人而不可。此孔疏「體用義」的一貫論點，不空談易理，必存乎人事而已，故説：「聖人當法此自然之象而施人事」（〈乾卦・卦辭〉疏）。天道無心無爲，聖人參贊天地之化育，必發揮主體能動的力量，以輔相

〔註12〕　出自孔疏《禮記正義・學記》，同上註，頁 648。
〔註13〕　出自孔疏《禮記正義・中庸》，同上註，頁 895。

天地，完成天地化生萬物的功能，孔疏掌握了以下幾點基本原則：

（一）令物各正性命

〈繫辭下傳〉說：「天地設位，聖人成能」，成能者，於天道而言，爲變化；於人事而言，爲云爲。聖人成能於天地當中，有所言，亦有所行，所言、所行雖在人事，然無不合乎天地變化之道，天地之道在那裡可見？在萬物自身的各正性命當中顯見，也就是萬物因順自己的特性，各以其自身的本然狀態自然自爾，聖人體道通神，在成己、成人、成物的過程中，只要按照萬物本來的自性，因任自然，不假修營，使其各成其能，各正其性則可。孔疏：

> 言聖人乘天地之正，設貴賤之位也。……聖人因天地所生之性，各成其能，令皆得所也。（〈繫辭下〉疏）

聖人乘天地之正，以生物爲德，以成物爲業，並不是要刻意做甚麼，而是依照大化流行的規律運用在人事上，爲人類的秩序、世間的萬象、百姓的日用及政治的倫理樹立一個如天道般的典範，謂萬民所瞻睹，這個規律就是順理不違，讓一性、一命皆保有其異質又皆順其特性而生，不必造作，不必勉強，順其自然，讓物物各盡其性、各展其功，那麼，使萬事萬物的本身各自依照其本然之性而存在，各安其位，各適其所，如此天地之間就能品物流行而生生不已。孔疏：

> 雲行雨施，布散恩澤，使兆庶眾物，各流布其形，又大明乎盛衰終始之道，使天地四時貴賤高下，各以時而成。（〈乾·彖〉疏）

爲何大地總充滿生氣呢？那就是效法乾道變化，自然使物開通，不加以干預，雲氣流行，雨澤施布，眾品庶物都各自依照一己的性命隨變順化，那麼天地之間就自然充滿盎然生意。所以解〈泰·象〉說：

> 故人君輔助天地所宜之物，各安其性，得其宜，據物言之，故稱宜也。（〈泰·象〉疏）

聖人不是要替萬物多做些甚麼，而是將萬事萬物安置在適合其本性的軌道上，讓萬物發揮自身的能力與特性，使萬物都條理不紊地生生不息，保和太合。那麼，聖人成能，就在於使萬物適得其所而已，所以聖人跡動而爲，只是順天道而行的輔相者。

（二）裁成輔相之功

聖人順應天道以化成天下，參贊大地的化育流行，他做的是承順天意，

裁成輔助天地，使寒暑、生殺皆依一定的「節度」而行，故說：

> 「后以裁成天地之道」者，由物皆通泰，則上下失節。后，君也。
> 於此之時，君當爵財，成就天地之道。「輔相天地之宜」者，相，助
> 也。當輔助天地所生之宜。……若氣相交通，則物失其節。物失其
> 節，則冬溫、夏寒、秋生、春殺。君當財節成就，使寒暑得其常，
> 生殺依其節，此天地自然之氣，故云「天地之道」也。（〈泰‧象〉
> 疏）

天地之道，四時有常，寒暑有節，然後萬物通泰。反之，若物失其節，則違
背天地之道，變成多溫、夏寒、秋生、春殺的不正常現象。樓宇烈說：「『節』，
有制度、秩序、節止等義，詳見〈節卦〉注。『物之其節』，孔穎達疏：『失其
節則多溫夏寒，秋生春殺』。」〔註14〕很明顯地，聖人施爲之方，就是法天地
成四時之自然，春氣生發則爲播種之事，秋氣收斂則存實萬物，一切都依循
自然之理，教率輔翼之，順從天地的法則，以得遂萬物之生養而已。

於是，一切的法制數度、禮數倫序如君臣、父子、夫婦之道等，以及治
曆明時、體國經野，乃至於政教措施、人才優劣等，皆是天道在人間的符應，
凡所有人事理則無不順著天道的節度，無使過與不及，不失其度，而使萬物
之安置皆合其節而各得其宜。孔疏：

> 在澤中，乃得其節，故曰「澤上有水，節」也。「君子以制數度，議
> 德行」者，數度，謂尊卑禮命之多少。德行，謂人才堪任之優劣。
> 君子象節以制其禮數等差，皆使有度，議人之德行任用，皆使得宜。
> （〈節‧象〉疏）

聖人不同於天者，有跡也。同於天者，合於天之節度也。聖人只是裁成、輔
相天地之宜，使符合天道的節序，讓禮數等差、人才優劣皆各得其所，止乎
其宜。因此聖人的輔相裁成之功，究其實，則順動之功。孔疏：

> 廣明天地聖人順動之功也。若天地以順而動，則日月不有過差，依
> 其晷度，四時不有忒變，寒暑以時。……聖人能以理順而動，則不
> 赦有罪，不濫无辜，故刑罰清也。刑罰當理，故人服也。（〈豫‧象〉
> 疏）

聖人不制約，不干預，不煩擾，依其晷度，順理而動而已。因此，所謂的裁
成輔助就是讓整個人事的秩序合乎一定的法度，合乎天道不忒的運行之理，

〔註14〕樓宇烈校釋《王弼集校釋》，同第二章註26，頁279。

此聖人發揮參贊化育之功者。

（三）以禮敬事於人

孔疏重視禮，認為修德之甚，莫非〈履〉卦，原因是孔疏以禮詮〈履〉，雖然他也採納王弼以謙釋〈履〉，〔註15〕但謙德只是眾德之一，而禮者，方為百德之要。他說：

> 「履道尚謙」者，言履踐之道，貴尚謙退，然後乃能踐物。「履」又
> 為禮，故「尚謙」也。（〈履‧九二〉疏）

履道之時，以陽處陰，不喜處盈，貴尚謙退。但「尚謙」者，仍屬於禮之精神，原因是孔疏從「禮」來看待謙虛，把謙德視為禮之一種，為何如此說？孔疏主要從〈履〉卦上下二體之象來說明「履者，禮也」的理念，取天在上、澤在下之易象，認為從〈履‧象〉：「上天下澤，履，君子以辯上下，定民志。」來看，天、澤上下定位就是一種天理自然，用之於人道，便是尊卑上下之秩序，所以聖人輔相天地之宜的結果，就是讓萬物各當其分，各當其位，以安定人民的心志，這就是「禮」，故又說：

> 「履」，禮也，……此象之所言，取上下二卦卑承尊之義。（〈履‧象〉
> 疏）

效法〈履〉卦上、下各有定分──「位」，分辯上下尊卑之序，使人人各安其份、各盡其職，以正民心。在此，孔穎達所顯示的是「尚禮」精神，這一個現象是值得注意的，因為這表示孔疏所注重的面向已與王注不同。王弼重在

〔註15〕王弼注〈履‧九二〉：「履道尚謙，不喜處盈，務在致誠，惡夫外飾者也。而二以陽處陰，履於謙也，居內履中，隱顯同也。履道之美，於斯為盛，故履道坦坦，（無）險厄也；在幽而貞，宜其吉。」注〈履‧九五〉：「履道惡盈，而五處尊，是以危。」注〈履‧象〉：「逼近至尊，以陽承陽，處多懼之地，故曰：「履虎尾，愬愬」也。然以陽居陰，以謙為本，雖處危懼，終獲其志，故「終吉」也。」說明履道惡盈，不喜處盈，盈則危。王弼提出尚謙之道，九二爻以陽處陰，居內履中，如同謙卦「自卑而尊人」，對己不矜持、不自誇，對人則謙卑、柔順，是以無害。「謙」在王弼的應世哲學中，是一個重要的議題，如同他的《老子注‧第六十九章》：「以謙退哀慈，不敢為物先，用戰猶行無行，攘無臂，執無兵，扔無敵也，言無有與之抗也。」以陽居陰，履謙之道，雖不與爭，而物終與之，如同用兵之法，不進反退，有陣勢卻似無陣勢可擺，要奮臂卻如無臂膀可舉，有兵器卻如無兵器可持，如此應世、應軍，謙退哀慈者，因為不敢為物先，故敵無有與之抗也。此王弼以謙代禮的詮解之道也。雖然孔穎達也認為履危之時，尚謙乃是處履之道，但孔穎達只是把「尚謙」視為禮之一德。

「謙退哀慈不敢爲物先」的精神，而孔疏轉向爲「人倫的禮秩」。所以又說：

> 聖人制禮。(〈歸妹・象〉疏)

> 君子象節以制其禮數等差，皆使有度，議人之德行任用，皆使得宜。
> (〈節・大象〉疏)

> 履者以禮敬事於人，是調和性行也。(〈繫辭下〉疏)

聖王制禮作樂，一則使人的性情得到調和，二則讓天下萬事都因爲禮數的制定而有節度，有條理，如同人才的任用及制度差等皆有一訂的標準，也皆合宜有常。如此一來，禮成了萬事萬物得以建立的基礎，也是一切人倫秩序的來源，故視爲眾德之本，也是一切行事的基礎，孔疏進一步說：

> 「是故〈履〉，德之基」者，以爲憂患，行德爲本也。……但於此九卦，最是脩德之甚，故特舉以言焉，以防憂患之事。故〈履〉卦爲德之初基。故爲德之時，先須履踐其禮，敬事於上，故〈履〉爲德之初基也。(〈繫辭下〉疏)

《周易》有九卦備論憂患的精神，是爲「憂患九卦」，[註16] 九卦之中又以〈履〉卦爲修德之最要者，故稱之爲「德之基」。基者，眾德之本，凡事皆須依禮而行，自脩其德，敬事於人，否則憂患生矣。禮者，通同於道，道雖玄，然垂範作則，便是具體之德目，故稱爲「德之基」，這是《易》之「憂患」與禮的「敬愼」相輔相成的治道。不僅《周易正義》如此強調聖王制禮，《禮記正義》中也明確地表示：

> 聖王既能使禮樂與天地同和節，又於顯明之處尊崇禮樂以教人。(〈樂記〉疏)

> 言無事不在禮，萬事皆在於禮也。(〈仲尼燕居〉疏)

> 夫禮者，經天地，理人倫，本其所起，在天地未分之前，故《禮運》

[註16] 〈繫辭下〉：「《易》之興也，其於中古乎？作《易》者，其有憂患乎？是故履，德之基也；謙，德之柄也；復，德之本也；恆，德之固也；損，德之修也；益，德之裕也；困，德之辨也；井，德之地也；巽，德之制也。履和而至，謙尊而光，復小而辨於物，恆雜而不厭，損先難而後易，益長裕而不設，困窮而通，井居其所而遷，巽稱而隱。履以和行，謙以制禮，復以自知，恆以一德，損以遠害，益以興利，困以寡怨，井以辯義，巽以行權。」憂患九卦指的是〈履〉、〈謙〉、〈復〉、〈恆〉、〈損〉、〈益〉、〈困〉、〈井〉、〈巽〉卦，乃文王處在艱難之世，憂患深切，於吉凶禍福之幾，以修德來趨避之，故藉此九卦成就無限之盛德。

> 云：制禮必本於天以爲教也。……禮理既與大一而齊，故制禮者，
> 用至善之大理以爲教本，是本於大一也。（〈禮運〉疏）
>
> 聖人制禮，必則於天。禮從天出。……聖人制禮，又效於地，天遠
> 故言本，地近故言效。……聖人既法天地鬼神以制禮，本謂制禮以
> 教民。（〈禮運〉疏）〔註17〕

說「禮必本於天」，表示禮就是道。又說「禮理既與大一而齊」，意謂道與理
其實是同一義，「理」落實在經天地、理人倫的現實社會生活中就是「禮」。
禮既然原乎天，本於太一，禮就是道在現實生活的具體體現，是人倫秩序維
繫的依據，所以說「用至善之大理以爲教本，禮就成了「大一」之道的內涵。
那麼制禮者必爲體道之聖，聖人制禮而後「崇禮樂以教人」。於是，「禮」成
爲道的載體，也是聖人教化的根本，更是儒家治道的依據。此孔疏轉玄而又
玄的「道」，成爲垂範作則的「禮」。

（四）觀乎天文，察乎人文

「禮」的精神等同於「道」，那麼禮教的實質內容爲何呢？孔疏：

> 「修辭立其誠，所以居業」者，辭謂文教，誠謂誠實也。外則修理
> 文教，內則立其誠實，內外相成，則有功業可居，故云居業也。
> （〈乾・文言〉疏）

聖人成能，舉而施之民者稱爲「事業」，聖人欲在人類社會成立何種事業呢？
簡而言之，人文也，文明也。人文代表一個人的修爲教養，是奠定禮秩社會
的要素，所以孔疏詮釋「居業」者，以內外雙修的實務來解之，外則需要文
教，內則需要立誠；內誠者，出言必誠信而眞實，所以〈繫辭上傳〉提及《易》
有聖人之道四焉，其中一個就是「以言者尚其辭」，言聖人發言而施政教化，
辭必合乎卦爻文理之辭，內有其理，外有其辭，內外兼修，此謂之文教、文
明。然文教者爲人文之教化，必有所從來，孔疏雖無直說，然並列天文與人
文者，知人文以天文爲依據，他說：

> 天之爲體，二象剛柔，剛柔交錯成文，是天文也。（〈賁・彖〉疏）
>
> 「文明」，離也；「以止」，艮也。用此文明之道，裁止於人，是人之
> 文德之教，此〈賁〉卦之象。既有天文、人文，欲廣美天文、人文

〔註17〕唐・孔穎達疏《禮記正義》，同第三章註20，〈樂記〉引文見頁668。〈仲尼燕
居〉引文見頁855。〈禮運〉前段引文見頁438，〈禮運〉後段引文見頁415。

之義，聖人用之以治於物也。（〈賁・彖〉疏）

天文爲何？日月星辰運行的理則，春夏秋冬寒暑變化的氣象，這些自然的交錯變化都有其一定的理序。聖人以其神智盛德觀察天文時變的理路，用來觀察君臣父子人倫之間的理序，有其一脈相通的生命之流，故又說：

「觀乎天文，以察時變」者，言聖人當觀視天文，剛柔交錯，相飾成文，以察四時變化。（〈賁・彖〉疏）

天有懸象而成文章，故稱文也。地有山川原隰，各有條理，故稱理也。（〈繫辭上〉疏）

「觀乎人文，以化成天下」者，言聖人觀察人文，則詩、書、禮、樂之謂，當法此教而化成天下也。（〈賁・彖〉疏）

從剛柔交錯、四時變化的相飾成文，看出天的文章與條理，孔疏認爲人文亦當法此而化成天下，孔疏在《尚書・說命中》說：「〈繫辭上傳〉云：天垂象，見吉凶，聖人象之。皆言人君法天以設官，順天以致治。……天象，皆有尊卑相正之法。」〔註18〕又在《尚書・洪範》說：「舉天地之德，以喻君臣之交。……天之德高明剛強矣，而有柔，能順陰陽之氣也。以喻臣道雖柔，當執剛以正君；君道雖剛，當執柔以納臣也。既言君臣之交，剛柔遞用。」〔註19〕天文有剛柔相交之象，人文當有尊卑相正之法。這個法轉化成教化的內容，就是詩、書、禮、樂等儒家之經典。後來的《易程傳》與《周易折中》的「人文」之說也大抵與此意相似。程頤說：「人文，人倫之理序。觀人文以教化天下，天下成其禮俗，乃聖人用〈賁〉之道也」〔註20〕，李光地引梁寅說：「朝廷文之以儀制而亨焉，賓主文之以禮貌而亨焉，家人文之以倫序而亨焉，官府文之以教令而亨焉」，〔註21〕此二者釋「人文」又較孔疏爲具體。

「人文」是孔疏觀察天文的立意之處，相較於王弼，孔疏對於「人文」的解釋具體了許多。王弼注〈賁・彖〉則說：

剛柔交錯而成文焉，天之文也。止物不以威武而以文明，人之文也。解天之文，則時變可知也；解人之文，則化成可爲也。（〈賁・彖〉注）

〔註18〕唐・孔穎達疏《尚書正義》，同本章註3，頁140。

〔註19〕同上註，頁174。

〔註20〕引文乃程頤注〈賁・彖〉，出自《易程傳・易本義》，同第二章註57，頁197。

〔註21〕引文乃李光地引梁寅注〈賁・卦辭〉，出自李光地《周易折中》（臺北：眞善美出版社，1981年7月再版。），頁290。

王弼以「剛柔交錯」釋「天文」，以「止物不以威武」釋「人文」，以「時變」展現天文，以「化成」說明人文，這樣的詮釋，理雖恰當，然終究浮而不切。孔疏直接以儒家經典及君臣父子之理來詮釋「人文」，雖然孔疏主張無心以爲體，然因爲憂患之故而有經營之跡，此跡者，倫理垂教也，其實質的內涵則爲儒家經典。故聖人以此實務方能裁成文德之教，以輔相天地之宜，廣「天文」、「人文」之美以治於物，此孔疏之用心也。

第三節　離無入有之境

　　爲何孔疏時時致意於聖人之跡？從頭到尾，孔疏一再強調易象之有與人事之用，甚至連聖人也不肯以無跡來成全之，反倒以有憂、有跡來說聖，足見他對「有境」的重視，對於聖人這一個議題亦不例外，他疏解五經不全然是爲了完成國君之命，也不純在文字上做通解與邏輯的推演，他在義疏的背後，賦予文字眞正的人文關懷，在正義的當下，爲了替天下萬民分憂解勞，給人定向，施德於民，故設立「聖人有跡」這樣的命題。

　　聖人代表的是「虛無之境」，而賢人代表的是「有物之境」，但在離無入有的幾微之處，欲見未見、初動未動的地方，聖人當如何統籌帷幄呢？易言之，聖人的經營之憂、經營之跡，在無心與有跡「之間」，應當如何處置呢？又聖人用無爲之跡者，本於道而用諸於無形，一旦入於有境，聖人又將如何運籌帷幄呢？

　　解決「無心」與「有跡」之間的困境，聖人以「不言」爲「跡」來對應，這是聖人的「無心之跡」，「無心之跡」亦是一種「跡」，即是以「靜默爲跡」。至於落入形器，面對人事之萬象，聖人只要把握道體，凡所有的營爲措施，則任用賢人、君子爲之即可，此爲「賢人之跡」，乃本乎聖人無心以成化的「權變之跡」。

一、無爲之治

　　當唐太宗的詢問孔穎達《論語》的「以能問於不能，以多問於寡」等文句時，孔穎達已示意了聖王的無心之跡，《舊唐書》記載：

> 太宗初即位，留心庶政，穎達數進忠言，益見親待。太宗嘗問曰：「《論語》云，以能問於不能，以多問於寡，有若無，實若虛，何謂也？」
>
> 穎達對曰：「聖人設教，欲人謙光，己雖有能，不自矜大，仍就不能

之人求訪能事。己之才藝雖多，猶以爲少，仍就寡少之人更求所益。
己之雖有，其狀若無，己之雖實，其容若虛。非唯匹庶，帝王之德
亦當如此。夫帝王內蘊神明，外虛玄默，使深不可測，度不可知。
易稱以蒙養正，以明夷莅眾。若其位居尊極，炫燿聰明，以才凌人，
飾非拒諫，則上下情隔，君臣道乖。自古滅亡，莫不由此也。」太
宗深善其對。」(《舊唐書・卷七十三》)

孔穎達從待人欲謙的角度回答之。謙者，「己之雖有，其狀若無」，爲何？孔
穎達說，帝王應以「內蘊神明，外虛玄默」爲其修養境界的目標，「神明」之
玄智，與「玄默」之寂靜，都表現了帝王用「虛」的超越性，唯有讓心靈體
虛無之用，方能在開通濟物的實有層面上，達到虛靈無礙的超越層次，如此，
在訂定律則，實行禮法的時候，才不會受制於「有」；另一方面，也藉由「虛」
表明儒家謙卑之道，欲帝王勿炫燿聰明，否則易招致敗亡，表明爲有以謙「虛」
處世，才能維持恆德，國家也才能長治久安。從道家玄神明默出發，落實於
儒家之謙卑，此孔穎達論謙「虛」之義。故知，聖人之跡，恆在「無爲虛靈」
處蘊藏著成能之功。

因此，當一個體虛至無之聖，發出淑世的關懷，他必需掌握一個易簡的
原則就是「顯仁藏用」，不見萬物何以生養卻見萬物之生生不息，此聖人「不
爲之跡」，故說「用無爲」。此「用」者，聖人有憂之價值與意義盡在於此也，
用而無用，「不言之跡」也。

> 聖人用無爲以及天下，是聖人不爲也。(〈繫辭上〉疏)

聖人之跡，以無心之跡爲跡，至虛而善應，其心瑩然，全無己意，無心以用，
用以無心，自然完成生養萬物之功。然而，如何經營呢？

（一）因順自然

把「用無爲」的精神落在現實人生，就是一種「因順」的功夫。孔疏：

> 爲惠之大，莫大於心，因民所利而利之焉，惠而不費，惠心者也。
> (〈益・九五〉疏)

與時相應，與事相合，因宜於地，因力於人，不與物爲忤，不逆勢而爲，一
切順應時勢，因民之所利而利之，恩惠百姓卻無所費心，無所煩擾，此聖人
「無心之跡」。又如：

> 所有興動，任其自然之性，故云直以方也。不習无不利，地道光
> 者，言所以不假脩習，物无不利，猶地道光大故也。(〈坤卦・六二・

象〉疏）

指出聖人凡有所動皆順物之本性，因而不爲，隨時而宜，不必刻意營爲，亦即以「不爲之爲」作爲聖人作爲的方式之一。

　　不管是仁義之教亦或典章刑制，舉凡一切的人倫、道德、風俗，禮律，政教得失等皆在無心無爲的貞定下，使民用之而不知其所以然，而後百姓方能各安其性，各成其業，此因順之功也。故說：「順物之情，而立功立事，故曰順事」（〈升·六四〉），順人、順物、順時、順勢，納而不拒，因而不爲，故能立功立事也。

（二）觀化天下

　　美盛善德可以感化人心，聖人通神明之德，體民至通，感物至深，使人心透過聖人之大觀大照而得以相感相通，自然能無所不至，孔疏：

　　　　四海之內，由我而觀，而教化善，則天下有君子之風。（〈觀·九五〉疏）

聖人爲天下所觀，處聖位，必也高尚其志，乃得其應，亦即聖人必以其盛德神智處於一個不爲萬象萬物所圍的朗鑒之境，而後披靡於萬事萬物而無所限制，那麼，風行草偃，無所不至。故疏〈乾·九五〉說「言天能廣感眾物，眾物應之」，說的是感通的廣大之功。孔疏：

　　　　聖人設教，感動人心，使變惡從善，然後天下和平。（〈咸·彖〉疏）

聖人只要空虛其懷，用心弘大，與物相感相通，讓己心交融萬物之心，萬物受感，自然相應，變惡從善，如此精醇專一，則物無不通。又說：

　　　　天既不言而行，不爲而成，聖人法則天之神道，本身自行善，垂化於人，不假言語教戒，不須威刑恐逼，在下自然觀化服從，故云天下服矣。（〈觀·彖〉疏）

聖王不勞一身之明、智、力、信等以觀百姓之情，因爲以刑制使民者，民必反之；以明察物，物亦競以其明以應之，只有任物自然，萬民萬物才能自明自化。

　　故「不言」也是一種「跡」，教化不必立下太多的法條，也不必說太多的言語，只要聖人用自己一身的行爲做表率，感化他人，不必言語教戒，不必用威刑嚇阻，自然而然，無心無爲，百姓自然化成。「不言之教」既融合孔子「予欲無言」之思，[註22] 也包容《老子》「聖人處無爲之事，行不言之教」

〔註22〕《論語·陽貨篇》：「子曰：『予欲無言。』」，子貢曰：『子如不言，則小子何述

的精神，〔註23〕聖者只要善首自然之道，法無私無欲的天道，以無爲代有爲，以無言代多言，無心施化也是一種教化，「不言之教」，正是一種無爲之「跡」。

（三）應機變化

《周易正義》強調聖人用神明之道以垂教時，必須善於「隨時變化」，孔疏：

> 此者聖人之興，因時而作，隨其時宜，不必皆相因襲，當有損益之意也。（〈雜卦〉疏）

說聖人「隨其時宜，不必皆相因襲」，即是說明聖人治國，遇到各種不同的狀況都要能夠懂得權變，如以〈歸妹〉而言，少女配長男，實有未善，且歸妹多半有非正室的意思，聖人怎可認同如此不合禮數的事情發生？況且〈象〉辭還說「歸妹，天地之大義」，這樣的觀念豈能容受於天地之間？以常理而言，應是有違天地大義，然而，此處說歸妹是天地大義，乃有其因，正顯示聖人用無爲的權變之跡。

> 以〈歸妹〉之義，非人情所欲，且違於匹對之理。蓋以聖人制禮，
> 令姪娣從其姑娣而充妾媵者，所以廣其繼嗣，以象天地以少陰少
> 陽、長陰長陽之氣共相交接，所以蕃興萬物也。（〈歸妹·象〉疏）

〈歸妹〉非一般人情所願，且「違於匹對之理」，可見〈歸妹〉的男女姻配是禮法所不樂見者。但若是爲了「廣其繼嗣」時，以歸妹的方式納妾，就可以被接受，因爲「聖人制禮」必合於「天地之義」，使人類生生不息，使萬物蕃興，故有此變化。說明聖人制禮，雖以道爲體，然因事權變亦是至須善應的一種方式。故說：

> 聖人以能變通體化合變，其德日日增新，是德之盛極，故謂之盛德
> 也。

> 物之窮極，欲使開通，須知其變化，乃得通也。凡天下之事，窮則
> 須變，萬事乃生。（〈繫辭上〉疏）

聖人至虛善應，隨機應變，並不僵固於既定的禮法，如此才能展現「日日增

〔註23〕 焉？』子曰：『天何言哉？四時行焉，百物生焉，天何言哉？』」《老子注·第二章》：「聖人處無爲之事，行不言之教。」又：「不言之教，無爲之益，天下希及之」（〈第四十三章〉），又：「不言而善應，不召而自來」（〈第七十三章〉）

新」的氣象。聖人作爲君王，引領國家百姓不斷進步，開物成務，與時俱進，當須知其變化，使物開通。聖人隨機變易以制其宜，孔疏以「應機變化」稱之，乃「應機變化」是有形可見的「用」，但應機變化的「體」仍貞定於「虛無」之理。

故知，虛無之神是其體，而應機變化是其用，聖人仰觀天文，俯察地理，體悟天道變化之功，亦使人類社會的種種倫理制度與生活規範符合自然變化的規律，或動或出，進退隨時，知幾偕變，不失其道，這就是聖人治道的整體脈絡。

二、聖賢分職

無心以爲體的聖人，他要掌握的是原則性的道理，至於每日要處理的繁多政務，必然要委付給賢能之人，所以一開始必先做好聖賢的定位，扮演好各自的職分，才能分工合作，共成博施濟眾的盛德大業。

（一）聖賢分德

日月臨於天，雲行雨施，庶物流行，萬物各自生生。聖人爲君於眾人之上，以其盛德感應萬物，任用賢人、君子、諸侯、公卿來奉行聖化，那麼各人盡其職守，百姓自然安定。孔疏：

> 以此言之，聖人亦當令萬物資始，統領於天位，……又任用群賢，以奉行聖化，使物各正性命。此聖人所以象乾而立化。（〈乾‧彖〉疏）

「聖人所以象乾而立化」者，意謂聖人有聖人之責，賢人、君子也都各有其分，如〈乾〉卦天道立而後萬物各自流行，聖人設而賢人、君子各盡其分。故說：

> 功勞既大，則是賢人事業。行天地之道，總天地之功，唯聖人能。然今云賢人者，聖人則隱跡藏用，事在无境。今云可久可大，則是離无入有，賢人則事在有境。故可久可大，以賢人目之也。（〈繫辭上〉疏）

聖人總天地之功，體至虛之道，其所爲者，顯諸仁功卻藏仁跡，故說「隱跡藏用，事在无境」，象徵道體虛靈不礙的特性。然若離無入有，事在有境，則屬賢人之職，集合群賢之力，則可成就可久可大之業。故又說：

> 「存乎德行」者，若有德行，則得默而成就之，不言而信也。若无

> 德行則不能然。此言德行，據賢人之德行也。前經「神而明之，存
> 乎其人」，謂聖人也。(〈繫辭上〉疏)

即使群賢是奉行聖化之人，雖無聖者之神智與盛德，但既追隨無爲而化之聖，分德於聖，就不可違背聖人體無之旨，故亦必具備默而成就、不言而信之德，否則，無法擔此任務。此說明賢人雖無法如聖人之神明其德，亦當有不言而化之侔德。所以說：

> 若德業既成，覆被於物，在於有境，是入於形器也。賢人之分，則
> 見其所爲，見其成功始末，皆有德之與業，是所有形器，故以賢人
> 目其德業。(〈繫辭上〉疏)

聖人的成功事業見諸於賢人，賢人是聖人離無入有的施行者，因此必有其德業，凡所有的興動營爲，成功始末，有器有形者，都屬於賢人之德業，聖人之崇德廣業爲自然之功，賢人之德業爲人事之功。聖人總養萬物，賢人分勞，亦以能養萬物爲德業，孔疏：

> 使物長久，是賢人之德，能養萬物，故云「可久則賢人之德」也。(〈繫
> 辭上〉疏)

賢人所作所爲乃象徵聖人之功者，故必能步趨聖人之職志。聖賢者，皆以生養萬民、廣益萬物爲德業。故說：

> 君子用此地之厚德容載萬物。言君子者，亦包公卿諸侯之等，但厚
> 德載物，隨分多少，非如至聖載物之極也。(〈坤・象〉疏)

易道至極之功，由聖人成天地之能，載物之極，如此可以增崇其德，廣大其業。但「廣爲垂法。若限局聖人，恐不逮餘下」，[註24] 則必須由賢人、君子隨分多少，量力而行，方可共成聖功。

　　未能全無的聖人憂天下人之憂，豈能無跡？其「跡」，以「無心」爲「跡」，以「不言」爲「跡」，以「隱」爲「跡」；然入於有境者，凡所有興動營爲則以賢人爲跡，此其權變之方，亦無心之跡也，故說：「本其虛無玄象謂之聖，據其成功事業謂之賢也。」(〈繫辭上〉疏)

（二）委養賢人

　　聖人之所以可以成就至極之德者，乃其至虛也。若入於有境，事必躬親，其力必有所不逮，也將爲「形器」所限，故執一統衆之聖，[註25] 把握至虛

[註24] 見孔疏〈乾・文言〉語。
[註25] 見孔疏：「王侯若不得一，二三其德，則不能治正天下。若得純粹无二无邪，

善應的原則，其他諸事則委付予有能之人，此聖人「不爲之跡」，跡者，賢人之成功事業也。孔疏：

> 謂委付事物與有能之人，謂委二也。「不先不爲」者，五雖居尊位，而事委任於二，不在二先而首唱，是順於二也。「不爲」者，謂不自造爲，是委任二也。不先於二，是心順也；不自造爲，是貌異也。（〈蒙・六五・象〉疏）

此從〈蒙・六五〉來看，五處尊位卻不爲物先，不自造爲。二者，六二爻，指的是有能力的賢人。聖體無，不造作，不躬親，委付事物給有能之人。此其聖人之跡，以賢人爲有境之跡。既委付諸事與賢人，必養賢而尊賢，孔疏：

> 「聖人養賢以及萬民」者，先須養賢，乃得養民，故云「養賢以及萬民」也。聖人但養賢人使治眾，眾皆獲安，有如虞舜六人，周武十人，漢帝張良，齊君管仲，此皆養得賢人以爲輔佐，政治世康，兆庶咸說。（〈頤・象〉疏）

孔疏爲聖人樹立一個不言而教的典範，居於尊位，無爲而化而已，如日月照臨天下，天下人皆能瞻覬聖德。至於布散恩澤之事則交給賢人，由賢人輔助君王行教化之事，此聖人裁成天地之宜，而賢人又輔相聖人之宜，故孔疏所以強調聖王必需「養賢」，聖人養賢使之治眾，如管仲輔佐齊桓公成就霸業，齊國因此成爲強國，民富國盛；又如張良輔佐漢帝而漢朝國祚富庶，民安物阜，凡此皆「無心有跡」之治也。

聖人既要無心無爲，又要垂範作則，所以養賢以輔佐聖王的「無心」之治，故說：「君之爲體，由臣之輔翼」（〈泰・上六象〉疏），君體象徵天道，賢臣象徵功用，所以又說：

> 大畜之資，當須養贍賢人，不使賢人在家自食……豐則養賢，應於天道，不憂險難，故利涉大川。（〈大畜・卦辭〉疏）

則能爲天下貞也。謂可以貞正天下也。云『萬變雖殊，可以執一御也』者，猶若寒變爲暑，暑變爲寒，少變爲壯，壯變爲老，老變爲死，禍變爲福，盛變爲衰，變改不同，是萬變殊也。其變雖異，皆自然而有，若能知其自然，不造不爲，无喜无感，而乘御於此，是可以執一御也。」（〈繫辭下〉疏），孔穎達明確地認爲宇宙間的紛繁變化，可以一簡易之理統御之，無論是寒暑邊運，或是福禍輪轉，其中皆有不易之理，此一則爲虛無之體，道本，萬物皆由此而生。此亦申衍王弼執一統眾之說者。

以貴尚賢人，大正應天，可踰越險難，故利涉大川也。（〈大畜・彖〉
疏）

賢人乃聖人治道的輔翼，故聖人必得瞻養且貴尚之，不爲物先，功成不居，
以貴下賤，而後應天道，順乎人，然後險難可越，大川可涉，而後富有大業
便在委賢、養賢與尊賢的無心之跡的狀態下完成，故說：

人之所助，唯在於信，此上九能履踐於信也；天之所助，唯在於順，
此上九恆思於順；既有信思順，又能尊尚賢人，是以從天已下，皆
祐助之，而得其吉，无所不利也。（〈繫辭上〉疏）

關於治道，所根據者道，所治者天下之民，聖人是道的載體，他要做的事就
是裁成輔相天地之宜，讓百姓以其自然本性生存於世，如此便是成能之功。
然而，天下之事浩繁眾多，聖人必委付眾賢君子而爲，亦不可有心爲之，必
順天而行，不自造作，因任自然，無心而爲，故說「天之所助，唯在於順」。
聖人既順天無違，然落乎人事則謂之信，聖人用人，順天之誠，誠信不疑，
必尊賢人，故說「有信思順」、「尊尚賢人」。此從道→聖人→賢人→萬民，走
的是履信思順的踐道之路，由此可見聖人體道輔民的最終定向，便是聖人本
爲垂教的作《易》宗旨，這就是孔疏設立聖人的用心所在。

綜上所述，聖人者，性同於自然，具有通神之智，且盛德共天，並位極
天下，是人中之傑者。像這樣與天地同功的聖人，體道而踐行於世，究竟是
如何達成「道體與仁功」合一的境界呢？聖人必具至極的空靈心體方能極成
淑世的富有大業，因此，無心以爲「體」者，豁顯聖人原初心體的本然狀態，
此與天地同流的心體，化民於無形。因此當聖人化爲有境之「用」時，其裁
成之法有二，一則聖人以其自身之盛德爲萬民瞻覩，草上之風，無不仆偃，
以感化人，民莫不服，此不言之「跡」，以靜默爲「跡」者，乃聖人無心之跡
也。一則聖人執一以御，把握至虛善應之體，委付有能之人，尊德重教，任
人唯賢。然所教者莫非以德，教化的內容則爲君臣、父子、夫婦之倫與詩、
書、禮、樂之文。很明顯地，孔疏的聖人爲一兼綜儒道之聖。

第六章 《周易正義》道論的影響及其 歷史地位

　　《周易正義》把道家的本體論融入儒學的道學當中，爲宋易、甚至是以後幾世紀的易學都提供了一個省思的空間，對此，朱伯崑說：

> 宋易的形成，同唐孔穎達所編《周易正義》有著批判地繼承關係。《周易正義》乃漢以來易學的總結，其中保存了象數學派和義理學派的論點，北宋易學中的兩大派大都從孔疏中吸取觀點和材料，來闡發自己的易學體系。但兩派的代表人物，作爲儒家學者，又都從不同的角度批評或揚棄了玄學派貴無賤有的易學體系。如果說，孔疏是對玄學派易學的一種批判和改造，宋代易學又是對孔疏的一種批判改造。此種否定之否定的過程，也是儒家系統的易學體系逐步完善化的過程，從而爲以後幾個世紀的易學的發展奠定了基礎。〔註1〕

《周易正義》是漢以來易學的總結，結束了漢魏象數與義理二派的分立對峙局面，孔穎達兼採二派的說法，試圖作出易學新疏，提供後人建構易學或哲學思想的觀點與材料。雖然如此，宋儒者在吸收《周易正義》儒理精義的同時，對於孔疏採取王、韓的「有無」之說也有著強烈的批判。說明後世儒者對於孔疏把易學思想從玄理逐步引回儒理的作法有所認同，但對於孔疏仍然保留以虛無論道的部分則不敢苟同。因此，取資者在闡發自己的易學思想時

〔註 1〕 朱伯崑《易學哲學史》卷二，同第一章註 52，頁 9。

除了吸收《周易正義》儒理的部分，同時也揚棄玄理易以虛無爲形而上本體的部分，在不斷的改造之下，終使玄理易走向了全然的儒理易，這當中，《周易正義》的道論不能不說是一個重要的橋樑。

第一節　對宋明義理易學的啓迪

《正義》是對王、韓注的義疏，王注本是當時獨冠一時之作，也建立了體用範疇的高度思辨，在這樣的學術環境背景下，孔疏承襲義理易的注疏系統，然而，王、韓注本在後人心中是被概括爲以老莊解《易》的義理易，雖不乏儒家名教之說，然因爲過於主張「貴無」，致使其倫理名教方面的意義受到限制，因此，孔疏一方面兼取象數，一方面衍申「無」與「有」的內涵，逐漸把玄學的義理易拉回到周孔垂教的本意，對於宋代儒理易的產生不能不說沒有影響。那麼，究竟有那些影響呢？本論文歸綜爲三點：

一、元氣論對宋儒「體用一如」思想的開啓

不同於王弼的「無」，孔疏將道體稱作「虛無」，除了保留玄理易的本體思維外，多了一層「元氣」的質性，從以「無」爲本，變成以具有元氣之質的「太虛」爲本。孔穎達的「太虛」，指的是元氣混沌未分的虛無之體，雖無形無象，然已初具元氣，其氣極大而未分，又稱太一，明顯與王弼不同，足見孔疏已從王弼的以無爲本走向了太極元氣論，爲後世的氣論奠定了基礎。這個氣論所造成的影響主要有二個方向：（一）宇宙生成的觀點。（二）體用一如的說法。

就宇宙生成而言，胡瑗（公元 993～1059 年）主張萬物從元氣而生，言天「以一元之氣始生萬物」（《周易口義・乾・卦辭》），賦予天以具體的混元之氣，這點與孔疏「太極謂天地未分之前，元氣混而爲一，即是太初、太一也。」（〈繫辭上〉疏）的說法並無太大歧異。再者，周敦頤（公元 1017～1073年）《太極圖說》的無極、太極、陰陽等說融合儒、道之見類近《周易正義》的旨趣，其受到孔疏的影響雖不如胡瑗來得明顯，也不像胡瑗與孔疏較有直接的關係，但周敦頤對萬物生成的問題，卻有著從漢易（《易緯》元氣說）至儒學易轉化的軌跡，而這當中《周易正義》也成爲過渡的橋梁，申屠爐明說：

> 周敦頤的《太極圖說》，合《老子》之道與《周易》之道論「無極而太極」以及「陰陽，一太極也；太極，本無極也」，是宋代理學的理

論基礎之一，聯繫《隋書・經籍志》之論「道」，不難看出，《五經
正義》實是漢學發展到宋學的重要環節。〔註2〕

孔疏的太虛包含著「由虛無而有元氣」的說法與周敦頤《太極圖說》：「無極
而太極」〔註3〕有著異曲同工之妙。孔疏以虛無來表現無形無象的道，又以太
極爲混元之氣來表現氣形之始，是一種「虛無即有」的合一思想；周敦頤言
無極是爲了形容形上本源的無形無象，言太極則避免淪爲虛空，也是體現「無
極即太極」的一體觀。況且周敦頤的《太極圖說》，合《老子》之道與《周易》
之道，正保留了孔疏儒道兼綜的道論，所以申屠爐明才說「《五經正義》實是
漢學發展到宋學的重要環節。」〔註4〕，學者周建剛、張利文也指出周敦頤的
「太極」即孔疏的「元氣」，而「無極」則類近孔疏引王、韓「以無爲本」的
旨趣。

> 周敦頤《太極圖說》中的「太極」，實際上是「元氣」的代名詞，而
> 所謂「無極」，則取自於《老子》的「有生於無」以及魏晉玄學的「以
> 無爲本」。在唐代《五經正義》的《周易正義》中，這兩種學說都被
> 保留下來。……周敦頤的「無極而太極」綜合了漢唐易學的成果，
> 以「太極」爲自然世界最初演化階段的「元氣」，「無極」則是更爲
> 根本性的本體之「無」。〔註5〕

《太極圖說》中的「太極」，指的是孔疏的「太一」，即「元氣」的代名詞；
而「無極」指的是孔疏的虛無之道，是本體義之「無」。周敦頤的「無極而太
極」，正是延續孔疏之說，無極是虛靜的，此虛靜並非是「有對」的靜，而是
絕待的「靜」，它本身如同「語非對默」的「默」，「靜非對動」的「靜」，是
太極之動的根據，同時又包含著「動」與「靜」，呈現「體用」渾成的一體義，
表現出至虛而善應的神功，正如孔疏引韓注的「至神者，寂然而無不應」，寂
然者，絕待之靜也；無不應者，太極之生生也，整個動靜體用的全體大用則
稱神也，所以孔疏稱「神也者，非物，妙萬物而爲言者。」（〈說卦〉疏），而

〔註2〕 申屠爐明《孔穎達・顏師古評傳》，同第一章註7，頁173。

〔註3〕 《太極圖說》說：「無極而太極，太極動而生陽，動極而靜，靜而生陰，靜極
復動，一動一靜，互爲其根，……萬物生生而變化無窮焉。……聖人定之以
中正仁義而主靜（周氏自注『無欲故靜』，立人極焉。）」，見周文英主編：《周
敦頤全書》（南昌：江西教育出版社，1993年9月第1次印刷），頁20。

〔註4〕 申屠爐明《孔穎達・顏師古評傳》，同第一章註7，頁173。

〔註5〕 周建剛、張利文：〈化自然以歸人文——論周敦頤融道入儒的宇宙論思想〉，
《哲學研究》第11期（2012年）。

《通書・動靜》則說：「物則不通，神妙萬物。」〔註6〕由元氣而有萬物之生生，又由人極之生生歸本於靜，〔註7〕同乎孔疏最終歸本於「天地以靜為心」〔註8〕、「以虛無為道」的理趣。所以周敦頤論神妙萬物所涉及的「神」與「主靜」之說，與孔疏的說法基本上精神是一致的，故朱伯崑說：

> 韓康伯注說：「至神者，寂然而無不應。」周敦頤多半從此注中得到啟發，將「寂然而無不應」，理解為「動而無動，靜而無靜」。又孔疏解神妙萬物說：「神也者非物，妙萬物而為言。」認為神乃萬物變化的根源，其自身無形跡，但卻範圍天地萬物的變化。周氏區別物和神，亦本於此。看來，其「神妙萬物」說來于王弼派的解易系統，沒有擺脫有生于無，動起于靜的影響。……。這樣，玄學派的易學，通過周敦頤的解釋，同樣轉化為宋明道學了。〔註9〕

朱伯崑認為周敦頤區分「神」與「物」乃本於孔疏，論「動靜之說」亦是來自於韓注的「寂然而無不應」的理念，等於是來自孔疏「神也者，非物，妙萬物」的解《易》系統，只是周敦頤將神妙萬物那種「動而無動，靜而無靜」的絕待之「靜」不是走向「無」的途徑，而是邁向「誠」的修養與境界。故孔疏的道論，通過周敦頤的解釋，就轉化為宋明道學了。另外，《正義》的道論也啟開張載（公元1020～1077年）的太虛之說，孔疏認為象與數皆由太虛而來，太虛本身就是象數的根本，〔註10〕太虛雖無形無象卻不離開象數，也

〔註6〕 周敦頤《周子全書・通書・動靜》說：「動而無靜，靜而無動，物也。動而無動，靜而無靜，神也。動而無動，靜而無靜，非不動不靜也。物則不通，神妙萬物。」同本章註3，頁129～131。形而下事物的動靜是相對的——動而無靜，靜而無動，所以有所侷限。神則不然，神者，動而無動，靜而無靜，這不是「不動不靜」而是「動中有靜，靜中有動」，動靜一體而不可分，超越相對動靜義而直以無極之靜為本。孔穎達說：「八卦運動，萬物變化，……不知所以然而然，況之曰神也。然則神也者，非物，妙萬物而為言者。」（〈說卦〉疏）周敦頤區分神與物之別已在孔疏見之，然更重要的是，孔疏以神為八卦運動變化的本源，神本身無形無跡，卻能妙萬物之變化，周敦頤也如此認知，故說「物則不通，神妙萬物。」這正是孔穎達一直強調「有則為物礙難，不可當通」，故要以寂然无體、不可為象的虛無之道為本源的目的所在。

〔註7〕 見周敦頤《太極圖說》：「聖人定之以中正仁義而主靜（周氏自注「無欲故靜」），立人極焉。」同上註。

〔註8〕 龔鵬程說萬物歸本於靜，同乎孔疏之見：「周濂溪〈太極圖說〉論陰陽五行之運變流布，而歸於至靜，理亦同此。」見《孔穎達《周易正義》研究》，同第一章註38，頁146。

〔註9〕 朱伯崑《易學哲學史》卷二，同第一章註52，頁126。

〔註10〕 見孔疏：「言象之所以立有象者，豈由象而來，由太虛自然而有象也；數之所

不離乎陰陽二氣之運行，孔穎達巧妙地以元氣來表現無形無體卻實存的本體，並論證易道「備包有無」的統一性，故使張載繼孔疏之後，進一步提出「太虛即氣」的說法，〔註11〕說明太虛不能無氣，卻又不全然等同於氣，史少博說：「他繼承了孔穎達的陰陽二氣說，提出『凡象皆氣』，論證了世界的統一性。」〔註12〕，張載提出「太虛即氣」的命題，可說是將孔疏的說法往前推進，朱伯崑也說：

> 張載說的「太虛之氣」，並以其爲太極，即本于孔疏的太虛說。孔疏
> 不敢明言太虛即是氣，而張載明言之，這比孔疏前進一步。〔註13〕

張載是繼《周易正義》之後，對「太虛」說的拓展，與對易學氣學派做出了重大的貢獻。〔註14〕

綜述之，看見《周易正義》道論的思想，是從漢易的元氣論到玄理易的無本論，一直到初唐備包有無之道的嬗變，胡士穎說：

> 由道而器，由器到卦的發展脈絡，是孔疏以王弼、韓康伯注爲基礎，
> 綜合了從漢代到初唐的易學成果，⋯⋯他的陰陽觀在這裡解釋萬物
> 生成的思想當然也是比較簡單，欠缺周密，但是卻成爲宋代張載氣
> 論的基礎，成爲漢易、玄學易轉化爲宋易的橋樑。〔註15〕

在融合與轉化中，《周易正義》成了漢易、玄理易到宋易的過度，其太虛元氣

以有數者，豈由數而來，由太虛自然而有數也。」（〈繫辭上〉疏）

〔註11〕　張載說：「知太虛即氣，則無無」，出自《張子全書・正蒙・太和》，見宋・張載撰、朱熹注：《張子全書》（臺北：臺灣中華書局，1981 年 9 月臺四版），卷二，頁 3。

〔註12〕　史少博：〈周易正義「無本論」向「氣本論」轉化的橋樑〉，同第一章註 57，頁 27。

〔註13〕　朱伯崑《易學哲學史》卷二，同第一章註 52，頁 356。

〔註14〕　朱伯崑《易學哲學史》：「張載的易學屬于義理學派，⋯⋯他對《周易》體例的理解，同程頤一樣，來于王弼注，特別是來于孔疏。孔疏企圖調和義理學派和象數學派對《周易》經傳的解釋，重視取象，從而把陰陽二氣變易地法則作爲易學的最高範疇。這一傳統被張載易學繼承下來。但張載易學又不同於孔疏。他同二程一樣，反對以老莊玄學觀點解釋《周易》原理。⋯⋯從易學發展的歷史看，孔疏是對玄學派易學的一種批判地改造，張載易學又是對孔疏的一種批判改造。如果說，經過程頤的批判，轉化爲理學派的易學，孔疏又通過張載的批判，轉化爲氣學派的易學。」（《易學哲學史》第二冊，同上註，頁 291～292），又說：「張載的《易說》，一方面繼承了孔疏以陰陽二氣解《易》的傳統，另一方面又拋棄了孔疏的玄學形式，通過對〈繫辭〉的解釋，終於建立起氣論哲學的體系。」（《易學哲學史》卷二，頁 315），同上註。

〔註15〕　胡士穎：《《周易正義》道器思想述論〉，同第一章註 48，頁 44。

說也開啓了張載等人的氣論，並由王弼的攝用歸體走向對器用、萬有的重視，從「以無爲本」到「以太虛爲本」之間，創造了「有無兼融」的一體道論，在易學史上有其關鍵意義。

　　就體用一如的論點而言，這是元氣論系統下的創造性詮釋，在《周易正義》兼眩有無的原則中，孔穎達將即體即用的意義落實在人倫禮制上，發揚其「以无言之，存乎道體；以有言之，存乎器用（《周易正義・序・第一論易之三名》）」的理念。其體用觀與王弼已有差異，異於王弼的體用對舉，孔疏更重視渾淪一體的體用觀。從備包有無的「太虛」出發，在有中即可見無，在象數中即顯義理，道器一如，天理人事不二，這種「體用」連用、相與爲體的思維，即是《周易正義》體用觀的主要特色。鄧國光《經學義理》說：

> 綜觀思想史的流程，孔穎達是首次提出道爲體、器爲用的。……透過名、理、跡確立存有之義，置體用於先設的「有」的境域之中論述，便不再需要在體用的義理世界論證存有的問題。〔註16〕

他認爲孔疏的體用論，在思想史上有其重要地位，「體用」一辭的提出，表明「體用」於人事即見天道的觀念，對後代學術有啓發之功，胡瑗的「明體達用」即是一例，〔註17〕而其後張載的「一物兩體，氣也」〔註18〕亦受其影響。至於程頤的體用說，在孔疏「體用」二字連用之後，程頤作進一步的發揮，同時也視「體用」爲一詞而加以闡揚，程頤說：「至微者理也，至著者象也。體用一源，顯微無間。」〔註19〕此體用一源，顯微無間者，強調理與象的一體性。分言體、用乃方便言說，其心則一也，〔註20〕他並把理與義視爲「體用」整全義，故又說：「理義，體用也」〔註21〕，理者，體也；義者，順理去實踐的事，所以又說：「順理而行，義也。……又問：『義只在事上，如何？』

〔註16〕鄧國光：《經學義理》，同第一章註44，頁340。

〔註17〕胡瑗以「明體達用」概念爲主軸，闡述《周易口義》之中天人關係、道德實踐、倫理規範，並以天地變化作爲人所有行爲的依據，發展出以形上觀念爲體，而道德實踐爲用的道德倫理修養理論。

〔註18〕張載：《張子全書・正蒙・參兩》，同本章註11，卷二，頁6。

〔註19〕程頤：《易程傳》，同第二章註57，頁2。

〔註20〕程頤：「心一也，有指體而言者（寂然不動是也），有指用言者（感而遂通天下之故是也）。惟觀其所見如何耳」，見《二程集・河南程氏文集》卷第9，同第四章註38，頁609。

〔註21〕程頤：《二程集・河南程氏遺書》卷第11，同上註，頁133。

曰：『內外一理，豈特事尙求合義也？』」〔註22〕人事上的實踐義即是形而上的天理，〔註23〕所以「理」就在「行處」，此乃自孔疏提出「虛無之理在有物之境」後，將「體用」連用發揮淋漓盡致者。不同的是，孔疏乃融合儒道而立論，而宋儒乃眞正完成「儒家之形而上學」，所以土田健次郎在《道學之形成》說：

> 基本上程頤是在重構「理」、「象」、「體」、「用」等在唐代已被當做《易經》解釋的手段而使用的概念而已，從而提示出《易經》的理念。〔註24〕

土田健次郎認爲，在唐人之後，程頤用「體用」來說《易》，是爲了進一步闡發「體用一如」的觀念，並「試圖確立一種終始於『有』的維度的原理」〔註25〕。

綜述之，孔穎達提出「體用一體」觀〔註26〕之後，從胡瑗、張載、程頤，以至於往後的儒者，均或多或少受其影響，並且將體用論闡發得更加精細，逐漸形成中國一套體用說系統。因此，孔疏體用論的創構在思想史上別具意義，鄧國光說：

> 孔穎達於《五經正義》營建「因用見體」的義理體系，刻意與智顗判教之後的佛理相抗，……宋、明至今，儒學均離不開「理」和「體用」兩大綱維，論述儒學義理的發展，更不能繞過《五經正義》。
> 〔註27〕

孔疏所提出的體用論，不僅於唐代獲得話語權，對於建立儒家本身的形而上義理體系有其貢獻，更對宋代及其往後的儒學有深刻的影響。

二、「性眞情邪」說對宋明心性論的啓發

魏晉之時，性與情在清談風氣的辯論下，開始有主從意味，將性提至本體地位，何晏（生年不詳～公元249年）以聖人之性與天地合德，聖人無情，

〔註22〕程頤：《二程集・河南程氏遺書》卷第18，同上註，頁206。
〔註23〕程頤：「凡下學之事，便是上達天理」，出自《二程集・河南程氏外書》卷第2，同上註，頁360。
〔註24〕土田健次郎著、朱剛譯：《道學之形成》（上海：上海古籍出版社，2010年4月第1次印刷），頁255。
〔註25〕同上註。
〔註26〕於其時尚有崔憬提出體用說，然孔疏的體用說乃自出機杼，非出自崔憬。
〔註27〕鄧國光：《經學義理》，同第一章註44，頁359。

不應於物而無累於物；王弼以性爲主，以情近性，並提倡「性其情」，要以性正情，他的「性」已然是道體之「無」，是萬有的本體，情若散逸無節則流蕩失眞，若復歸於性則是應物而無累於物的正情。到了《周易正義》提出「性眞情邪」說，不僅對性與情作了區分，更以性爲眞，以情爲性之欲，〔註 28〕進一步發展了性情論的內涵。他認爲性〔註 29〕是得天道之正的自然純性，因其得天道之常，得宇宙貞正之「一」，所以爲眞、爲正，〔註30〕意謂性者端正無偏，無思無慮，保持著無心之境，任運萬物，自然眞率。除此之外，天性初生之時，則未有情欲，故說：「言人初生，未有情欲，是其靜稟於自然，是天性也。」〔註 31〕天性純一，未有雜質，沒有情欲，更沒有喜、怒、哀、樂等情意。由此，可見孔疏將「性」的特質界定爲賦命自然，貞正純一，無有差忒，無有情欲之「性」。至於「情」則是感物而動所生發的一切狀態。性與情是有所分別的，孔疏：

> 性者，天生之質，正而不邪；情者，性之欲也。（〈乾・文言〉疏）

性之質端正不邪，情之質則是性之欲，所以情屬於「欲」，是偏離了性之軌道

〔註 28〕 在《周易正義》中，「情」的內涵論述不多，主要藉由性與情的比較突顯，僅於〈損・大象〉傳中點出：「君子以法此損道，以懲止忿怒，窒塞情欲。夫人之情也，感物而動，境有順逆，故情有忿欲。」情的範圍，實則包含「感物而動」之後的一切狀態，此處所說「忿怒」和「情欲」，均是「動」而生出的人情，可見喜怒哀樂，以及情欲，都是情的內容。至於「情僞相感」，孔疏另對「情僞相感」作解，其解爲：「情，謂實情；僞，謂虛僞。虛實相感，若以實情相感則利生，若以虛僞相感則害生也。」此處之「情」，是爲「實情」之義，與文中所指「性情論」中之「情」不同。

〔註 29〕 在其思想體系中，「人性」意義的規限可分爲二個脈絡，一爲「二種之性」，確有其內涵；二則泛指人的「本性」，並無特定內容，而在《周易正義》中大多使用後者之義。前者「二種之性」即是「愛惠之仁」與「斷割之義」，以爲人性中有其德行層面，這一說法在其《禮記正義》中有更清晰的發揮，《禮記正義》則是以「仁、義、禮、知、信」爲「人五性之德」，認爲此五者屬於「性之德」的層次。至於第二個用法，孔疏以「性」爲人的本性，即是就人之個別氣性而言，仁者有仁之性，知者有知之性，故說「所稟生者爲之性」，萬物各有其與生俱來的特質。對此，更進一步說，人性有剛柔躁靜等差異，如《禮記正義》中則論及人有剛柔輕重遲速等別，有性急者，有性緩者，有性柔者，有性躁者。這些天性，是「生之質」，是賦命自然，未有造作，而且既是由天而來，則未有邪僻。因此，「性」是由天而生，最初萬物所具的自然之質。

〔註30〕 見孔疏：「『貞者，正也，一也』者，言貞之爲訓，訓正訓一，正者體无傾邪，一者情无差二，寂然无慮，任運而行者也。」（〈繫辭下〉疏）

〔註 31〕 出自《禮記正義・樂記》，見唐・孔穎達疏《禮記正義》，同第三章註 20，頁 666。

而產生的動欲。孔穎達《禮記正義》從「自然謂之性，貪慾謂之情」點出
情性有別，[註32] 在「感物而動」時，容易導致欲望的產生，此謂之「情」，
[註33] 所以孔疏主張「以性制情」，他說：「言若不能以性制情，使其情如性，
則不能久行其正。」（〈乾·文言〉疏）「性」得天地之正，當情欲流蕩偏倚，
恣肆失中時，則以性去制情，將情導回貞正之途，如同天道成物一般，不使
一物失其性，以性制情亦然。以此，孔疏以爲情屬於「識」的層次，[註34]
「情識」可能隨時雜染，失去精淳專一，不像天一樣純正。天本無識、無慮、
無情，這是天與人之殊異，也是性與情本質上的不同，亦即「得於純一」與
「失於純一」的差別。

　　這樣的性情論，不僅影響了唐代韓愈（公元 768～825 年）與李翱（公元
772～841 年）的人性論，也影響宋儒的人性論發展，唐代韓愈主張性者與生
俱生，上品之性爲第一義的純善無惡，而情則接於物而生，順於性而有，情
之於性視其品，聖人之性不爲情累，乃其情能順於性，故能合於中道。[註35]
此與孔穎達所說的「以眞言之，存乎其性」一樣都認爲性是與生俱來之本然，
而情乃感物而動，若情能順其性，則情性不二，皆純正而無邪。至於李翱主

〔註32〕他說：「『感於物而動，性之欲也』者，其心本雖靜，感於外物，而心遂動，
　　　是性之所貪慾也。自然謂之性，貪慾謂之情，是情、性別矣。」原文載「是
　　　情別矣」，應是漏了「性」字。同上註。

〔註33〕他認爲性與情是一動一靜：「賀瑒云：『性之與情，猶波之與水，靜時是水，
　　　動則是波；靜時是性，動則是情。』……情之所用非性，亦因性而有情，則
　　　性者靜，情者動。故《樂記》云：『人生而靜，天之性也。感於物而動，性之
　　　欲也。』故《詩序》云『情動於中』是也。」性屬靜，情屬動，情是感物之
　　　動而後所產生，兩者有如水體與波浪，性是水體，情是波浪，風動吹拂，水
　　　波興起時，一幅一幅向外推進的海波，即是「情」，看來擾動不已的情形，正
　　　是現象界時刻生滅遷變的事實狀態，運用在人性中則是生理之欲，以及心
　　　中種種起心動念，此如海浪一樣起伏、成毀的情欲，已經脫離了天性之稟
　　　靜，脫離了天性之純淳。見唐·孔穎達疏《禮記正義》，同第三章註 20，頁
　　　879。

〔註34〕見孔疏：「『豈非正性命之情者邪』，以乾能正定物之性命，故云『豈非正性命
　　　之情者邪』，謂物之性命各有情，非天之情也。天本无情，何情之有？而物之
　　　性命，各有情也。所稟生者謂之性，隨時念慮謂之情，无識无情，今據有識
　　　而言，故稱曰情也。」（〈乾·象〉疏）

〔註35〕見韓愈〈原性〉：「性也者，與生俱生也；情也者，接於物而生也。」又說：「情
　　　之於性視其品」（同前）。對於性爲天生之質，情爲接物而有，這一點二人是
　　　相同的。不同的是，孔疏主張「性眞情邪」，韓愈則認爲三品之性則有三品之
　　　情，所以可因情而見性。

張「性善情惡」類近孔疏的「性眞情邪」，性根於天，純善無惡，天生而靜，情則外感，動則惑性，情昏則性斯匿矣，所以主張弗思弗慮，寂然不動，主靜無欲，以「至誠」復性之善者，雖不全然認取孔穎達之說，但其基本思路則與孔疏無別，只是孔疏的修養功夫是「性其情」，而李翱則是「息情復性」。〔註36〕整體而言，《周易正義》的性情論對唐代儒者的人性論思維已產生影響。〔註37〕

　　至於孔疏「性眞情邪」一說，使得性與情的分判越趨精細，「性」爲天地之正的意義也越加顯揚。除此之外，其「性情說」更奠定了「以性正情」之命題在思想史上的地位。從魏晉・王弼提出「性其情」始，即開啓性能正情的哲學討論，孔疏繼承王弼之說〔註38〕，倡導「以性制情」，啓發宋明理學對性情的論述，是故「性情說」在宋儒人性論的探索中又出現了新的理路，宋

〔註36〕見李翱〈復性書上〉：「人之所以爲聖人者性也，人之所以惑其性者情也。喜怒哀懼愛惡欲，七者皆情之所爲也。情既昏，性斯匿矣」，又說：「夫明者所以對昏，昏既滅，則明亦不立矣。是故誠者，聖人性之也，寂然不動，廣大清明，照乎天地，感而遂通天下之故，行止語默，無不處於極也。」又說：「視聽言行，循禮法而動，所以教人忘嗜欲而歸性命之道也」。〈復性書中〉：「弗思弗慮，情則不生；情既不生，乃爲正思；正思者，無慮無思也……知本無有思，動靜皆離，寂然不動者，是至誠也。」李翱主張「息情復性」，孔疏則是「以性制情」，雖有些差異，然李翱性情論的基本思路則大致與孔疏相近，足見孔疏對李翱是有所影響的。

〔註37〕學者張鴻說：「首先，韓愈與孔穎達之間有明顯的承繼關係，韓愈《原性》提出性三品、情三品，其等次品分雖比《五經正義》更有條理，卻沒有脫離孔穎達聖人、中人、愚人三類九等的基本思路和基礎框架。……其次，李翱與孔穎達之間也有明顯的承繼關係。只要仔細比對孔穎達的《五經正義》和李翱的《復性書》，就會發現李翱的基本思路均來自孔穎達的《五經正義》，即人性無不善，情由性而生，情有善有不善，外感的情欲爲人性之大敵」，他認爲韓愈、李翱的人性論與孔疏有明顯地承繼關係。見張鴻：〈孔穎達論人性、王制與君道〉，《史學月刊》第10期（2011年），頁49。

〔註38〕然在《周易正義》中，孔疏之說仍與王弼有異：其一，孔疏並未針對「情」的内涵多作闡發，也未對人性中的氣性深加討論，僅說：「『萬物資生』者，言萬物資地而生。初稟其氣謂之始，成形謂之生。乾本氣初，故云資始，坤據成形，故云資生。」雖認爲人有氣性，且萬物是稟氣而生，然不如王弼對人性的氣稟說那樣探論。其二，王弼上承漢代人性論之餘緒，以爲「性無善惡，而有濃薄」，在「性」上無有善惡，但在氣稟層面，則各有分殊，因所具之氣有濃有薄，萬物各有其性分表現，但孔疏不說性是否有善惡，卻說性爲「正」爲「眞」，以性爲合於道體之「賦命自然」，顯然孔疏在「疏不破注」的前提下，仍用較爲溫和的方式，展現出自己並不「曲徇注文」的獨立思考特色。

儒賦予「性」新的內涵，把「性」與儒家義理進一步連結，並將「性情論」與「心」相繫，出現「心統性情」的理論。〔註39〕宋儒在王弼「性其情」、孔疏「性真情邪」的基礎上，提出「性即理」，以性為天理，性動而生情，情生而有喜怒哀樂愛惡欲。他們所主張「性」的內蘊，已轉化孔疏「以自然為性」的內涵成為儒家的「仁義之性」，如張載的「仁通極其性」，〔註40〕人之性與天地同流，此「性」即天地之性，即天理，即仁性，如此，仁義之理與天理之性相貫通，將前人未詳細說明的「性」義，給予更清晰的詮釋，並賦以儒家生生之仁德。到了二程，發展出以性為理的路向，產生「性即理」的命題，〔註41〕言天道之理內在於人性中，天道純善，故性無不善，若有不善，則是氣稟之才有濁者方為不善。因此，「性即理」之命題可說是從孔疏人性論發展而來。

　　由此可見，孔穎達的性情說，對其後的學者有所啟發，無論是韓愈、李翱，或張載、二程、朱熹（公元 1130〜1200 年）等人的人性論，都可看到孔疏的影響。〔註42〕

第二節　在中國易學史上的地位

　　《周易正義》在易學史上的地位如何？後人往往其自身所處的時代背景出發，以一己的準繩、價值觀來衡定，故而得出見仁見智的結果。從統一經

〔註39〕宋代張載提出「心統性情」說，朱熹繼之以體用論性情，以性為體，以情為用，闡發張載的心統性情論，朱熹說：「性對情言，心對性情言。合如此是性，動處是情，主宰是心。大抵心與性，似一而二，似二而一，此處最當體認。」「性以理言，情乃發用處，心即管攝性情者也。」見《朱子語類‧卷第五‧性理二‧性情心意等名義》（北京：中華書局，2004 年 2 月第 5 次印刷），頁 89、94。

〔註40〕張載說：「仁通極其性，故能致養而靜以安，義致行其知，故能盡文而動以變。」出自《張子全書‧正蒙‧至當》，同本章註 11，卷三，頁 2。

〔註41〕程頤說：「性無不善，而有不善者才也。性即是理，理則自堯、舜至於塗人，一也。才稟於氣，氣有清濁。」見《二程集‧河南程氏遺書》卷第 18，同第四章註 38，頁 204。

〔註42〕學者張鴻也說：「孔穎達以天理、氣稟、性情、性命、情欲等解釋人性的同一與差異及善惡的來源，這個思路不僅包含了韓愈性品說和李翱復性論的基本內容，而且包含了張載、朱熹天地之性與氣質之性的基本思路。在這個意義上，孔穎達的人性論是宋代理學人性論的先導。」見張鴻：〈孔穎達論人性、王制與君道〉，同本章註 37，頁 48〜49。

學的角度來看，南北朝以來經學因為長期分裂相軋導致各有師承、各有所本的紛亂局面，同時江南諸家詮《易》又雜以虛玄浮誕或涉於釋氏，那麼《周易正義》的完成對當十雜亂的易學注本起到了整合及廓清之功。然從其採取王韓注本來注疏儒家經典的角度來看，又引發了宋儒強烈的批判。皮錫瑞（公元 1850 年～1908 年）《經學歷史》七：

> 夫漢帝稱制臨決，尚未定為全書；博士分門授徒，亦非止一家數。
> 以經學論，未有統一若此之大且久者。……朱子謂《五經》疏，《周
> 禮》最好，《詩》、《禮記》次之，《書》、《易》為下。其說亦不盡然。
> 〔註43〕

當時北學拘泥家法且章句繁瑣，而南學以義理解經，且兼採眾家，給人簡易清新的感覺，在此時勢之下，既宗本王注又能博取他說，《正義》實有統一之功。然宋代易學家從儒學的觀點來看，必然以此為攻訐的目標，使其失去在易學史應有的地位。

今人對《正義》一書的評價也有不同的見解，龔鵬程拿《周易正義》來批判《周易集解》，〔註44〕認為《周易正義》乃集魏晉南北朝易學義理之大成，且開宋明《易》學、理學之先河，絕非《周易集解》所能匹儔者，肯定《周易正義》在易學史有著繼往開來之功。然而劉笑敢則站在哲學詮釋的角度來評論《周易正義》，於是有了不同的看法，他說：「科舉考試並不需要體系的建構和創造，……而科舉士子所依據的《五經正義》在哲學詮釋傳統方面並無重要意義。」〔註45〕顯然這是從哲學詮釋的視域來看經典義疏所得出的結果。然而《周易正義》是否在中國經學的詮釋傳統中有沒有開創任何新領域、新課題、新體系？這也是一個值得商榷的問題。

雖然如此，《周易正義》在歷史上的地位往往批評多過於讚譽，尤其是宋儒與清儒對於孔疏以「虛無」為道的內涵，多所指摘。如胡瑗以「莊老空空」之說來批判孔疏的道論，張載雖然沒有直接指出孔疏之失，但對於「有生於

〔註43〕皮錫瑞：《經學歷史》之七〈經學統一時代〉（臺北：河洛圖書出版社，1974年9月臺景印初版），頁 198～203。

〔註44〕見龔鵬程：《孔穎達《周易正義》研究》：「其書（《集解》）不能集魏晉南北朝之大成，復不能開宋明《易》學理學之先躅，非孔疏儔匹。孔氏之書，激揚緒論，隨文發例，弘既往之風規，導將來之器識。」同第一章註38，頁25。

〔註45〕見劉笑敢：〈經典詮釋與體系建構：中國哲學詮釋傳統的成熟與特點芻議〉一文，收錄於李明輝：《儒家經典詮釋方法》，同第一章註2，頁43～44。

無」的論點則頗有微詞，朱熹則逕說《正義》乃亂道之論。爲何如此？推其原因有二：一是宋儒面對當時佛老盛行造成對儒家的威脅，故學者普遍對佛教及道家則持有成見；另一方面則希望儒家經典能眞正落實在道德修養與齊家治國的實務上。諸橋轍次特別揭櫫宋代學者論《易》十分重視實用的特色，他說：

> 當年儒者以所講之書，爲起而行之之道也。……仁宗之朝，賈昌朝講《易》，至羣龍無首吉，因言於帝曰此聖人後其身而先之也。淳熙十一年，侍臣講〈泰〉九二，孝宗感悟曰君子類進而爲善，小人類進而爲惡，蓋思朋黨之慘禍也。……蓋當年學者以融合學問與事業，而爲力求實現儒學之本來目的。〔註46〕

學者以經世濟民爲目標，破除虛說的風氣，講的是「起而行之」的道理。當時說《易》是爲了提供君主治國方針，以《易》爲治世之方劑，如賈昌朝（生卒年不詳）向君王講易至〈乾・用九〉「羣龍無首」時則以不事爭奪之道示之；侍臣對宋孝宗（公元 1127 年～1194 年）講解〈泰・九二〉「包荒，用馮河，不遐遺，朋亡。得尙于中行」之道，孝宗因而體會到朋黨源自於無法善用中庸之道，以私心故，互相群聚勾結，最後促成朋黨之禍。其他諸多例子，皆如此類，務求學問與實際人生結合，以益於國家民生。因此以儒家經世致用的角度來看《周易正義》，當然也一方面肯定其儒家垂教的實際功益，另一方面必然也要對於孔疏仍以道家的虛無爲形而上的本體有所批評。

至於樸學家因爲站在實事求是的基礎上，對於孔疏採用王弼玄妙之旨多所不取，尤其是漢學家務求章句訓詁之詮解，認爲只有詞義訓詁清楚明白，易理才能確實不誣，對於孔疏宗魏晉王、韓注本多半感到不滿，故使《周易正義》在清代失去往昔的光輝。如清・李道平（公元 1788 年～1844 年）《周易集解纂疏》指出孔疏引用王弼學說，以大衍之數爲五十，以一爲虛無，這樣的論點是缺乏確據，對於重考據、重徵實的清代易學家而言，無異是一種空疏的臆度。〔註47〕又《四庫全書總目提要》的《周易稗疏提要要》點出王

〔註46〕見〔日〕諸橋轍次著，唐卓羣譯：《儒學之目的與宋儒慶曆至慶元百六十年間之活動》（南京：國民印務局，1937 年 7 月 10 日初版），頁 204～205。

〔註47〕見清・李道平《周易集解纂疏》：「但言所賴五十，不釋其所從來，則是臆度而言，非有實據。……王注「所賴五十」，出于臆度。孔疏所釋，以「萬物之策，唯用五十」，又謂「其一虛无非所用」，並引顧說，以神超乎數，故虛一不用，皆无確據。」見《周易集解纂疏》（北京：中華書局，2006 年 2 月），

夫之（公元 1619 年～1692 年）疏《易》必以「徵實切理」為要，除了對於陳摶（公元 872 年～989 年）之學、京房（公元前 77～前 37 年）之術以及諸圖緯書等皆排之甚力，至若經注雜有空談玄妙附合老莊之旨者，亦在擯斥之列，說明清代易學必引據訓詁，考求古義，務求實而不虛。〔註 48〕因此，對於引用老莊虛無之論者，必難以認同，對於以王弼易《注》為宗的《周易正義》，更無法肯定其應有的歷史意義。

　　總而言之，宋儒以佛老為忌，而清儒則以考據訓詁為尚，各有其治學的理念及背景，也各以其心中不同的衡矩來估量孔疏，故而讓《周易正義》在中國易學史上的地位湮而不彰。然而經典詮釋的產生與當時代的各種典章制度、社會生活、文化背景等脫不了關係，後世的儒者均浸染在各自的時代環境來批判《周易正義》，自然無法給予公允的評價。職此之故，本文擬以宏觀的視域，從整個易學的演變與發展的軌跡來重新審視和考察其歷史地位。

一、從玄理易到儒理易的過渡

　　孔穎達繼承王弼以義理論《易》的學術理路，在玄學以無為本的基礎上提出「易象唯在於有」，目的在體現虛無之道不僅是「以無為本」，更在「以實為尚」，這個「以實為尚」的內涵講的就是儒家之道，故其論道，往往儒道二者兼之。到了宋代，從胡瑗、周敦頤，到張載，以至於大半宋易，紛紛反對以虛無為道的說法，故力求世務之成就，走向儒理易的路線，以發揚儒家的價值為主軸，從個人的性命道德到人世的倫常，社會的治亂，到國家的經綸等，這種儒理易的風格，在孔穎達改造王弼的道論之時就已經掀開了序幕。

　　孔穎達注《易》多言人事，目的在切於人倫日用，將王、韓之注更進一步地推向儒理易。而胡瑗解《易》純以儒家義理為主，〔註49〕是宋代易學「儒理宗」的代表，他重視經世濟民的作用，故在《周易口義‧發題》便開宗明

頁 578～579。
〔註 48〕見清‧紀昀等：《四庫全書總目提要》的《周易稗疏提要》：「大旨不信陳摶之學，亦不信京房之術，於先天諸圖緯書雜說皆排之甚力，而亦不空談元妙附合老莊之旨，故言必徵實，義必切理，於近說說《易》之家為最有根據。」（臺北：藝文印書館，1989 年 1 月），頁 140。
〔註 49〕《四庫全書總目提要》記載：「王弼盡黜象數，說以老、莊。一變而胡瑗、程子，始闡明儒理。」見《四庫全書總目提要‧經部總敘‧易類》（臺北：藝文印書館，1989 年 1 月 6 版），頁 62～63。

義地表明《易》正是爲「通天人之淵蘊，明人事之始終」而作，〔註50〕此與孔疏通篇多見「以人事明之」之旨趣亦同，若說孔穎達是老莊易走向儒理易的轉關，那麼胡瑗正是終結老莊易全然轉向儒理易的先鋒。首先，胡瑗論乾道四德爲仁義禮智，與孔疏的四德仁義禮信亦有相似之處，胡瑗說：「元者，始也。言天以一元之氣始生萬物。……故於四時爲春，于五常爲仁。亨者，通也。……故于四時爲夏，于五常爲禮。利者，和也。……故於四時爲秋，于五常爲義。貞者，正也，固也。……故於四時爲多，于五常爲智。」（《周易口義·乾》）胡瑗以仁、義、禮、智對應乾道、天道的元、亨、利、貞，此與孔疏所說大致相同；〔註51〕不同的是，胡瑗的「貞」對應「智」，而孔穎達的「貞」對應「信」，並認爲仁、義、禮、信皆取資於智。孔疏以儒釋《易》的精神與胡瑗以五常釋《易》的說法並無太大差異。只是，孔疏論五常，形上之道仍以虛無歸之。胡瑗把孔疏的形上本體由「虛無之理」改爲「五常」，認爲「五常」就是「道」的總稱。〔註52〕

> 道者，自然之謂也。以數言之則謂之一，以體言之則謂之无，以開物通務言之則謂之通，以微妙不測言之則謂之神，以應機變化則謂之易。總五常言之則謂之道也。（《周易口義·繫辭上》）

把這段論道之說再與孔疏所言者作一對比，胡瑗的解經之詞與解道之思與孔疏極其類近。《周易正義》說：

> 自然无所營爲，此則道之謂也。……以數言之謂之一，以體言之謂之无，以物得開通謂之道，以微妙不測謂之神，以應機變化謂之易，總而言之皆虛无之謂也。（〈繫辭上〉疏）

〔註50〕胡瑗説：「文王有大聖之才，懼於憂患。……思周身之防，達憂患之情；通天人之淵蘊，明人事之始終。」宋·胡瑗：《周易口義·發題》，收錄於王雲五主編《四庫全書珍本》三集第三冊（臺北：商務印書館，1972年），頁12。以下凡引《周易口義》，皆從此本不再做註。

〔註51〕見孔疏：「元則仁也，亨則禮也，利則義也，貞則信也。不論智者，行此四事，並須資於知。」（〈乾·文言〉疏）

〔註52〕五常是天道在人事的實行，也是儒家秩序在社會的落實，胡瑗認爲五常是儒家道德的整體概念，實施仁義之政，就能利益天下之民，如《論語·雍也》子貢所說：「子貢曰：『如有博施於民而能濟衆，何如？可謂仁乎？』子曰：『何事於仁，必也聖乎！堯、舜其猶病諸！夫仁者，己欲立而立人，己欲達而達人。能近取譬，可謂仁之方也已。』」聖賢行仁義，則天下無一人、無一物遭到遺棄，故說無偏、無私且廣大無窮，此乃胡瑗紹繼孔疏之後而加以改造者。

二人語句大抵相類，胡瑗幾乎因襲孔疏作語，其差別僅第一句及最後一句，第一句「自然无所營爲，此則道之謂也」去掉「无所營爲」，最後一句則以「總五常言之則謂之道也。」取代「總而言之皆虛无之謂也」。這些承自《周易正義》再加以改造者，是孔穎達影響胡瑗之處，只是胡瑗在孔疏強調仁、義、禮、智、信及仁倫禮秩的基礎上，將形上的本源完全轉向儒家的本色。到了程頤，把孔疏「開物成務」的精神發揮得更加透徹：「其爲書也，廣大悉備，將以順性命之理，通幽明之故，盡事物之情，而是開物成務之道也。」〔註53〕天理即內蘊於人事中，性命之理即在事物之情中透顯，是故《易》爲闡發開物成務之道的經典。程頤貫徹以儒理解《易》的原則，繼承著孔疏的仁、義、禮、智、信，但一轉孔疏還有個虛无之本體，直接論證性就是仁、義、禮、智、信，因爲理在人者爲性，性即理，所以五德可以視爲人倫天理之至，〔註54〕亦可視爲道，性善爲之道，所以「五德之性」與「道」是一也。

　　此外，當王弼主張「執一統眾」，認爲萬事萬物都必回歸本理（靜、无、本），所以說「眾之所以得咸存者，主必致一」〔註55〕，理的內涵大致指涉形而上的自然之理，不知所以然之理、文理等觀念。《周易正義》也保留了這些稱名及理念，但更多的是把「虛无」的「本理」逐漸轉向儒家的「人事之理」，如言：「外則修理文教，內則立其誠實」（〈乾·文言〉疏）、「識幾知理，可與共論幾事」（同前）、「既有中和，又奉臣職，通達文理」（〈坤·九五象〉疏）、「失於臣道，違其正理」（〈隨·九四象〉疏）、「君子通達物理，貴尚消息盈虛」（〈剝·象〉疏）、「物皆无敢詐僞虛妄，俱行實理，所以大得亨通」（〈无妄·卦辭〉疏）、「以人事言之，猶若聖人過越常理以拯患難也」（〈大過·卦辭〉疏）、「雖非陰陽之正，乃是事理之正」（〈離·象〉疏）、「違錯處多，不足問其事理」（〈恆·九三象〉疏）、「歸妹之義，非人情所欲，且違於匹對之理」（〈歸妹·象〉疏）、「故以用易道，仰觀俯察，知无形之幽，有形之明，義理事故也。」（〈繫辭上〉疏）、「聖人以人事名之，隨其義理，立其稱號」（同前）、「聖人之意，有可見之理」（同前）。孔疏的「理」較王、韓本爲多元，因爲主張虛无之理必因於有物之境，同時基於對「有」的重視，所以談

〔註53〕 程頤：《易程傳》，同第二章註57，頁1。
〔註54〕 程頤說：「聖人因其善也，則爲仁義禮智信以名之」，見《二程集·河南程氏遺書》卷第25，同第四章註38，頁318。
〔註55〕 引自王弼：《周易略例·明象》，見樓宇烈校釋《王弼集校釋》，同第二章註26，頁591。

理之時，往往與人事配合，隨著萬事萬物之迴異，義理亦隨之而不同，然而不管如何，「理」必配合「人事」而生，故稱之爲「事理」、「可見之理」，意謂「虛無之理」必善應事理之變化而能爲人所體會，且化爲實踐的功夫，因此孔疏說：

> 道是生物開通，善是順理養物，故繼道之功者，唯善行。（〈繫辭上〉
> 疏）

開通萬物仍必依於沒有局限、沒有規範的「道」，但如何踐道？順理養物而已。順理養物即是善，可見「順理」乃是對道在踐行功夫上推進一層，這是孔疏的用心，希望在王弼的體用觀上進一步展開「以實爲尚」的詮易路向。這樣的理念到了宋儒，則從經世致用的人事之理發揮到了天理，從執一統眾到理一分殊，這個理，已從道家的本理逐漸轉向儒家的仁理，《周易正義》則起到轉折的作用。

　　整體而言，從魏晉以玄理解易的現象，經由孔疏的轉化，直到胡瑗以純儒解易，《周易正義》在易學史上是有其歷史意義的。

> 《五經正義》之頒行，明經取士，率遵此本，故自唐代以迄宋初，
> 易壇幾爲弼《注》天下，也因而奠定了宋代義理易學之基礎，特別
> 是胡瑗、程頤之儒理易學均受其影響。〔註56〕

從玄學易到儒理易，義理易學的發展不斷推陳出新，而《周易正義》於其中正扮演著關鍵性的角色。

二、引發宋儒聖人論的新課題

　　王弼主張「天地以本（無）爲心者」（〈復·象〉注），認爲君王（聖人）把握無限的天道，以無爲心，就能夠執一以御。韓注也主張「聖人體道以爲用」，此道則無也，天道無爲，故聖人亦無爲。孔疏承襲此說，卻有了新的動向，那就是提出聖人「無心有跡」、「有憂」之說，表明聖人的經營之跡來自於深切的憂患，與無憂無患的道不同，因爲懷有對人倫社會深刻而切實的關懷，故而開展廣大無垠的仁功，成就儒家博施濟眾、經世濟民的志業，這正是孔疏垂範作則的要義。因此，王、韓的聖人，順應天道而無爲，孔疏繼承之，卻加上了儒家人事努力的功夫，所以有了「聖人有跡」、「聖人有憂」的

〔註56〕黃忠天：〈《伊川易傳》對宋代史事派易學之影響〉，《高雄師大學報》第 16 期，
　　　　2004 年，頁 207。

命題，亦即體現出「不廢人事，盡其在我」的精神，〔註57〕而這樣的用心與觀點也引發了宋儒對聖人議題的關注。胡瑗繼承並改造孔疏的「天地生成之心」與「聖人有憂」的看法，主張聖人之心勝過天地之心，認爲天地之心在於生成萬物，未嘗有憂；而聖賢之心既有生成萬物的心，又有憂萬物之意，所以更甚天地之心：

> 天地以生成爲心，未嘗有憂之之心，但任其自然而已……。若聖賢有天地生成之心，又有憂萬物之意，是以其功或過于天地。（《周易口義・復・彖》）

胡瑗特別點出聖人有生成之心及憂患之意，乃爲了突顯人的主體性，在憂萬物的當下，深化人文的自覺，在有限的命定中，開出自我的力量，義命對揚，帶著憂患天下的使命感，去治理國家，突破困難，這就是胡瑗所強調的人文精神。因爲天地無心只是自然而然的功能而已，聖人受天元之純，爲全德之人，在冥合天道之餘，就必須具備主動性，懷著一顆仁愛天下人的心，輔其君，澤其民，利其物，無論窮達皆應以天下人爲己任，不可有半點憂懼遲疑之心。〔註58〕此乃對疏「跡有」與「有憂」的聖人觀向前推進了一大步。至

〔註57〕 何澤恆説：「道家重天，故其『天人合一』是以人順天，天無爲，人亦應無爲。……儒家重人，孔子有知命之學，……『命』雖有其不可必然，孔子則更重其所當然，此即所謂『仁』，故孔子『與命與仁』。總之是不廢人事，盡其在我，亦猶後人所謂『盡人事，聽天命』之意。」孔穎達兼具「無心」、「有憂」。「無心」者仍承襲道家之思，順自然而無爲；「有憂」者，則轉向儒家仁愛濟世的志業，此乃人事之功夫，孔疏則委任予賢臣。宋儒捨棄孔疏道家的部分，取其儒家憂患的部分，進而主張聖人有憂，乃認爲聖人該積極有爲，有所擔待，此受孔疏啓迪也。見何澤恆：〈略論中國傳統文化中的「人定勝天」思想〉，《臺大中文學報》第三十三期（2010 年 12 月），頁 45～90。

〔註58〕 胡瑗説：「孔子目長沮桀溺曰：『鳥獸不可與同羣，吾非斯人之徒與而誰與』又曰：『素隱行怪，後世有述焉，吾弗爲之矣！』蓋後世之人多以潛隱爲德，或隱於巖野，或遯於林泉，罔德義以沽名，傲衣冠以耀志，故有終身不見用於世，而亂人倫者也。」（《周易口義・乾・初九》）又説：且疏又引舜耕歷山漢祖爲泗水亭長，是豈終潛哉？蓋養成其德耳。然聖賢其無隱乎？曰：已道未著，已行未成，必學問之以養成聖德，然後施爲于天下耳，甘終身于山林川澤哉？然或上下爲戾，亦有可隱之時，故〈中庸〉曰君子之道費而隱，雖然，豈隱遁哉？隱其身不隱其道，所以然者，不以一己之私，忘天下之公，故孔子皇皇於衰周，孟軻汲汲於戰國，皆謂有聖人之德，身未顯而其道不自窮也」（《周易口義・乾・初九》）胡瑗以爲聖人當如孔子皇皇於衰周，如孟軻汲汲於戰國，豈有半點憂懼遲疑之心？他繼承孔疏的「有跡」及「有憂」，去其虛無之論，凸顯其積極治世的用心。

於張載講天道則同乎孔疏，具備自然無爲、無思無慮的特性，但論聖人之道則不然，他從聖人的憂患與擔待去看待孔疏的「聖人之憂」，故直接以「聖人之仁」許之，他認爲聖人之所以有憂，乃聖人懷有一顆仁愛天下人之心，以蒼生爲念，豈能沒有想法與作爲？聖人仁愛萬民，以經世濟民故，又怎能無爲而治？故說「聖人苟不用思慮憂患以經世，則何用聖人？天治自足矣。聖人所以有憂者，聖人之仁也」，〔註59〕此乃在孔疏的「聖人之憂」的基礎上，否定聖人無思無慮之論，肯定聖人有憂，進而主張聖人所以異於天者，乃有心也，〔註60〕故必爲天地立心。〔註61〕而程頤也主張「天地無心而成化，聖人有心而無爲」〔註62〕，天地無心，不能主宰萬物；聖人有心，故能以仁心成就天下之人。那麼爲何主張無爲呢？因爲有爲則有私，必無爲方能同乎天心之至公。雖然主張「有心無爲」，但與孔疏的「無心有跡」卻有著異曲同工之妙。

從這些例子可知，宋儒反對聖人以無爲心的思想是有其用意的，他們強調天地無心、無憂，聖人則有心、有憂，面對人事無常的變化，必須以極強勁的生命力來參贊天地的化育且完成仁民愛物的責任，從「憂」的精神發軔，邁向開物成務，冒天下之大志，這就是聖人之心異於天地之心的地方。宋儒在孔疏的「道體仁功」及「無心有憂」的基礎上發揚儒家仁愛博施的襟懷與積極有爲的精神，說明《周易正義》「無心有跡」的聖人論對宋代以濟民爲務的儒者產生了反省的作用。

三、從孔疏宗本王注的正反批判論其歷史地位

批評孔疏宗本王注，其實是對孔疏採王、韓、老、莊注《易》的評論。孔疏詮《易》不採鄭注而採王注，意在以義理爲易學之正宗，宋以後的儒者

〔註59〕《易說‧繫辭傳上》說：「鼓萬物而不與聖人同憂者，此直謂天也，天則无心。神故可以不詘，聖人則豈忘思慮憂患？雖聖人亦人耳，焉得遂欲如天之神，庸不害於其事？聖人苟不用思慮憂患以經世，則何用聖人？天治自足矣。聖人所以有憂者，聖人之仁也；不可以憂言者，天也。蓋聖人成能，所以異於天地。」出自《張子全書‧易說‧繫辭上》，同本章註11，卷十一，頁7。

〔註60〕張載說：「天無心，心都在人之心。」出自《張子全書‧經學理窟一‧詩書》，同上註，卷四，頁8。

〔註61〕張載說：「爲天地立心，爲生民立命，爲往聖繼絕學，爲萬世開太平」，見《張子全書‧拾遺‧近思錄拾遺》，同上註，卷十四，頁4。

〔註62〕程頤說：「天地不與聖人同憂，天地不宰，聖人有心也；天地無心而成化，聖人有心而無爲。」見《二程集‧河南程氏經說》卷第1，同第四章註38，頁1029。

對孔疏以義理解《易》則持肯定的態度，但對於《周易正義》採用王、韓、老、莊的虛無之論則頗有微詞。尤其是以道統爲爲己任的理學家，對孔疏取王本則多所訾議。也正因爲如此，《周易》一書的地位就在批判孔疏的同時，被視爲五經當中最適合建立儒家形而上學的經典。胡瑗批評孔疏的「虛無之論」爲「莊老空空」之說，〔註63〕並以一元之氣表示天地生成之功，開發動態性的宇宙生成方式，取代孔疏以靜爲本的天地之心，走向「重實反虛」的路徑。另外，張載也批評孔疏採用王弼的有無之論乃「淺妄」之談，〔註64〕雖主張體用合一，仍屬對舉之論，有殊絕之狀，故主張以「幽與明」、「象與氣」等來取代「有與無」的內涵，並進一步建立以「氣」爲主的形上本體。〔註65〕朱熹對《正義》躕步王《注》的作法也感到不以爲然，故有「《易》疏只是將王輔嗣《注》來虛說一片」之評。〔註66〕宋儒對於採王注抱持著排斥

〔註63〕 胡瑗說：「今《注疏》之說但言聖人推測天地之數止用五十，非數而數以之通，不用而用以之成；又言虛一以象虛无之氣，此皆近於莊老空空之說，以惑後世。」（《周義口義‧繫辭上》）胡瑗不只反駁《正義》大衍之數五十之說，更反對《正義》以虛其一來象徵「虛無」之氣，胡瑗排斥這種具有玄學色彩的虛无之說，認爲此說將道的內容導向抽象蹈空的形上理論，造成惑言惑語而迷眩後人，類近老莊空空之論。姑且不論胡瑗所評是否確當，然而可以看出他對道家的排拒。

〔註64〕 張載說：「聖人自不言有無，諸子乃以有無爲說，說有無斯言之陋也。」出自《張子全書‧易說‧繫辭上》，同本章註11，卷十一，頁5。又說：「諸子淺妄，有有无之分，非窮理之學也。」出自《張子全書‧易說‧繫辭上》，同前，卷十一，頁12。

〔註65〕 張載說：「若謂虛能生氣，則虛無窮，氣有限，體用殊絕，入老氏『有生於無』自然之論，不識所謂有無混一之常。……語天道性命者，不周于恍惚夢幻，則定以『有生於無』，爲窮高極微之論。」張載他認爲「有生於無」等同「氣生於虛」，如此的詮解造成「虛」無窮而「氣」有限，「無」無窮而「有」則有限，這樣一來，「虛」與「氣」、「無」與「有」就斷裂爲二，違背了有無、隱顯、神化、性命等通一無二的體用一如之道，所以主張以氣來統合「有無」、「體用」之說，故張載主張：「一物兩體，氣也」（《張子全書‧正蒙‧參兩》），同上註，卷一，頁6。又說：「氣能一有无。」（《張子全書‧易說‧繫辭上》），同前，卷十一，頁16。聖人不講「有無」，講「幽明」，是因爲「幽與明」是氣的兩面，但氣形爲物則明，不形於物則幽。明易見，幽不易見，但不妨礙氣與象皆在其中，因謂氣乃兩體一物，可形之象固屬氣，不可形之象亦屬於氣。因此以「幽與明」來表現氣之兩體，二者之間同爲一物，不可殊絕。

〔註66〕 朱熹說：「《五經》中，《周禮》疏最好，《詩》與《禮記》次之，《書》、《易》疏亂道。《易》疏只是將王輔嗣《注》來虛說一片。」見《朱子語類‧卷第八十六‧禮三‧周禮‧總論》，同本章註39，頁2206。

的心態與立場，特別是以虛無作爲形而上的本體論，更視爲談玄論虛，無足道者，於是紛紛建立起氣本、理本、心本等屬於理學家們自己的本體論。至於宋以下的學者，多半也對孔疏取擇王注感到不滿，如元・胡一桂（1247 年～？年）對於孔疏只取王弼之易而廢先儒之學的做法表示：「自孔氏《正義》取王弼，故先代諸儒專門之學並廢，可勝歎哉」〔註67〕胡一桂認爲《五經正義》之失在於採用王、韓之注，使諸儒之學從此淹沒不彰。朱睦 則站在象數學派的立場反對孔疏取王不取鄭的天道論，主張以象數來探原天道。〔註68〕清代易學彰顯樸學的治學態度，注《易》側重考據，對於王孔易說頗不以爲然，其中批評最力者莫過於王先謙（公元 1842 年～1917 年）：

> 自王弼《注》與而《易》晦，自孔穎達《正義》作而易亡，宋之季
> 年學者爭說性命，莫不以王孔爲本，雜以華山道士之言；而王伯厚
> 氏獨盡心鄭《注》，蒐輯闕佚，彙爲一書，可謂偉矣！〔註69〕

他說「自王弼《注》與而《易》晦，自孔穎達《正義》作而易亡」，指出宋明學者在談性命之學時，或本之於王、孔玄義，參以佛、道學說，如此越談越

〔註67〕胡一桂説：「《五經正義》……因王弼、韓康伯《注》爲之解釋敷演，於義理象數之學，未能卓然自有所見者也，然則唐家一代之易學從可知矣。……自孔氏《正義》取王弼故先代諸儒專門之學並廢，可勝歎哉」，見胡一桂：《周易啓蒙翼傳中篇》，出自《通志堂經解》第七册，清徐乾學輯、納蘭成德校訂，（臺北：漢京文化事業有限公司）（無年月版次），頁 4116。

〔註68〕朱睦 在《周易集解》作序時説：「自商瞿之後，註《易》者百家。而鄭氏玄、王氏弼爲最顯。鄭之學主象數，王之學主名理，漢晉以來，二氏學並立。……唐興，孔穎達受詔誤定《五經正義》，于《易》獨取王傳，而鄭學遂廢，先代專門之業亦復不傳。可勝歎哉！夫《易》有聖人之道四焉。世之言理義之學者，以其辭耳，象變與占，其可闕乎？昔吳季札之魯觀樂，見易象，喜曰：周禮盡在魯矣！是故，象者易之原也。象成而後有辭，辭著而後有變，變見而後有占。若乃顓尚文辭，不復推原大傳，天人之道岐而爲二，可乎？康成去古未遠，其所纂述，必有所本。鼎祚恐其失墜，以廣其說均之爲禪有于《易》者也。」出自《周易集解・序》，見李鼎祚《周易集解》（臺北：臺灣商務印書館，1996 年 12 月臺 1 版第 2 次印刷），頁 1。朱睦 認爲《易》之所以爲《易》，象乃爲其根本，《易》藉由陰陽之交象、八卦三爻畫象，六十四卦六爻畫象方能明白萬事萬物的道理，如今孔疏採義理派的説法而略去象數學派的主張，乃失去《易》畫卦之原意，天下萬物變化無窮的幽深隱微之理推衍無窮者，只有卦象而已，若捨去象數之説，則可逕自撰寫經文，何必作《易》？對於孔疏不用象數學家之説感到不滿，故而對《周易集解》作序。

〔註69〕清・王先謙編：《續古文辭類纂》，收錄於楊家駱主編《中國學術名著文學第三集》第十九册（臺北：世界書局，1960 年 11 月初版），頁 129。

玄的情形，造成易學的衰落，是故說《易》應當以鄭《注》為本，不可舉一而廢他。錢大昕（公元1728年～1804年）對於孔疏採王本直接以「曲狥一家之言」評之。〔註70〕與朱熹批判《正義》的意見相去不遠，錢大昕用「曲狥」指摘《正義》宗王《注》的立場過於專斷，造成《正義》之疏解與《易》之原義或他家之說產生分歧。《四庫全書總目》也立足在樸學徵實的角度來批評孔疏：

> 穎達……。至於詮釋文句，多用空言，不能如諸經正義，根據典籍，源委粲然；則由王註掃棄舊文，無古義之可引，亦非考證之疏矣。〔註71〕

《正義》詮釋《周易》，偏向形上義理的衍伸，故四庫斥之「多用空言」，指出《周易正義》不如其他四經正義一樣質實，旁徵博引，有根有據。另外，因為《正義》宗本王《注》，致棄他注，失去珍貴的「古義」，對考證之學而言，是一大損失。〔註72〕清人李道平為《周易集解》作纂疏的工作，也對孔疏不取鄭玄、虞翻的漢易感到痛心。〔註73〕潘雨庭為《周易集解纂疏》撰寫前言，對於孔疏採王、韓注也感到遺憾，〔註74〕乃因《五經正義》尊屬魏、

〔註70〕 錢大昕說：「唐初《正義》，曲狥一家之言，彼經與此經相矛盾者甚多。要其義據閎深，則《詩》、《禮》為上，《春秋》次之，《易》、《書》為下。」見《潛研堂文集》卷9，「答問六」，收入陳文和主編，《嘉定錢大昕全集》（南京：江蘇古籍出版社，1997年），第9冊，頁132。

〔註71〕 《四庫全書總目・經部・易類一》（臺北：藝文印書館，1989年1月6版），頁67。

〔註72〕 除了訾議孔疏墨守專門、曲狥一家外。《四庫全書總目》這一評論，也反映出清代官方學者的思想特色：一、注重實學，言應有物；二、側重考證，有徵有據。正是基於這種思想特色，《四庫全書總目》方下如此評論。

〔註73〕 李道平《周易集解纂疏》說：「王氏之注，論象數既不及漢儒之確，論義理又不及宋儒之醇。進退無所據，有識之士多擯斥不肯道。乃唐祭酒孔君沖遠奉敕疏解諸經傳注，獨於《易》黜鄭、虞而宗王、韓。取輔嗣野文疏而行之，其書遂藉以獨尊于世，而漢學寖微。」引自清・李道平：《周易集解纂疏・自序》，同本章註47，頁2。對於王弼易學，李道平批評為「論象數既不及漢儒之確，論義理又不及宋儒之醇」，似無可取之處，無奈孔疏《正義》卻宗王、韓而黜鄭、虞，導致漢學寖微的結果，讓人感到遺憾。

〔註74〕 潘雨庭為《周易集解纂疏》撰寫前言說：「魏王弼之《易》注出，乘時而改變說《易》之理，由崇實而尚虛，由尚象而掃象。……唐孔穎達撰《五經正義》（公元642年），猶以王、韓《注》為準。漢《易》尚有遺存者，任其湮沒而不顧，惜哉。孔疏中雖不乏有據實以正王、韓之虛，然綜觀全書，仍屬魏、晉《易》而未及漢《易》。」同上註，頁5。然而事實並非如此，孔疏易有據

晉《易》而未及漢《易》，任漢《易》湮沒而不顧，不僅失之浮虛，也有曲狥
一家而廢他家之失。

　　當然也有毀譽參半的評價，如《四庫全書總目》批評孔疏雖然語多空言，
但也肯定其闡明義理之功，如說：

　　　平心而論，闡明義理，使易不雜於術數者，弼、康伯深爲有功；祖

　　　尙虛無，使易竟入於老莊者，弼、康伯亦不能無過，瑕瑜不掩，是

　　　其定評。諸儒偏好偏惡，皆門戶之見，不足據也！〔註75〕

從廓淸象數、術數之弊者，王、韓則爲有功，但以虛無爲論者，又不能無過，
這是《四庫》對《周易正義》的歷史評價。《四庫》浸染著淸代樸學的治學思
路與風氣，對於以訓詁及取象的漢易系統尊崇有加，對於以老莊或心學論易
之道者則多半斥爲空疏之學〔註76〕，可見王弼易學的「祖尙虛無」是淸代學
者所共同詬病的，因此以王本爲主的《周易正義》在淸代也因爲其入於老莊，
被指摘爲「不實」之弊。〔註77〕但不可否認的，《四庫》所表現出來的批評，
嚴格來說，也是一種門戶之見，所以不足爲據，既是如此，入老莊一說，亦
不能是爲定評。皮錫瑞則在《經學歷史‧經學統一時代》總結《正義》歷來
受到的批評，並提出意見：

　　　引漢易者。

〔註75〕《四庫全書總目‧經部‧易類一》（臺北：藝文印書館，1989年1月6版），
　　　頁67。

〔註76〕然而，淸代學者逕指唐宋儒學之道爲「空言」，仍有討論的空間。唐君毅曾對
　　　淸代學者批評宋學之得失做過精闢的分析，雖針對宋明理學爲說，但這些淸
　　　代學者反對宋學即反對其「虛無蹈空」之論，與《四庫全書總目》及其他淸
　　　代學者批判《周易正義》的立場基本一致，故其意見可作爲參考，他說：「至
　　　於淸代之哲學，要人多重實際的民生日用，雖然並不錯，但他們因此而反對
　　　宋明理學便錯了。宋明理學是要人『作人』，作一頂天立地的人。淸代的哲學，
　　　則重在要人『做事』。宋明理學之末流到『無事袖手談心性』，固然該反對。
　　　但眞正第一流宋明理學家，無不重『作事』，亦能『作事』。淸代哲學家反對
　　　宋明理學家爲教人『作人』而倡的心性之學，是要人『作事』。但實際上則除
　　　顏習齋以外，皆只是『作書』。其作事之精神，反不及宋明儒。實際上要眞能
　　　『作事』，正必須先『作人』。」見唐君毅：《中國人文精神之發展》（臺北：
　　　臺灣學生書局，1974年5月），頁37～38。

〔註77〕皮錫瑞說：「《正義》者，就傳注而爲之疏解者也。所宗之注不同，所撰之
　　　疏亦異。《易》主王弼，本屬淸言。王注，河北不行。『江南義疏十有餘家，
　　　皆辭尙虛玄，義多浮誕』，《正義序》已明言其失。而疏文仍失于虛浮，以王
　　　注本不撫實也。」見《經學歷史》之七〈經學統一時代〉，同本章註43，頁
　　　203。

> 議孔疏之失者，曰彼此互異，曰曲徇注文，曰雜引讖緯。案著書之
> 例，注不駁經，疏不駁注；不取異義，專宗一家；曲徇注文，未足
> 爲病。讖緯多存古義，原本今文；雜引釋經，亦非巨謬。惟彼此互
> 異，學者莫知所從；既失刊定之規，殊乖統一之義。即如讖緯之說，
> 經疏並引；而《詩》、《禮》從鄭，則以爲是；《書》不從鄭，又以爲
> 非；究竟讖緯爲是爲非，矛盾不已甚歟！〔註78〕

皮錫瑞指出學者批評《正義》，大抵圍繞在三個問題上：彼此互異、曲徇注文、
雜引讖緯。對此，他表示不同的意見，首先他替孔疏辯護，基於「注不駁經，
疏不駁注」的原則，不取他說而專用一家、曲徇王注，這樣的作法不算是個
弊病。其次，引用讖緯的同時，正好保存了許多古義，所以雜引各家以釋經
的現象，「亦非巨謬」。然而，皮錫瑞對孔疏也有所訾議，首先是彼此互異的
問題，孔疏眾採諸家，駁雜紛遝，使得學者無所適從。其次，引用讖緯之時，
經疏並引，《詩》、《禮》從鄭，《書》又不從鄭，對讖緯之引用沒有一定的原
則，是其弊端。從皮錫瑞的分析可見，正反褒貶全在評者的角度與立場耳。

相較於樸學家，馬宗霍（公元 1897 年～1976 年）與皮錫瑞一樣，站在更開闊
的視域來看待《正義》之學，《中國經學史》說：

> 劉師培《國學發微》云：「《正義》之學，乃專守一家，舉一廢百之
> 學也。」斯猶蔽於疏不駁注之說，而未察其綜稽之實者。馬宗霍正
> 之曰：「唐人義疏之學，雖得失互見，瑕不掩瑜。名宗一家，實采眾
> 說。固不無附會之弊，亦足破門戶之習。今就孔疏論之，易宗王韓，
> 誠多空詮，然於馬鄭荀虞諸家之古義，間亦有所援引，其取以補輔
> 嗣之闕病者，固可以存漢學；即其袒王而以古說爲非者，亦未嘗不
> 可辨其非而觀其是也。至所引莊氏、褚氏之說，雖無當於奧旨，亦
> 足以廣諛聞」。〔註79〕

對於劉師培說《正義》是「專守一家，舉一廢百之學」，馬宗霍認爲可以再更
開闊地看待這個現象，況且《正義》雖宗本一家，實際上博採眾說，並無所
謂的專斷之嫌，譬如孔疏引用莊氏、褚氏，引用古籍如《子夏傳》、《左傳》、
《洛書》、《典禮》等，都「足以廣諛聞」，對唐前文獻的保存，不爲無功。除
此之外，對於王《注》以外的諸家說法，也都不吝於徵引，並未舉一費百，

〔註78〕皮錫瑞：《經學歷史》之七〈經學統一時代〉，同上註，頁 201。
〔註79〕馬宗霍：《中國經學史》（臺北：臺灣商務印書館，1966 年 9 月 1 日），頁 98。

故其欲學者以更多元的態度來評判《正義》的價值。〔註80〕馬宗霍認爲《正義》「得失互見」、「瑕不掩瑜」，功多於過。功已於前面言之，那麼過在何處？又與論道有何關係？原因在於「易宗王韓，誠多空詮」，可見馬宗霍雖不像清代學者批評多過於肯定，但對於《正義》採王、韓之義理易來疏解《周易》的作法仍有所微詞，基本上，他認爲孔疏採王韓之道以詮易道，仍屬於浮華不實的空疏之論，幸而孔疏尚能間引馬、鄭、荀、虞諸家之古義來補足王弼玄虛無據的道論。

　　從崇尚儒學及樸學的視域，普遍認爲《正義》宗王本之說乃爲玄虛之音。然而事實並非如此，也有全然不同的評價者，如陳澧（公元1810年～1882年）則曾肯認《正義》的價值，他說：

> 孔沖遠等作《正義》，用王輔嗣注。孔沖遠等作《正義》近人詆王注，並詆《正義》。此未知《正義》之大有功也。江左說《易》者，不但雜以老氏之說，且雜以釋氏之說，沖遠皆掃棄之，大有廓清之功也。〔註81〕

儒者大多否定《正義》以王注爲本的立場，但陳澧卻讚賞孔疏在易學史上的巨大貢獻。因爲魏晉以來注《易》諸家雜引佛、老的情形十分嚴重，尤其以佛解經更是到達無以復加的情況，〔註82〕因此孔疏宗本王弼之清言，乃爲廓清故，是有其功者，故陳澧說《正義》「大有廓清之功」，故而讚許《正義》的價值。況且要看《周易正義》是否有其歷史定位？不能僅憑以「虛無」論道即加以擯斥，甚至貶爲卑微之地，應該將之放在易學歷史的長河來作分析，方能真正探勘其底蘊，並給予公允的評價。

　　平心而論，因爲漢易走到餖飣瑣碎之失，故有王弼易學的廓清之功，然

〔註80〕 現代學者鄭吉雄亦持此相近之觀點，他說：「自唐人纂修《五經正義》，採集漢魏以來注疏的某一種加以傳述疏釋，『《易》用輔嗣而廢康成』……經傳注疏的形體定於一尊，這一傳統發揮至極致；但定於一尊也產生了舉一廢百的副作用，造成了許多漢魏經說的失傳，也爲後儒所詬病。另方面，唐代《五經正義》的編集，已標識了前述四類經學著述總合起來的一種成熟的型態。」即從正反兩方面看待《五經正義》。見鄭吉雄：《易圖象與易詮釋》（上海：華東師範大學出版社，2008年1月），頁5。

〔註81〕 清・陳澧：《東塾讀書記・卷四》（臺北：臺灣商務印書館，1965年，《萬有文庫薈要》79～80冊），頁57。

〔註82〕 詳見第二章第一節孔疏注經的學術背景。當時以佛釋注《易》的情形十分嚴重，甚至到了易理佛學化的地步，所以孔疏試圖於其《正義》改變這樣的風氣。

因宋代易學家採取的是義理學派中的儒理易，尤其從慶曆之後，特別重視《易》理經世致用的面向，相對他們的「實用」而言，對於孔疏採王注且以「虛無」為道的觀點多所訾議。而清儒更從樸學的觀點來批判以「虛無」為本體的形而上學〔註83〕，也是基於各自的學術背景。嚴格來說，這些評價對於《周易正義》的歷史定位都不能算是最客觀的。今若能從其所處的時代環境作一深入的了解，便能明白正因為孔疏宗本王弼，才使《周易》得以在官方的力量下奠定以義理解《易》的詮釋路徑，也才能有機會啟迪宋人轉向儒理易的契機，因而能夠與象數易學派互相軒輊，而有《四庫》兩派六宗之底定，從這個角度來看，《周易正義》在易學史上的地位，也是功不可掩者。

綜述之，《周易正義》長期在學者以道家虛無的成見下而顯得地位不彰，從陳澧以下才有正面的肯定及較高的評價，這樣的評論確實有重新審視的空間。首先，孔疏雖然取擇王、韓、老、莊之見，但在「道論」這個議題上，不採「本末」、「無有」、「母子」等對舉方式來論「體用」，直接主張「理在境中」，並強調「備包有無」，在玄理形而上學的基礎上獨闢蹊徑，使「體用」一詞成為整體的概念，且加強儒家垂教的義理路向，不但啟發宋儒「體用一源」之思，也使易學從玄理過渡到儒理，這在易學發展史上確有其歷史地位。其次，孔疏雖以王本為主，卻非一味襲舊，《周易正義》早已獨樹新論，提出諸多新的命題，這就是本文所以提出虛無之理、有物之境、無心的非對義、聖人無心有跡等議題，目的在證明孔疏的道論也有一套精卓透闢的哲學系統，並非只有「博採眾說」與「義理解經」的價值而已，對於整個易學史的地位而言，《周易正義》應該是有其啟迪影響與發展創新之功。

〔註83〕由於清代學者正從對形上學的探求轉向實學，崇尚徵實，故對《周易正義》有如此評判，其學術風氣轉變的脈絡正如美國學者艾爾曼所說：「新儒學正統與被再造的古典正統之間的衝突表明復古是正在形成的世俗主義（secularism）的一個部分。……清代的世俗化運動並不是反儒學的。它是反新儒學的並且是由經典儒學的再發現而來。」見〔美〕本傑明・艾爾曼（Benjamin Elman）：《經學・科舉・文化史：艾爾曼自選集》（北京：中華書局，2010 年 4 月北京第 1 版第 1 次印刷），頁 57。

結　語

　　《周易正義》揭示了「虛無之理」必因於「有物之境」，並以此概念開展出道論的哲學體系，突顯體用之間是一體無別的，發揮「道體」與「仁功」當下渾成的意蘊，這就是孔疏「道論」最主要的理論結構，也是它最核心的思想。與王弼相比，孔疏以「虛無」為形而上的本體、本原，比「無」更為究竟，「虛無之理」是宇宙生生不息的終極依據，它本身無形無體、無規定性、無侷限性，又含容著元氣、乾元、坤元的氣論理念，既為天地萬物之宗主，又具備開通生發萬物之動力，故能成為萬理之原、萬化之本。其道論的視域比王弼更為寬闊，不變的本體恆在變化中豁顯，而變化的現象也恆貞常於寂然無為的天道，孔疏的「道」不陷於「無」與「有」對舉的困境，而是當下朗現「體用義」、「有無義」的全幅內涵。

　　既然，「虛無」當體為「用」，「用」亦當體為「虛無」；「虛無」不異「萬象」，「萬象」亦不異於「虛無」，那麼是否該有個綰合本體與現象的管道呢？孔疏提出了「聖人論」這個議題，藉由聖人使道得以開顯於實存的世界，並讓實存世界中的一切政治、社會、禮秩、人倫、器物等在聖人的參贊下普物無遺。因此，「道體」、「聖人」以及「現象」三者之間必不能相離；如若不然，聖人將如何做到「至虛」而妙「眾有」？如何心具眾理而善應於物？基於此，聖人體道，以無心為體，無心者，其心與宇宙大化同流，超越有、無對境的心體，呈現「本然如此」的原初境域，於是上通極於道，下善應於物，心與物冥，無內外、無物我、無主客、無營為、無造作，自然而然，無所措意，那麼聖人何嘗「有憂」？

　　道心跡俱無，乃其全無以為體者，故無所憂懼；而聖人與天地同功，只

要順著無心自然之理，沒有半點營爲造作，人事所應然的人倫禮秩與道德規範即在「不知所以然」的情況下自然而然地與天道結合在一起，那麼聖人即使「跡有」，亦能忘懷息照，應物而動，自然而爲，當行則行，當止則止，當動則動，當靜則靜，當憂則憂，當喜則喜，直與天地渾然爲一，無慮無思，又何吉何凶之有？如此，孔疏逕言「聖人有憂」是否表示其道論仍有不周密抑或悖論的地方呢？

正是這個微瑕，說明了一個事實：孔疏的道論始終是圍繞著「人」這個中心而展開，並以「儒家」爲導向，比王弼更重視「虛無」之理在「器有」中的作用與落實，多了一份入世的關懷與儒家濟世的本意，這就是孔穎達疏解《周易》道論的用心所在。因此，不管這個缺陷是有意或無意造成，都透顯著孔穎達對社會人民深切的關心，恐天下百姓失去天道的理序而導致凶患，故有憂民之憂。聖人之憂是憂天下之憂，非憂一己之得失，此亦是自然而發的「當憂之憂」。這個「聖人有憂」的命題，體現出聖人以蒼生爲念，懷有一顆仁愛天下人之心，對宋代以濟民爲務的儒者產生了省思的作用。除此之外，孔疏道論最主要的貢獻，就是在本體論當中就蘊含著所有儒家的仁功，推進宋明理學中體用論及心性論的發展，提供易學思想從玄理易轉向儒理易的契機。

總而言之，孔疏詮《易》的重點，固然是爲了矯正江南義疏浮誕不實之風並爲統一版本而來，但更多是藉由《周易正義》來建構新的道論哲學體系，在兼取眾家說法之後提出諸多命題，不同於前賢之見，開出了新的易學詮釋路向。

參考文獻

壹、傳統古籍（依時代先後排序）

1. 漢‧毛亨傳、鄭玄箋、唐‧孔穎達疏：《毛詩正義》（臺北：藝文印書館，1982 年 8 月 9 版）。

2. 漢‧孔安國傳、唐‧孔穎達疏：《尚書正義》（臺北：藝文印書館，1982 年 8 月 9 版）。

3. 漢‧鄭玄注、唐‧孔穎達疏：《禮記正義》（臺北：藝文印書館，1982 年 8 月 9 版）。

4. 魏‧王弼、韓康伯注、唐‧孔穎達疏：《周易正義》（臺北：藝文印書館，1989 年 1 月 11 版）。

5. 周‧列禦寇撰、晉‧張湛注：《列子》，子部，道家類（總二百七十六冊，子部第三十一冊），收錄於景印摛藻堂《四庫全書薈要》（臺北：世界書局，1986 年）。

6. 南朝梁‧顏之推撰，王利器集解：《顏氏家訓集解》（北京：中華書局，2002 年 8 月）。

7. 唐‧長孫無忌等撰：《隋書經籍志》（上海：商務印書館，1957 年 7 月第 2 次印刷）。

8. 唐‧吳兢著、陸費逵總勘：《貞觀政要》，收錄於《四部備要》（臺北：臺灣中華書局，1981 年 6 月豪華 1 版）。

9. 唐‧李鼎祚：《周易集解》（臺北：臺灣商務印書館，1996 年 12 月臺 1 版第 2 次印刷）。

10. 後晉‧劉昫等奉敕撰、清‧沈德潛等考證：《舊唐書》（北京：商務印書館，2006 年）。

11. 宋‧王欽若、楊億編：《冊府元龜》子部‧類書類（總第九○三冊，子部

第二○九冊），收錄於文淵閣《四庫全書》（臺北：臺灣商務印書館，1986年3月初版）。

12. 宋・王溥撰、楊家駱編：《唐會要》（臺北：世界出局，1989年4月5版）。

13. 《大正新修大藏經》第17冊（臺北：新文豐出版公司，1993年2月修訂版1版2刷）。

14. 《大正新修大藏經》第52冊（臺北：新文豐出版公司，1993年2月修訂版1版2刷）。

15. 宋・釋志磐：《佛祖統記》，收錄於《四庫全書存目叢書》（臺南：莊嚴文化事業有限公司，1997年10月初版1刷）。

16. 宋・胡瑗：《周易口義》，收錄於王雲五主編《四庫全書珍本》三集第三冊（臺北：臺灣商務印書館，1972年）。

17. 宋・周敦頤撰、周文英主編：《周敦頤全書》（南昌：江西教育出版社，1993年9月第1次印刷）。

18. 宋・張載撰、朱熹注：《張子全書》（臺北：臺灣中華書局，1981年9月臺四版）。

19. 宋・程頤：《易程傳・易本義》（臺北：河洛圖書出版社，1974年3月）。

20. 宋・程顥、程頤：《二程集・河南程氏遺書》（北京：中華書局，2004年2月）。

21. 宋・朱熹：《朱子語類》（北京：中華書局，2004年2月第5次印刷）。

22. 清・顧炎武撰、黃汝成集釋：《日知錄集釋》（臺北：臺灣中華書局，1968年10月臺2版）。

23. 清・王夫之：《船山易學》（臺北：廣文書局，1981年2月3版）。

24. 清・李光地：《周易折中》（臺北：眞善美出版社，1981年7月再版）。

25. 清・徐乾學輯、納蘭成德校訂：《通志堂經解》（臺北：漢京文化事業有限公司）（無年月版次）。

26. 清・紀昀等：《四庫全書總目提要》（臺北：藝文印書館，1989年1月）。

27. 清・錢大昕：《十駕齋養新錄》，收錄於《四部備要》（臺北：臺灣中華書局，1981年6月豪華1版）。

28. 清・錢大昕：《潛研堂文集》、陳文和主編，《嘉定錢大昕全集》（南京：江蘇古籍出版社，1997年）。

29. 清・李道平：《周易集解纂疏》（北京：中華書局，2006年2月）。

30. 清・陳澧：《東塾讀書記》（臺北：臺灣商務印書館，1965年，《萬有文庫薈要》79～80冊）。

31. 清・王先謙編：《續古文辭類纂》，收錄於楊家駱主編《中國學術名著文

學第三集》第十九冊（臺北：世界書局，1960 年 11 月初版）。

32. 清‧郭慶藩：《莊子集釋》（臺北：鼎淵文化事業有限公司，2005 年 1 月初版）。

33. 清‧皮錫瑞：《經學歷史》（臺北：河洛圖書出版社，1974 年 9 月臺景印初版）。

貳、近人著作（依作者姓氏筆劃排序）

一、專書

1. 申屠爐明：《孔穎達‧顏師古評傳》（南京：南京大學出版社，2006 年 8 月第 1 次印刷）。

2. 朱伯崑：《易學哲學史》（臺北：藍燈文化事業，1981 年 9 月初版）。

3. 余敦康：《易學今昔》（桂林：廣西師範大學出版社，2005 年 6 月第 1 版第 1 次印刷）。

4. 牟潤孫：《注史齋叢考》（臺北：臺灣商務印書館，1990 年 6 月初版）。

5. 牟宗三：《中國哲學十九講》（臺北：臺灣學生書局，1983 年 1 月）。

6. 牟宗三：《中國哲學的特質》（臺北：臺灣學生書局，1963 年 6 月初版）。

7. 牟宗三：《才性與玄理》（臺北：臺灣學生書局，2008 年 9 月）。

8. 李明輝：《儒家經典詮釋方法》（臺北：財團法人喜瑪拉雅研究發展基金會，2003 年 7 月初版）。

9. 李延倉：《道體的失落與重建——從《莊子》、郭《注》到成《疏》》（北京：中國人民大學出版社，2013 年 5 月第 1 次印刷）。

10. 金生楊：《漢唐巴蜀易學研究》（成都：巴蜀書社，2007 年 8 月初版）。

11. 林忠軍：《象數易學發展史》第一冊（濟南：齊魯書社，1994 年 7 月第 1 版）。

12. 洪漢鼎主編：《中國詮釋學》第一輯（濟南：山東人民出版社，2005 年 1 月第 2 次印刷）。

13. 唐君毅《中國文化之精神價值》（臺北：正中書局，1981 年 4 月臺修訂 3 版）。

14. 唐君毅：《中國人文精神之發展》（臺北：臺灣學生書局，1974 年 5 月）。

15. 馬宗霍：《中國經學史》（臺北：臺灣商務印書館，1966 年 9 月 1 日）。

16. 徐芹庭：《易經源流》上冊（北京：中國書店，2008 年 4 月）。

17. 莊耀郎：《郭象玄學》（臺北：里仁書局，1998 年 3 月 10 日初版）。

18. 程方平：《隋唐五代的儒學——前理學教育思想研究》（昆明：雲南教育出版社出版，1991 年 12 月第 1 次印刷）。

19. 黃華珍：《日本奈良興福寺藏兩種古鈔本研究》（北京：中華書局，2011年4月）。

20. 廖名春、康學偉、梁韋弦：《周易研究史》（長沙：湖南出版社，1991年7月第1版）。

21. 熊十力：《體用論》（北京：中國人民大學出版社，2009年11月）。

22. 劉玉建：《《周易正義》導讀》（濟南：齊魯書社出版，2005年12月第1次印刷）。

23. 鄭吉雄：《易圖象與易詮釋》（上海：華東師範大學出版社，2008年1月）。

24. 潘德榮：《詮釋學導論》（臺北：五南圖書出版股份有限公司，1999年8月）。

25. 鄧國光：《經學義理》（上海：上海古籍出版社，2011年6月第1次印刷）。

26. 樓宇烈校釋：《王弼集校釋》（臺北：華正書局，1992年12月初版）。

27. 賴貴三：《易學思想與時代易學論文集》（臺北：國立編譯館，2007年11月）。

28. 戴君仁：《梅園論學續集》（臺北：藝文印書館，1973年11月初版）。

29. 龔鵬程：《唐代思潮》（北京：商務印書館，2007年9月第1版）。

30. 龔鵬程：《孔穎達《周易正義》研究》（臺北：花木蘭出版社，2008年9月）。

二、期刊與專書論文

1. 王開府：〈《維摩詰經》中直心、深心及其相關概念的探討〉，《佛學研究中心學報》第1期（1977年2月）。

2. 王貞：〈孔穎達與《五經正義》研究述略〉，《中國史研究動態》第1期（2012年）。

3. 史少博：〈孔穎達《周易正義》對王弼的超越〉，《青島科技大學學報（社會科學版）》第19卷第3期（2003年9月）。

4. 史少博：〈《周易正義》：「無本論」向「氣本論」轉化的橋樑〉，《周易研究》第5期（總第61期）（2003年）。

5. 史少博：〈孔穎達儒學思想的異質性考論〉，《學術月刊》第39卷6月號（2007年6月）。

6. 申屠爐明：〈南北朝儒家經學義疏三論〉，《江蘇社會科學》的《歷史學研究》第4期（2001年）。

7. 牟鐘鑒：〈隋與唐初經學〉，《孔子研究》第3期（1988年）。

8. 何澤恆：〈略論中國傳統文化中的「人定勝天」思想〉，《臺大中文學報》第三十三期（2010 年 12 月）。

9. 李建國：〈詩經漢學抒情本體論辨析——以孔穎達「情志」觀爲中心〉，《三峽大學學報》（人文社會科學版）第 31 卷第 4 期（2009 年 7 月）。

10. 谷繼明：〈從江南義疏到《周易正義》——隋唐《周易》義疏學中的儒佛之爭〉，《哲學門》第 14 卷第 2 冊（總第 28 輯）（2013 年 12 月）。

11. 林麗眞：〈張湛「貴虛」論及其與玄佛思想之交涉〉，《臺大中文學報》第 15 期（2001 年 12 月）。

12. 林麗眞：〈王弼援老莊以入易乎——從「動靜」論的詮釋說起〉，《六朝學刊》第一期（2004 年 12 月）。

13. 周建剛、張利文：〈化自然以歸人文——論周敦頤融道入儒的宇宙論思想〉，《哲學研究》第 11 期（2012 年）。

14. 胡士潁：〈《周易正義》道器思想述論〉，《紅河學院學報》第 8 卷第 3 期（2010 年 6 月）。

15. 梁啓超：〈翻譯文學與佛典〉，收錄於《中國佛教研究史》（上海：三聯書店，1988 年）。

16. 郭熹微：〈三教合一思潮——理學的先聲〉，《江海學刊》第 6 期（1996 年）。

17. 陳克明：〈唐代《易》學的比較研究〉，《中國哲學史》第 1 期（1993 年）。

18. 陳磊：〈試析隋及唐初的儒學統一〉，《孔子研究》第 6 期（2001 年）。

19. 陳鼓應：〈王弼道家易學詮釋〉，《臺大文史哲學報》第 58 期（2003 年 5 月）。

20. 陳冠明：〈孔穎達世系及入唐前行實考〉，《陰山學刊》第 5 期（2003 年）。

21. 張善文：〈略論孔穎達對《周易》義理學的拓展〉，《福建師範大學學報（哲學社會科學版）》第 1 期（1994 年）。

22. 張國剛：〈略論唐代學術史的時代特徵〉，《史學月刊》第 6 期（2003 年）。

23. 張立兵：〈孔穎達世系考略——兼《元和姓纂》與《宋史》所載孔子世系訂誤〉，《齊魯文化研究》總第六輯（2007 年）。

24. 張寶三：〈儒家經典詮釋傳統中注與疏之關係〉，收錄於《「孔學與二十一世紀」國際學術研討會論文集》，政治大學文學院（2001 年 10 月）。

25. 張鴻：〈孔穎達論人性、王制與君道〉，《史學月刊》第 10 期（2011 年）。

26. 馮錦榮：〈「格義」與六朝《周易》義疏學——以日本奈良興福寺藏《講周易疏論家義記殘卷》爲中心〉，《新亞學報》第 21 卷（2001 年 11 月）。

27. 黃忠天：〈《伊川易傳》對宋代史事派易學之影響〉，《高雄師大學報》第 16 期（2004 年）。

28. 喬東義：〈《五經正義》詮釋思想抉要〉，《哲學與文化》第 42 卷第 1 期（總第 488 期）（2015 年 1 月）。

29. 童嶺：〈六朝後期江南義疏體《易》學識論──以日藏漢籍舊鈔本《講周易疏論家義記》殘卷爲中心〉，《中央研究院歷史語言研究所集刊》第八十一本第二分（2010 年 6 月）。

30. 焦桂美：〈論南北朝時期佛教與經學的相互滲透〉，《北方論叢》第 3 期（2007 年）。

31. 蒙培元：〈論自然〉，收錄於《道家文化研究》第十四輯（北京：生活・讀書・新知三聯書店，1998 年 7 月）。

32. 董坤玉：〈從國子祭酒的選任變化看唐代統治者對待儒學態度的轉變〉，《青島大學師範學院學報》第 23 卷第 1 期（2006 年 3 月）。

33. 趙榮波：〈《周易正義》的宇宙觀〉，《文史哲》第 4 期（總第 307 期）（2008 年）。

34. 蔡振豐：〈魏晉玄學中的自然義〉，《成大中文學報》第 26 期（2009 年 10 月）。

35. 劉笑敢：〈經典詮釋與體系建構：中國哲學詮釋傳統的成熟與特點芻議〉一文，收錄於李明輝《儒家經典詮釋方法》（臺北：財團法人喜瑪拉雅研究發展基金會，2003 年 7 月）。

36. 劉新華：〈隋唐三教關係與唐代儒學的興起〉，《南京工程學院學報（社會科學版）》第 6 卷第 4 期（2006 年 12 月）。

37. 劉立夫：〈唐代宮廷的三教論議〉，《宗教學研究》第 1 期（2010 年）。

38. 劉澤華、張分田：〈孔穎達的道論與治道〉，《孔子研究》第 3 期（1991 年）。

39. 劉玉平：〈孔穎達的易學詮釋學〉，《周易研究》第 3 期（總第五十三期）（2002 年）。

40. 劉玉建：〈魏晉至唐初易學演變與發展的特徵〉，《周易研究》第 4 期（總第六十期）（2003 年）。

41. 劉玉建：〈孔穎達易學詮釋學原則及意義〉，《管子學刊》第 1 期（2004 年）。

42. 劉玉建：〈漢魏易學發展的理論結晶《周易正義》──學術及政治視野下的創作動因審視〉，《周易研究》第 5 期（總第七十九期）（2006 年）。

43. 潘忠偉：〈《五經正義》與北朝經學傳統〉，《哲學研究》第 5 期（2008 年）。

44. 潘忠偉：〈《周易正義》唐宋傳本略考及阮元本之問題〉，《成都大學學報（社科版）》第 4 期（2011 年）。

45. 潘忠偉：〈《周易正義》成書考〉，《商丘師範學院學報》第 30 卷第 1 期

（2014 年 1 月）。

46. 盧鐘鋒：〈唐代的儒學復興與學術史的研究〉，《廣東社會科學》第 4 期（1990 年）。

三、學位論文

1. 林國兵：《試論孔穎達的易學理論與美學智慧》（安徽師範大學碩士學位論文，汪裕雄先生指導，2004 年 5 月）。

2. 季英波：《孔穎達易學解經體例探析》（首都師範大學碩士學位論文，陳鵬先生指導，2009 年 4 月）。

3. 倪淑娟：《孔穎達易學研究》（華梵大學東方人文思想研究所博士學位論文，張永儁與伍至學先生指導，2012 年 7 月）。

4. 張寶三：《《五經正義》研究》（國立臺灣大學中國文學研究所博士論文，張以仁先生指導，1992 年 6 月）。

5. 郭勝坡：《二十世紀易學本體論的兩條基本路向研究》（南開大學博士學位論文，李翔海先生指導，2010 年 5 月）。

6. 梅強：《周易正義法律思想研究》（山東大學博士學位論文，林忠軍先生指導，2012 年 10 月）。

7. 趙榮波：《《周易正義》思想研究》（山東大學博士學位論文，劉大鈞先生指導，2006 年 4 月）。

四、外文論著

1. 〔日〕土田健次郎著、朱剛譯：《道學之形成》（上海：上海古籍出版社，2010 年 4 月第 1 次印刷）。

2. 〔日〕戶田豐三郎：《易經注釋史綱》（東京：株式會社風間書房，昭和 43 年 12 月 10 日印刷）。

3. 〔日〕狩野直喜：《講周易疏論家義記》（京都：京都大學文學部影印舊鈔本第二集，1935 年）。

4. 〔日〕諸橋轍次著，唐卓羣譯：《儒學之目的與宋儒慶曆至慶元百六十年間之活動》（南京：國民印務局，1937 年 7 月 10 日初版）。

5. 〔日〕藤原高男：《講周易疏論家義記における易學の性格》（《漢魏文化》創刊號收藏，一九六〇年六月）。

6. 〔日〕藤原高男：《江南義疏家の二派に關する一考察》（《日本中國學會報》第十二集收載，一九六〇年十月）。

7. 〔美〕本杰明‧艾爾曼（Benjamin Elman）：《經學‧科舉‧文化史：艾爾曼自選集》（北京：中華書局，2010 年 4 月北京第 1 版第 1 次印刷）

8. 〔美〕包弼德（Peter Bol）著，劉寧譯：《斯文：唐宋思想的轉型》（*This*

Culture of Ours: Intellectual Transitions in Tang and Sung China）（南京：江蘇人民出版社，2001 年 1 月第 1 版）。

9. 〔美〕Yu Weidong, Xu Jin and Zhang Lin, "Morality and Nature: The Essential Difference between the Dao of Chinese Philosophy and Metaphysics in Western Philosophy"（「道德與自然：中國思想與西方形上哲學『道論』的本質差異」）*Frontiers of Philosophy in China*, Vol. 4, No. 3 (Sep., 2009), pp. 360~369. 篇名爲筆者自譯。

10. 〔美〕Paul C. Cooper, "Total Exertion: Zen, Psychoanalysis, Life,"（「全然的貫注：禪、心理分析及生活」）*Journal of Religion and Health*, 50:3 (2011), pp. 596~597. 篇名爲筆者自譯。